SATISFIED CHINA

满意中国

用户视角下的质量与品牌

2021

中国质量协会 编著

本书通过研究篇、数字经济篇和实践篇来展开用户视角下的质量与品牌评价,并辅以大量案例进行阐述说明,具有较强的指导和实践价值。研究篇主要介绍消费质量信任指数、顾客满意度指数、质量消费体验指数等全行业品牌测评研究结果,以及乡村消费、智慧家居、国潮消费、养老服务体验四大专题研究结果。数字经济篇通过对需求侧与供求侧两方面的数字经济发展过程研究,解析消费者和企业的数字经济发展对国家经济发展增长的现实意义,并就数字经济下消费者保护及企业数字化建设等方面提供建议。实践篇概述了企业实施顾客需求管理的现状、问题和对策建议,介绍了8个优秀企业在顾客需求管理、用户体验、客户价值运营等方面的成功经验。

本书适合政府决策者、企业管理者和广大消费者阅读。

图书在版编目(CIP)数据

满意中国:用户视角下的质量与品牌. 2021 / 中国质量协会编著. — 北京:机械工业出版社,2022.10
ISBN 978-7-111-71639-6

Ⅰ. ①满… Ⅱ. ①中… Ⅲ. ①质量管理-研究-中国 Ⅳ. ①F279.23

中国版本图书馆CIP数据核字(2022)第173006号

机械工业出版社(北京市百万庄大街22号 邮政编码100037)
策划编辑:徐 强　　　　　责任编辑:徐 强
责任校对:陈 越 李 婷　　责任印制:张 博
北京汇林印务有限公司印刷

2022年11月第1版第1次印刷
184mm×260mm・23.5印张・519千字
标准书号:ISBN 978-7-111-71639-6
定价:198.00元

电话服务	网络服务
客服电话:010-88361066	机 工 官 网:www.cmpbook.com
010-88379833	机 工 官 博:weibo.com/cmp1952
010-68326294	金 书 网:www.golden-book.com
封底无防伪标均为盗版	机工教育服务网:www.cmpedu.com

本书编委会

主　任　贾福兴

总　编　夏　斌

编　委　段永刚　李高帅　邹　璐
　　　　王　鑫　王文佳　桑秋光
　　　　曾石楠　刘祖源

前　言 PREFACE

质量体现着人类的劳动创造和智慧结晶，体现着人们对美好生活的向往。在现代市场经济条件下，产品和服务质量不断升级才可以更好地满足消费者需求，而消费者对品牌的质量感知是衡量供给满足需求程度的重要标尺，因此应开展满意中国研究，充分发挥消费者驱动作用，聚焦其对于产品、服务的体验过程和结果的期望及感知，找到供给质量的提升方向，真正以消费者视角来指导产品和服务升级。

2021年是中国质量协会开展满意中国系列研究的第五个年头。一直以来，中国质量协会从消费者视角建立国家级质量满意度指数，引导企业站在消费者角度审视质量现状，为广大企业、消费者深入了解质量品牌建设、满足产业结构和民众消费升级的新需求提供交流和共享渠道，帮助企业识别民众多样化需求，帮助消费者了解企业产品的真实质量，助力政府实施更有效的质量政策和提供更高质量的公共服务。

本书通过研究篇、数字经济篇和实践篇来展开用户视角下的质量与品牌评价，并辅以大量案例进行阐述说明，具有较强的指导和实践价值。研究篇主要介绍消费质量信任指数、顾客满意度指数、质量消费体验指数等全行业品牌测评研究结果，以及乡村消费、智慧家居、国潮消费、养老服务体验四大专题研究结果，主要关注、跟踪消费者对各类产品和服务的体验和偏好，用信任的维度获悉预期，用体验式的研究洞察体验，用消费者的视角评价消费，用高质量的标准研究质量。数字经济篇通过对需求侧与供求侧两方面的数字经济发展过程研究，解析消费者和企业的数字经济发展对国家经济发展增长的现实意义，并就数字经济下消费者保护及企业数字化建设等方面提供建议。实践篇概述了企业实施顾客需求管理的现状、问题和对策建议，介绍了8个优秀企业在顾客需求管理、用户体验、客户价值运营等方面的成功经验。

本书有三个主要特点：一是对企业质量的提升有一定的应用价值。企业能通过本书了解产品和服务用户感知水平、行业的用户需求特点以及企业的成功经验和优秀做法。二是紧扣时代热点，聚焦国家重点政策方向，有较高的前瞻性和可读性。结合国家"十四五"规划中"全面促进消费"的相关要求，增加了乡村消费、智慧家居、国潮消费、养老服务体验等专题研究，引导广大企业满足顾客需求，以技术、产品、产业模式创新满足并创造消费新需求。专题研究洞察重点行业的需求特点和趋势，为政府制定相关政策和行业协会制定相关标准提供参考。三是内容结构严密，坚持理论和实践相结合。本书各类研究都有一套严密、科学的研究体系。方法选择和指标设计都做了科学论证和研究，通过实际调研结果进行实证和解读行业、品牌发展特点与规律，主要研究内容都有翔实的调研数据为支撑。此外，本书还增加了优秀企业的经典案例分析，能更好地指导广大企业提升质量和满意度，改善体验。

  本书的出版是所有参与研究、编写和审核人员集体工作的成果。在此，向他们表示衷心的谢意。

目 录 CONTENTS

前言

第一篇　研究篇

第一章　研究概述　002
一、研究背景　002
二、研究思路　003

第二章　消费质量信任研究　010
一、研究背景　010
二、消费行为解读　012
三、消费质量信任指数解读　016

第三章　顾客满意度和质量消费体验研究　022
一、2021年CNCSI和QCEI总体调研结果　022
二、2021年CNCSI和QCEI分行业调研结果　026
三、2021年品牌榜单　067

第四章　专题研究　087
一、乡村消费新主张　087
二、智慧家居　102
三、国货新潮流　116
四、养老潮，适老化　127

第二篇　数字经济篇

第五章　报告总论　166
一、主要发现和研究结论　166
二、数字经济下消费者保护及企业数字化建设政策建议　171

第六章　研究概述　174
一、研究背景和创新　174
二、数据基础　176
三、体系优化　178
四、2021年度数字经济服务质量调研样本结构　190

第七章　数字经济服务质量总体指数与关键指标统计结果　198
一、消费者满意度总体指数与关键指标统计结果　198
二、企业数字化建设总体指数与关键指标统计结果　225

第八章　年度对比分析结果及趋势　248
一、2021年与2020年消费者满意程度统计结果对比　248
二、2021年与2020年企业数字化建设程度统计结果对比　255

第三篇　实践篇

导　论　企业顾客需求管理现状研究　　260
　　一、研究背景　　260
　　二、顾客需求管理评价体系的构建　　262
　　三、主要发现　　266
　　四、研究结论和启示　　282

案例 1　打造全新满足用户舒适性需求的创新体验　　286
　　一、用户舒适性提升背景　　287
　　二、用户舒适性创新策划　　287
　　三、用户全新体验与实践　　289
　　四、成效与总结　　290

案例 2　守护"看不见"的安全　　291
　　一、车内空气质量提升背景　　292
　　二、车内空气质量问题分析　　292
　　三、车内空气质量提升实施路径　　294
　　四、成效　　296
　　五、小结　　297

案例 3　打造"三专"服务品牌　践行"5+2"服务模式　　298
　　一、背景——行业竞争加剧，变革管理保持领先　　298
　　二、策划——抓好质量文化，强化服务能力　　299
　　三、实施——构建价值链共同体 深化"5+2"服务机制　　300
　　四、成效——实现双赢 扬帆海外　　305

案例 4　"顾"全大局　　　　　　　　　　　　　　　　306
一、背景——顾客焦点、技术响应　　　　　　　　　306
二、策划——洞察分析、竭诚服务　　　　　　　　　307
三、实施——精细管理、满意测量　　　　　　　　　308
四、成效——提速增效、用户满意　　　　　　　　　311

案例 5　"创新驱动双链"的客户关系管理模式　　　312
一、背景——依据行业特性，挖掘客户需求　　　　　312
二、策划——掌握客户特性，精准分类客户　　　　　313
三、实施——创新驱动"双链"，构建互赢模式　　　315
四、成效——推动模式运行，助力企业高质量发展　　319

案例 6　基于顾客需求　运用 QFD 方法打造爆款手表　　321
一、背景——以顾客为中心出发　　　　　　　　　　321
二、策划——基于 QFD 方法的爆款打造"方法论"　　321
三、实施——精准、高效、独到　　　　　　　　　　323
四、成效——爆款案例具有行业引领示范作用　　　　327

案例 7　基于"三个先于"的投诉预防管控　　　　330
一、背景——聚焦关键短板，引入"冰山模型"　　　330
二、策划实施——基于"三个先于"原则，完善顾客投诉防控体系　　　　　　　　　　　　　　　331
三、成效——投诉显著下降，满意度业内领先　　　　346

案例 8　基于 CLV 存量客户价值运营体系　　348

一、背景——坚持深化"以客户为中心"发展思路　　348

二、策划——打造基于 CLV 存量客户价值运营体系　　349

三、实施——建立存量客户价值运营的智慧中台调度机制　　350

四、成效——经济效益与服务质量双提升　　356

附　录　总体调查执行情况　　358

一、受访者省区市分布情况　　358

二、受访者各领域分布情况　　359

三、受访者社会属性分布情况　　359

参考文献　　362

第一篇 研究篇

第一章 研究概述

一、研究背景

2021年，新冠肺炎疫情依然在全球肆虐，对全球经济体和消费市场产生的冲击还在持续。中国作为全球最大的消费市场，采取了积极有效的防疫措施，取得了显著成效，经济活动在逐步恢复，全国社会消费品零售总额触底反弹。

中国消费市场强大的韧性源于我国产业链完备的优势与国内物价总体运行平稳的基础，这让国内消费者购买力得以维持，进而恢复强劲的消费信心。在全球普遍通胀上升的背景下，2021年，中国居民人均可支配收入35128元，比上年名义增长9.1%，扣除价格因素，实际增长8.1%；全国居民人均消费支出24100元，比上年名义增长13.6%，扣除价格因素影响，实际增长12.6%，如图1-1所示。

图 1-1 中国居民历年收支情况（元）

2022年，疫情仍是影响消费活动的关键变量，但随着新冠疫苗接种率的持续提升，其影响程度较2021年将明显减弱。此外，自2021年以来，楼市调控、平台经济反垄断、教培双减、房产税试点等旨在打破产业无序发展，降低住房、教育等与居民生活密切相关领域成本的政策相继落地或发布，集中体现了共同富裕的政策导向。这同样有利于激发消费需求，提振消费信心。

二、研究思路

（一）研究框架

本研究共包括消费质量信任、顾客满意度与质量消费体验、品牌榜单和满意中国专题等研究维度，如图1-2所示。

图 1-2　2021满意中国研究框架

（二）指标体系

调整优化研究指标体系。往年满意度指标（包括总体满意度、预期满意度和理想满意度）承担双重作用，既是质量消费体验指数（QCEI）构成的一个重要维度，又作为单独指标承载着构建中国国家顾客满意度指数（CNCSI）的任务。2021年调研中，QCEI仅引入总体满意度指标进行指数构建，CNCSI将依据总体满意度、预期满意度、理想满意度这三个维度综合计算，以保证评价的科学性与全面性。各指数具体指标构成见表1-1。

表 1-1　CQTI、CNCSI 与 QCEI 指数说明

指数	指标	指标解释
消费质量信任指数（CQTI）	实际质量信任	与上一年相比的质量信任水平
	预期质量信任	对未来一年的质量信任预期
	总体质量信任	对我国整体市场发展的质量信任水平

（续）

指数	指标	指标解释
质量消费体验指数（QCEI）	认知度	对品牌的了解程度
	渗透率	是否使用过品牌
	满意度	对品牌的满意程度
	美誉度	对品牌的喜欢程度
	忠诚度	对品牌的忠诚度
	推荐度	是否会将品牌推荐给他人
中国国家顾客满意度指数（CNCSI）	总体满意度	对品牌的产品、服务、价格的综合满足程度
	预期满意度	消费者预期的产品满足程度
	理想满意度	消费者理想的产品满足程度

（三）调研方式

1. 抽样思路

满意中国是从消费者视角出发，依据其对产品和服务的实际体验进行的质量与品牌研究。本年度研究行业覆盖快消、耐消、服务三大门类，同时新增数字经济领域，确保研究内容与时俱进。研究涵盖132个子行业，1833个品牌。各行业调研分阶段执行，并选取品牌调研中知名度、使用率较高的部分头部品牌进行满意度探究。

满意中国调查的总体是全国31个省（自治区、直辖市）曾经购买/使用过快消、耐消、服务三个领域七大类产品/服务的消费者。本次调研选取概率抽样中的分层和多阶段抽样相结合的方式，每层按规模大小成比例的概率抽样（PPS抽样），以保证每个样本被抽中的概率均等，这样可应用于不同省份的层级、不同消费支出层级等的研究。

在对省（自治区、直辖市）抽样过程中，需要遵循代表性与可行性两大原则。考虑到消费规模能较好体现样本代表性，同时参考相关研究，最终决定以"居民人均消费支出"作为主要判定指标。给出每个省（自治区、直辖市）的比例和计划抽样，具体调研时根据调查的精度和费用等要求，样本量会在此基础上进行调整。

在往年地区抽样的基础上进行两方面调整，一是除省（自治区、直辖市）外，将经济带作为抽样重要参考，对于主要经济带应有充分样本量数据支撑；二是增加人口抽样，确保调研结果的代表性。具体样本分布情况详见附录。

2. 抽样流程

科学地确定抽样调查样本容量时，一般会考虑预算水平、精度要求、抽样总体的性

质、分析的具体要求、拒访率等。根据相应统计学定义，总样本量计算公式为

$$n = z^2 p(1-p)/\Delta^2$$

式中　n——样本量；

　　　z——标准误差的置信水平（置信度为95%时，$z=1.96$）；

　　　p——某个特征的样本占总体容量的比例的估计值；

　　　Δ——可接受的抽样误差范围（允许误差）。

不同置信水平和抽样误差所对应的样本数量见表1-2。

表 1-2　不同误差下抽样所需样本量

允许误差（Δ）	置信水平（z）	样本量（n）
1%	95%	9604
1.5%	95%	4268
2%	95%	2401
2.5%	95%	1537
3%	95%	1067
3.1%	95%	1000
3.5%	95%	784
4%	95%	600
4.5%	95%	474
5%	95%	384

参考往年调研样本数量及项目可行性、经济性、人力和时间的限制，为了保证抽样精度，取95%的置信区间、1%的抽样误差，总体抽取样本量按10000。

（四）计算说明

本年度质量消费体验指数采用认知度、渗透率、满意度、忠诚度、美誉度和推荐度六个维度，紧贴消费全流程触点。

质量消费体验指数的计算基于上述六个维度进行综合加权计算得出。中国国家顾客满意度指数的计算基于消费者总体满意度、预期满意度、理想满意度三个维度，将三者进行均值计算并换算为百分比，得出CNCSI计算值，反映出消费者对品牌实际感知与理想预期相比下的满意情况。

为更加科学地获取质量消费体验指数，基于四年来的研究经验，并结合国家统计局消费支出数据及不同行业用户消费行为特点对指标重新进行了赋权，权重见表1-3。

表 1-3　质量消费体验指数评价指标权重

指标	评价指标	快消	耐消	服务
质量消费体验指数	认知度	16%	12%	18%
	渗透率	21%	18%	23%
	满意度	12%	20%	14%
	美誉度	22%	21%	19%
	忠诚度	16%	8%	9%
	推荐度	13%	21%	17%

（五）数据说明

1. 地区定义

地区分布情况具体见表1-4。

表 1-4　地区分布

地区	省份	地区	省份	地区	省份
华北	北京市	华东	上海市	西南	重庆市
	天津市		江苏省		四川省
	河北省		浙江省		贵州省
	山西省		安徽省		云南省
	内蒙古自治区		福建省		西藏自治区
东北	辽宁省		江西省	西北	陕西省
	吉林省		山东省		甘肃省
	黑龙江省	华南	广东省		青海省
华中	河南省		广西壮族自治区		宁夏回族自治区
	湖北省		海南省		新疆维吾尔自治区
	湖南省				

2. 城市定义

城市分布情况具体见表1-5。

表 1-5　城市分布

城市划分	城市名称	城市划分	城市名称	城市划分	城市名称
一线城市	北京市	二线城市	无锡市	二线城市	太原市
	上海市		昆明市		徐州市
	广州市		合肥市		惠州市
	深圳市		大连市		珠海市
新一线城市	成都市		福州市		中山市
	杭州市		厦门市		台州市
	重庆市		哈尔滨市		烟台市
	武汉市		济南市		兰州市
	西安市		温州市		绍兴市
	苏州市		南宁市		潍坊市
	天津市		长春市		临沂市
	南京市		泉州市	三线及以下城市	其他城市
	长沙市		石家庄市		
	郑州市		贵阳市		
	东莞市		南昌市		
	青岛市		金华市		
	沈阳市		常州市		
	宁波市		南通市		
	佛山市		嘉兴市		

3. 区域定义

区域分布情况具体见表1-6。

表 1-6　区域分布

区域	省份
中部崛起	山西、河南、安徽、湖北、江西、湖南
东部新跨越	河北、北京、天津、山东、江苏、上海、浙江、福建、广东、海南
东北振兴	黑龙江、吉林、辽宁
西部开发	四川、云南、贵州、西藏、重庆、陕西、甘肃、青海、新疆、宁夏、内蒙古、广西

4. 经济带定义

经济带情况具体见表1-7。

表1-7 经济带分布

经济带	省份
长三角	上海市、江苏省（南京、无锡、常州、苏州、南通、盐城、扬州、镇江、泰州）、浙江省（杭州、宁波、嘉兴、湖州、绍兴、金华、舟山、台州）、安徽省（合肥、芜湖、马鞍山、铜陵、安庆、滁州、池州、宣城）
珠三角	广东省（广州、佛山、肇庆、深圳、东莞、惠州、珠海、中山、江门）
京津冀	北京市、天津市、河北省

5. 代际定义

代际分布情况具体见表1-8。

表1-8 代际分布

代际	年龄	代际	年龄
00后	18岁以下	70后	41~45岁
	18~20岁		46~50岁
90后	21~25岁	60后及以上	51~60岁
	26~30岁		61岁及以上
80后	31~35岁		
	36~40岁		

6. 生命周期定义

生命周期分布情况具体见表1-9。

表1-9 生命周期分布

生命周期	划分标准
婚前期	工作中；未婚非单身；自己独立居住（包括夫妻二人独立居住）
初婚期	工作中；已婚，尚无子女；自己独立居住（包括夫妻二人独立居住）
生育期	工作中；已婚，最小子女未上学；与父母／子女同住
满员期	工作中；已婚，最小子女已上学；与父母／子女同住
退休期	已退休；自己独立居住（包括夫妻二人独立居住）

7. 收入定义

家庭月收入分布情况具体见表1-10。

表1-10 家庭月收入分布

收入水平	收入范围	收入水平	收入范围
低收入	5000元及以下	高收入	25001~30000元
	5001~10000元		30001~50000元
中收入	10001~15000元		50001元及以上
	15001~20000元		
	20001~25000元		

8. 人群定义

人群划分标准具体见表1-11。

表1-11 人群划分

人群	划分标准
一线高收入人群	最近1年内主要居住在一线城市，工作中，且月收入水平在25001元及以上
小镇青年	最近1年内主要居住在三线及以下城市，年龄在30岁以下
下沉市场老年客群	最近1年内主要居住在三线及以下城市，年龄在60岁及以上
中年持家	30~50岁，已婚，最小子女已上学，且与子女同住
单身贵族	18~30岁，未婚

第二章 消费质量信任研究

一、研究背景

（一）数字经济时代下的消费质量信任

信任在社会财富增长和国家经济发展中扮演着重要角色，诺贝尔经济学奖得主肯尼斯·阿罗指出，几乎所有成功的商业交易都包含着信任的成分，尤其是持续较长时间的商务往来，信任是前提。一般性信任指的是对系统的信任，尤其是系统有效运转的信任。大量实证研究表明，一般性信任水平与一个经济体的增长速度、金融市场发展、国际贸易和投资，甚至企业规模显著正相关。换句话说，一般性信任水平较低的经济体更可能会陷入所谓诺斯型低信任贫困陷阱——"无法让合同有效、低成本地执行是历史上发展停滞和当今第三世界国家不发达的最重要原因"。

2020年，中国数字经济延续蓬勃发展态势，占GDP比重达到38.6%，且规模持续增长。随着金融科技发展和产业变革持续推进，叠加疫情影响因素，数字经济已经成为当前最具活力、覆盖范围最广的经济形态。

在传统经济下，社会信任主要靠人际信任和制度信任维系，在数字经济中，信任关系则大部分依赖于数字信任。在数字空间，网络社交、线上消费、电子商务和互联网金融等活动都必须建立在身份证明的基础之上，数字信任不仅是维护网络空间秩序的需要，也是数字经济和数字社会运行的基础。用户通过数字身份与网络设备相连，在数字空间的消费、社交、搜索、娱乐等活动的数据被记录，那么这些数据的完整性和隐私性，必须得到有效的保护和管理。

在中国数字经济规模持续攀升的背景下，良好的数字信任，有助于提高政府调控宏观经济的有效性，降低企业经营和社会运行的交易成本，加快整个社会的数字化发展，为数字经济新的商业文明赋能。

"十四五"期间，加快数字化发展是国家战略。构建数字信任体系，既是网络安全体系建设的重要内容，也是数字经济和数字社会的重要组成部分。数字信任有助于解决数据治理和安全问题，促进数据要素市场形成，支撑数据的市场化配置，推动数字经济发展。构建用户与平台之间安全、稳定的数字信任关系，可以有效治理平台垄断、大数据杀熟、假冒伪劣商品、算法歧视、刷单炒信等数字治理难题，推动我国数字经济进入良性竞争和健康发展的状态。

2020年以来我国发布一系列政策，对个人信息的保护更加全面。

《人脸识别线下支付行业自律公约（试行）》

2020年1月21日，中国支付清算协会发布《人脸识别线下支付行业自律公约（试行）》，从安全管理、终端管理、风险管理、用户权益保护等方面作出了规范，明确人脸信息的采集要坚持"用户授权、最小够用"的原则，对原始人脸信息采取加密存储，与用户个人隐私进行安全隔离。

《关于做好个人信息保护利用大数据支撑联防联控工作的通知》

2020年2月10日，中央网信办发布《关于做好个人信息保护利用大数据支撑联防联控工作的通知》，强调要加强疫情期间个人信息保护。此后，各地方对疫情防控下App违法违规、公民个人信息保护等问题予以关注。例如，2020年3月13日，天津市委网信办宣布开展疫情防控相关App违法违规收集使用个人信息专项治理活动。

《个人信息安全规范》（GB/T 35273—2020）

2020年3月6日，国家市场监督管理总局、国家标准化管理委员会发布国家标准《个人信息安全规范》（GB/T 35273—2020），该标准将代替2017版标准。作为国内个人信息保护重要的"软法规则"，新版标准结合2017版标准实施以来出现的可操作性问题，以及App专项治理工作组的工作重点进行了修订补充。

《中华人民共和国个人信息保护法》

2021年11月1日，《中华人民共和国个人信息保护法》（后简称《个人信息保护法》）开始实施。法律明确不得过度收集个人信息、大数据杀熟，对人脸信息等敏感个人信息的处理作出规制，完善个人信息保护投诉、举报工作机制等。《个人信息保护法》对无感知信息利用作出规定，确立以"告知—同意"为核心的一系列规则；同时相对于倡导性法规，《个人信息保护法》对个人信息处理者设立专章法定义务，如对重要的互联网平台，要"定期发布个人信息保护社会责任报告，接受社会监督"。《个人信息保护法》的实施为数字经济产业的健康发展带来充分利好，有利于通过法律制度保障数字产业，帮助数字产业建立消费者信任，进一步提升消费体验。

（二）消费质量信任影响因素

消费者的信任偏好和对消费环境的信任度都会影响消费质量信任。前者更多是个人特质的体现，表现为是否愿意相信对方，在消费市场中，这一特征表现为消费者对商家的信任倾向，进而对消费行为和体验产生影响；除此之外，消费者对于自身消费能力、信息获取、消费决策的自信程度也会影响消费自信，进而对消费偏好产生影响。

消费者对整体消费环境的信任度主要受以下因素影响，首先是企业提供的产品和服务对消费者需求的满足程度，产品种类越丰富、服务专业性越强、需求匹配度越高，消费者对企业的能力信任度就越高；其次是消费者获取产品和服务的便捷度，产品获取流程主要包括获取产品信息、选择购买渠道、购买产品等，服务获取流程包括咨询、售后等，在这一系列的过程中消费者操作顺畅度、商家响应的时效性、服务的人性化程度都会直接影响到消费者对企业的信任度；除了以上两个因素，消费者对企业诚信经营、企业社会责任感、企业品牌价值理念的感知，也会作用到消费质量信任上，企业是否有虚假宣传、品牌广告是否夸大产品功效、销售人员是否做出虚假承诺、商家是否按照约定进行产品维修或退换等都是消费者感知企业诚信的具体方式。

因此，企业除了提升产品质量和服务专业性，如何让消费者更便捷、更舒适地购买产品和享受服务，如何让消费者感知到企业诚信，也是提升品牌价值的发力点。

在数字化经济蓬勃发展的今天，消费质量信任在很大程度上受在线信任影响。在线信任是消费者基于在线平台的交互，对商家履行责任的一种期望。与实体消费相比，由于线上零售商家与消费者在空间上的隔离，线上消费更具不确定性。消费者无法亲身感知到产品，也无法准确判断产品的可靠性。因此在线消费信任的影响因素也更加复杂，其中购物平台的使用体验和物流服务对线上消费者的决策和信任有着显著的正向影响。

从消费者感知角度看，购物平台是消费者感知商家服务的重要渠道，购物平台最基本的功能是信息处理，包括信息呈现、信息交互、信息追加和信息分类等功能。消费者对购物平台的评估主要从易用性、安全性、信息实效性等方面考虑。具体来讲，包含页面的元素特征、网页设计、信息加载速度、图片的剪辑和颜色等图像特征，都影响用户交互印象与透明度感知。随着用户对平台建设、服务质量、体验要求的逐渐增加，平台特征对消费者信任和决策的影响越来越重要。

同时，物流作为实现网络消费从线上到线下的有效链接，其重要性日益凸显。高质量的物流服务可以降低消费者线上渠道购物的风险、提升在线消费体验、增强在线消费意愿。

二、消费行为解读

（一）服务质量关注度超过产品本身品质

对比2020年数据（见图2-1）来看，消费者在选购产品时出于对服务质量因素考虑的比例，已经超过了产品本身品质的比例。其他因素如品牌可靠度、相信品牌会做正确的事情、社会责任感在消费者看重因素中的占比也有所上升。图2-2所示为不同代际的消费偏好。

由于线上零售商家与消费者在空间上的隔离，消费者无法亲身感知到产品品质，因此线上评价成为消费者了解产品口碑、做出购买决策的重要影响因素。

图 2-1 消费偏好变化（%）

图 2-2 不同代际的消费偏好（%）

线上口碑更能影响Z世代①消费者的购买决策,对中国Z世代而言,口碑效应依然强大,只是演变为线上评论以及亲朋好友在社交媒体的发言。一些线上评论,如淘宝、天猫或小红书上的产品体验文章,以及亲朋好友在社交媒体上的评论,是影响中国不同世代消费者的重要信息源。

品牌官方社交账号、网上博主/网红的意见对Z世代也很重要,深受Z世代喜爱的关键意见领袖(KOL)为这一趋势推波助澜:一些电商主播的意见可以左右一个美妆品牌或产品的存亡,动辄带动数十亿元人民币的交易额。提供评论、论坛和团购等服务的大众点评、美团等应用在中国年轻消费者中也广受欢迎。

如图2-3所示,对比不同人群来看,服务质量和产品本身的品质都是至关重要的因素。一线高收入人群最看重服务质量(61.0%),性价比的考量(38.4%)相对靠后;小镇青年和下沉市场老年客群最关注产品本身的品质。下沉市场老年客群在消费时还看重品牌对消费者负责任的态度(保护消费者权益、积极回应消费者诉求)。横向对比发现,一线高收入群体在消费时更愿意考虑品牌的社会责任感,品牌秉承顾客至上的服务理念以及企业传递文明诚信的经营理念等因素,并更愿意相信品牌会做正确的事情。

图2-3 不同人群的消费偏好(%)

(二)超八成的消费者会因企业存在诚信问题而转换品牌

如图2-4所示,从消费主张来看,消费者对企业的诚信问题最为关注,超过八成的消

---

① Z世代是指新时代人群,一般表示1995—2009年间出生的一代人。

费者会因为企业存在诚信问题而转换品牌。诚信是企业的无形资产，也是企业有序竞争的基础，它可以节省企业交易成本，有利于提升消费者的品牌忠诚度。在数字经济蓬勃发展的背景下，数字信任也是企业数字化转型的引擎，消费者对于信息类产品以及企业的数字信任，已经成为他们下载应用和购买产品的重要影响因素。

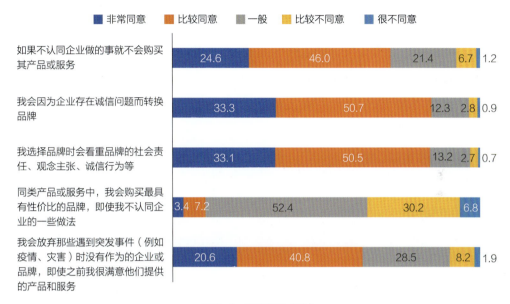

图 2-4　消费主张（%）

（三）遇到产品质量问题，多数人选择倾诉或宣泄

如图2-5所示，当消费者购买到有质量问题的产品时，大部分会选择向朋友倾诉

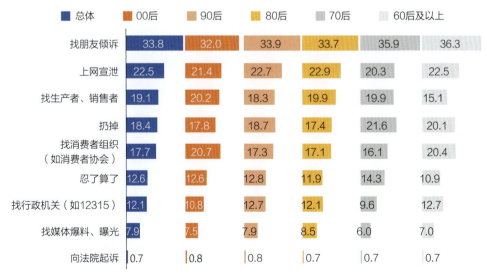

图 2-5　当购买产品存在质量问题时消费者的做法（%）

（33.8%）或上网宣泄（22.5%）；在维权方式中，直接找生产者或销售者投诉的占比为19.1%，通过消费者组织进行维权的占比为17.7%，只有不到7.9%的消费者会找媒体爆料、曝光。

在所有代际中，00后采取行动进行维权的占比最高（60%），且相比其他代际，00后直接找生产者或销售者投诉和通过消费者组织维权的占比更高，一定程度上表明00后的维权意识更强。

三、消费质量信任指数解读

（一）国内外消费者信心指数研究

1. 国外消费者信心指数

密歇根消费者信心指数（Index of Consumer Sentiment，ICS）由密歇根大学的George Katona在二战期间提出。为研究消费需求对经济周期的影响，他首先编制了消费者信心指数，帮助研究人员对消费者关于个人财务状况和国家经济状况的看法进行定期调查并进行相应的评估。

密歇根消费者信心指数由消费者满意指数和消费者预期指数构成。前者是指消费者对当前经济生活（包括财务状况和购买状况）的评价，后者是指消费者对未来经济生活（包括未来1年和5年的预期财务状况和经济状况）的预期。消费者的满意指数和预期指数分别由一些二级指标构成。调查采取电话访问的方式，研究人员将被调查人对问题的回答分别归类于"肯定"或"否定"并计数，继而用其平均数计算出消费者信心指数值。出于指数计算的需要，研究人员设定1966年第一季度的结果为100。

长期以来，该数据为消费者态度变化的把握提供了一个有价值的指引，进而可以较好地预测消费行为。另外，与其他同类用途的数据相比，该数据波动性更小，表现更为稳定。

2. 中国消费者信心指数

国家统计局从1997年12月开始研究编制我国的消费者信心指数，每季度发布一次《中国消费者信心监测报告》，目的是从一个新的角度为各级政府、工商界和国内外投资者综合判断经济运行的状态提供参照系，为各经济主体制定和采取的决策提供辅助信息。经过几年的实践，消费者信心指数已经成为我国经济景气指数体系的有机组成部分，受到国内外的关注。

消费者信心指数（Consumer Confidence Index，CCI）是反映消费者信心强弱的指标，是综合反映并量化消费者对当前经济形势评价和对经济前景、收入水平、收入预期以及消费心理状态的主观感受。100为乐观和悲观的临界值。当信心指数大于100时，表明消费者趋于乐观；小于100时，表明消费者趋于悲观，越接近0悲观程度越深。

（二）消费质量信任指数计算方式

基于消费者对质量信任的形成机制分析并借鉴国内外信心指数编制方案，我们使用三个指标来衡量消费质量信任指数，分别是Q_{AGO}表示相比上一年消费者对其所购买的产品或服务的感知质量近况如何；Q_{EXP}表示消费者对未来再次消费同类产品与服务的质量预期是如何的；Q_{MAR}表示消费者对我国市场整体的质量水平的感知预期是如何的。消费质量信任指数CQTI计算方式如下：

$$消费质量信任指数 \quad CQTI = \frac{Q_{AGO} + Q_{EXP} + Q_{MAR}}{sum_{baseline}}$$

其中，$sum_{baseline} = Q_{AGObaseline} + Q_{EXPbaseline} + Q_{MARbaseline}$，这里的基准值选取2020年第一季度的调研结果（baseline=2020年第一季度）来衡量2021年的消费质量信任指数。

参考国内外消费者信心指数的计算方式，指数大于100时，表示消费者对产品质量持乐观、积极看法的占比大于持悲观、消极看法的占比，消费质量信任指数偏向乐观。指数值越高，表示消费者对质量信心越强。

（三）消费质量信任指数调研结果

1. 消费质量信任指数整体趋势

2021年前三季度国内部分地区受到疫情、汛情的多重冲击，经济复苏压力增加，但总体来看国内消费市场表现出强大的韧性和适应性，国民经济保持了恢复态势（见图2-6）。

图2-6　2020年1月—2021年9月全国社会消费品零售额（万亿元）

2021年第三季度经济复苏步伐有所放缓，第三季度GDP同比增长4.9%，前三季度GDP同比增长9.8%。

消费领域价格总体稳定，消费市场韧性彰显。2021年前三季度，CPI上涨0.6%，涨幅比上半年扩大0.1个百分点。消费市场也经受住局部地区疫情、极端天气等因素冲击，恢复态势延续，前三季度社会消费品零售总额同比增长16.5%，保持两位数较快增长（见图2-6）。

部分地区散发的疫情虽然对就业造成了一定影响，但随着经济企稳向好，2021年前三季度就业形势总体平稳，1—9月，全国城镇调查失业率均值为5.2%，低于5.5%左右的全年宏观调控预期目标。同时人力资源和社会保障部数据显示，1—9月城镇新增就业1045万人，完成预期目标的95%，新增就业目标完成情况良好。

调研结果显示（见图2-7），2021年中国消费质量信任指数为211，处于乐观区间，且相较2020年各期值均有较大幅度的提升，表明随着统筹疫情防控和经济社会发展成效继续显现，保供稳价和支持实体经济发展力度的加大，中国消费者对消费质量信任整体延续信任较强的态势。

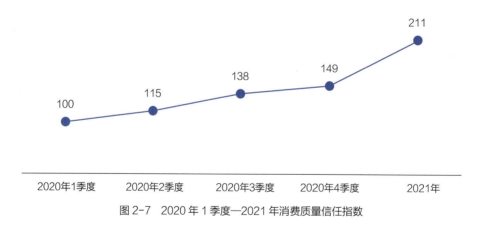

图 2-7　2020 年 1 季度—2021 年消费质量信任指数

2. 不同维度下的消费质量信任指数

（1）老年群体对于产品/服务的质量具有较高信任

如图2-8所示，从不同年龄段来看，不同代际对于产品及服务的质量信任差距较大。中老年具有较高的消费质量信任，00后消费质量信任最低。2021年，由于疫情复杂多变，"外防输入，内防反弹"的压力较大，给就业增加了更高的不确定性和风险挑战，年轻一代人群就业和收入压力剧增，造成消费减速，因此他们的消费质量信任较低。70后、60后及以上群体具有一定的储蓄水平和抗风险能力，即使处于疫情期间，他们仍具备较强的消费能力。

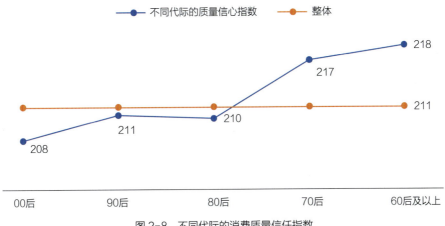

图 2-8 不同代际的消费质量信任指数

（2）一线高收入人群消费信任较强

如图2-9所示，从人群上来看，一线高收入人群的消费质量信任表现更强。一线城市整体收入水平较高，尤其是高收入群体消费能力较强，消费决策的自信程度也较高，因此整体表现为消费质量信任最高。下沉市场老年群体质量信任较低，相较一线城市，下沉市场用户生活相对轻松，尤其在时间方面，休闲娱乐空间更大，且受限于资讯、信息传递手段，下沉市场老年群体可获取的产品信息相对较少，消费倾向较为理性和保守，从而影响了消费信任水平。

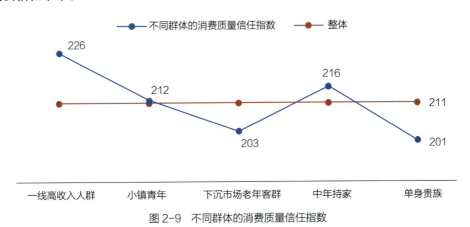

图 2-9 不同群体的消费质量信任指数

3. 医疗保健行业消费者信任度最高，食品烟酒行业信任度垫底

如图2-10所示，不同行业企业由于在政策环境、数字化程度、与消费者接触方式和场景、企业信息对消费者的开放程度等方面存在差异，消费者的品牌信任度也有明显不同。调查显示，医疗保健行业消费者信任度最高，为60.4%；食品烟酒行业、交通和通信行业消费者信任度则处于后两位，分别为49.2%和50.9%，消费者信任有待培养。

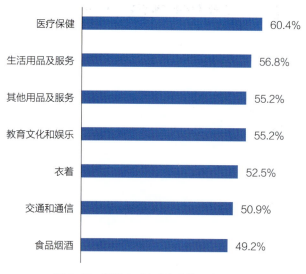

图 2-10 消费者对各大行业的品牌信任度

（1）医疗保健行业：市场的强监管和抗疫的显著成效，赢得消费者信任

消费者对医疗保健行业的高信任度，离不开医疗保健市场的强监管和规范化发展。2021年11月国家市场监督管理总局发布《医疗美容广告执法指南》，依法整治各类医疗美容广告乱象，对于危害性大、群众反映集中的问题予以重点打击，有效维护消费者的合法权益，对营造良好的市场环境、提升消费者信任度有积极意义。

消费者对医疗保健行业的高信任度，也与新冠肺炎疫情爆发后我国医疗人员在抗疫工作中的突出贡献显著相关。我国医疗体系快速响应，抗疫工作组织有力有序有效，激发了消费者强烈的民族自豪感，增强了消费者对我国医疗体系的信任。

（2）食品烟酒行业：食品安全问题透支消费者信任

在食品烟酒行业，消费者信任显得尤为重要，不仅影响消费者购买决策，更关系到国计民生和社会稳定。自2008年"三聚氰胺事件"开始，食品安全问题进入公众视野，受到大家普遍关注。频发曝出的各类食品安全突发事件严重透支着消费者信任，而监管机构、企业与消费者间的信息不对称则制约着消费者信任的重建，使得食品烟酒行业消费者信任度排名在全行业中垫底。

近几年，食品安全相关政策加码。2020年3月《食品生产许可管理办法》正式施行，为加强食品生产监督管理，保障食品安全提供了政策指引；2021年3月，"十四五"规划进一步提出，深入实施食品安全战略，加强食品全链条质量安全监管。未来，如何保证食品安全、赢得消费者信任仍是食品烟酒行业的重要研究课题。增强消费者食品质量安全意识和依法维权意识、提升消费者食品质量安全信任需要持续不断的努力。

（3）交通和通信行业：快递服务、网络社交媒体消费者信任需重建

交通和通信行业消费者信任度排名倒数第二位，其中，快递服务、网络社交媒体是拉低交通和通信行业整体信任度的两大子行业。

快递市场由于进入门槛较低，导致行业过度竞争，价格战白热化，快递员工作强度加大。快递员作为直接接触客户的一环，他们的工作状态直接影响客户的信任感知，快递员拒绝送货上门、丢失、损坏物品等行为，极易引发消费者信任危机。

网络社交媒体作为大家日常社交娱乐、信息交流分享的重要场域，是各类信息的集散地。由于我国网民数量庞大，网络环境错综复杂，谣言、诈骗等互联网信息乱象，严重影响消费者信任，也关系到国家安全与社会稳定。2021年1月，国家网信办发布新修订的《互联网用户公众账号信息服务管理规定》，进一步加强互联网用户公众账号的依法监管，引导公众账号信息服务向健康有序的方向发展，重建消费者信任。

第三章 顾客满意度和质量消费体验研究

一、2021年 CNCSI 和 QCEI 总体调研结果

（一）整体分析：消费者满意水平稳定，质量消费体验较好

本次调研结果显示（见图3-1），消费者对产品服务质量的满意程度较好，2021年中国国家顾客满意度指数（CNCSI）总体得分为81.7（百分制），较2020年有所提升；质量消费体验指数（QCEI）为46.5（百分制），较2020年略微下降，表明消费者对产品服务整体质量消费体验尚可，但仍有较大提升空间。

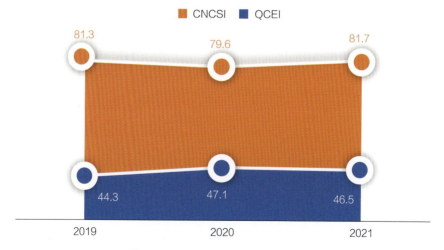

图 3-1 CNCSI 和 QCEI 整体变化趋势

注：QCEI为各品牌六个维度加权平均值，共5个级别，S级得分区间在60~100分，表明质量消费体验极好；A级得分区间在50~60分，表明质量消费体验很好；B级得分区间在40~50分，表明质量消费体验较好；C级得分区间在30~40分，表明质量消费体验一般；D级得分区间在0~30分，表明质量消费体验不佳。

（二）指标分析：顾客体验链首尾劣势明显，品牌价值有待提升

从质量消费体验的六个维度来看，各品牌的平均认知度仅为37.5%（见图3-2），即仅有不到四成的消费者听说过这些品牌，表明目前各类产品服务的品牌发展不理想。品牌认知是顾客接触品牌的第一步，至关重要，品牌宣传有待加强。

在听说的品牌中，品牌的渗透率仅为51.2%，表明有近半数的消费者使用过的品牌并不在自己听说过的范围内，这在一定程度上表明顾客在选择产品或服务时，有了更多的选择权，听说而不用的现象较为普遍。

消费者对使用过的品牌的满意度和美誉度分别为53.2%和57.7%，超过半数消费者对使用过的品牌表示满意与喜欢，但消费者对品牌黏性不强，仅有不到三成的消费者表示会再次购买该品牌的产品，但有超过四成的消费者愿意向亲朋好友推荐这些品牌，这种"推荐而不再购"的现象在一定程度上表明消费者倾向于尝试多种品牌，因此如何增强品牌忠诚度，是企业需要进一步努力的方向。

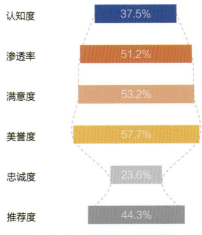

图 3-2　质量消费体验指数模型

（三）交叉分析

1. 下沉市场消费体验提升幅度较大

下沉市场消费空间可期，细分至消费人群看，以小镇中老年、小镇青年及部分Z世代人群为主要代表的下沉市场消费群体，其整体消费规模巨大。下沉市场人口分散在我国广阔的市、县、乡及村当中，其占比高达72%。在电商市场快速发展背景下，电商渠道网络逐渐下沉，物流仓储进一步整合变革，让更多下沉市场的消费者接触到更加多元化及品牌化的产品。

从需求端看，下沉市场消费需求在不断升级，对于产品的品质及品牌关注度在持续提升；从供给端看，面对消费者对于消费品的要求越来越专业，优质品牌通过不断创新加速抢占下沉市场份额。如图3-3所示，2021年下沉市场的质量消费体验指数与2020年基本持平，但较2019年增长幅度较大。如图3-4所示，2021年中国国家顾客满意度指数则较2020年有大幅度提升，表明各品牌在挖掘下沉市场消费潜力、提升下沉市场消费体验方面有着良好成效。

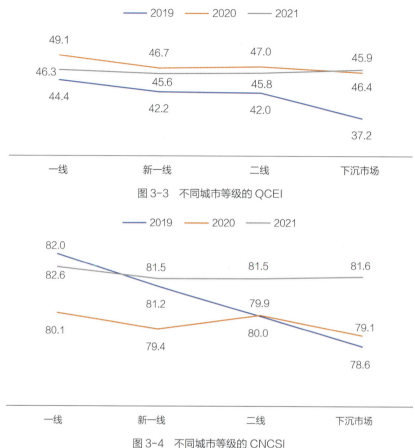

图 3-3　不同城市等级的 QCEI

图 3-4　不同城市等级的 CNCSI

2. 银发经济崛起，质量消费体验及满意度持续提升

我国第七次人口普查数据显示，2020年60岁及以上人口为26402万人，占18.7%（见图3-5）。与2010年相比，60岁及以上人口的比重上升5.4个百分点，人口老龄化程度进一步加深。

图 3-5　2010—2020 年我国 60 岁以上人口数（亿人）

新晋银发一族在1960年甚至1965年之后出生,在上学时已来到20世纪70年代,在工作时则赶上了"改革开放"的好时代。随着经济不断发展,高学历和富裕人群在银发一族中将会越来越多,他们对精神需求方面有着更高追求,消费观念和可接受的养老模式也在不断升级,这些都给养老市场带来了新的契机。

中共中央、国务院印发的《关于加强新时代老龄工作的意见》于2021年11月正式发布。该文件作为我国有效应对人口老龄化的重要规划,承接此前我国对于养老医疗、养老长期护理、老年文化、老年教育、老年旅游、适老化基础设施改造、养老社会保障制度、养老地产、老年用品等众多养老领域政策文件,对于提升广大老年人的获得感、幸福感、安全感,全面建设社会主义现代化国家具有指导性意义。

如图3-6和图3-7所示,对于新晋的银发一族,他们的中国国家顾客满意度指数和质量消费体验指数均高于其他代际,这与潜力巨大的银发经济有关。庞大的新一代退休人群正在逐渐形成新的消费格局,除疾病、养生健康和日常生活等支出,越来越多的退休人群愿

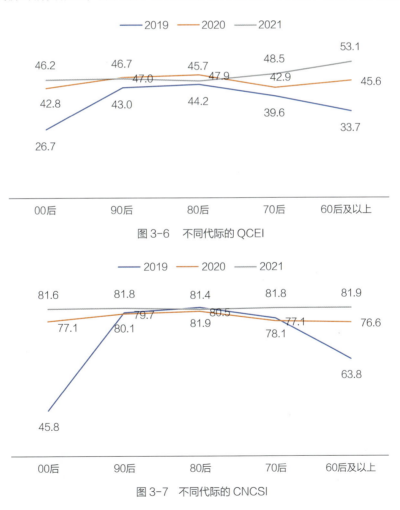

图 3-6　不同代际的 QCEI

图 3-7　不同代际的 CNCSI

意将时间和金钱用于旅游、学习绘画、摄影、舞蹈、服装搭配等。未来，围绕社交娱乐出发的兴趣爱好产品和银发旅游又将会成为新的增长点。

二、2021年CNCSI和QCEI分行业调研结果

如图3-8所示，从细分领域看，消费者对医疗保健行业质量消费体验最佳，而对交通和通信行业体验一般。

图 3-8　各行业领域 QCEI 和 CNCSI

从不同领域来看，医疗保健、生活用品及服务、其他用品及服务处于CNCSI、QCEI双高的区域；交通和通信、食品烟酒、教育文化和娱乐、衣着处于双低的区域，这些领域消费者多以高频次的使用与消费为主，体验不佳，尚存较大的提升空间，如图3-9所示。

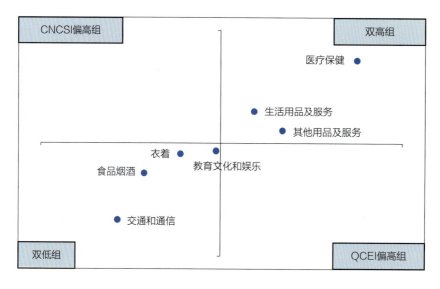

图 3-9　各行业领域 QCEI 和 CNCSI 四象限图

如图3-10所示，从质量消费体验六个维度来看，各行业整体趋势基本一致，消费者对各行业品牌普遍存在美誉度较高、忠诚度较低的问题，各行业客户黏性亟需培养和提升。

具体来看，食品烟酒行业作为高频次消费领域，其认知度和渗透率表现靠前，尤其是渗透率明显高于其他行业，近六成消费者使用过的食品烟酒品牌都是自己听说过的，但其他方面的体验差强人意，满意度、美誉度、推荐度均处于各行业靠后位置，表明消费者对高频次基础性消费品的需求未得到有效满足。医疗保健行业多项指标表现较好，消费者对医疗保健行业整体体验良好，近年来消费者越来越关注健康，对医疗保健行业的需求不断加强，医疗保健行业不断突破新技术、构建新的商业模式，通过互联网手段将医疗保健行业的上下游资源进行整合，为消费者提供更加省钱、省时、省力的服务体验。

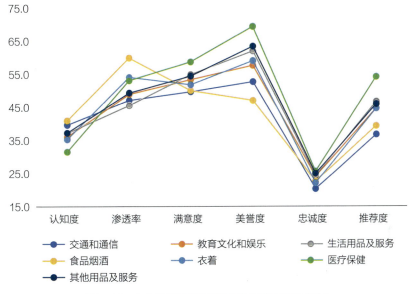

图 3-10　各行业质量消费体验指数各维度指标（%）

（一）交通和通信行业

1. 交通通信行业整体分析

交通和通信是居民生活质量的重要衡量指标。交通和通信行业的发展，改变了居民生活方式，加快了城市化进程，推动着社会发展与进步。交通和通信工具的变迁史也是居民社会生活发展史的重要反映。近两年，交通和通信领域在新政策新技术的引领下，迎来了新的发展机遇。

（1）"双碳"风口下，绿色低碳、智慧赋能是交通行业的两大发展趋势

2021年，碳中和、碳达峰成为交通运输行业的热议话题。2021年2月，《国务院关于加快建立健全绿色低碳循环发展经济体系的指导意见》指出，深入贯彻党的十九大和十九

届二中、三中、四中、五中全会精神，全面贯彻习近平生态文明思想，认真落实党中央、国务院决策部署，坚定不移贯彻新发展理念，全方位全过程推行绿色规划、绿色设计、绿色投资、绿色建设、绿色生产、绿色流通、绿色生活、绿色消费，使发展建立在高效利用资源、严格保护生态环境、有效控制温室气体排放的基础上，统筹推进高质量发展和高水平保护，建立健全绿色低碳循环发展的经济体系，确保实现碳达峰、碳中和目标，推动我国绿色发展迈上新台阶。2021年10月，国务院印发《2030年前碳达峰行动方案》，进一步提出要将碳达峰贯穿于经济社会发展全过程和各方面，重点实施能源绿色低碳转型行动、节能降碳增效行动、工业领域碳达峰行动、城乡建设碳达峰行动、交通运输绿色低碳行动、循环经济助力降碳行动、绿色低碳科技创新行动、碳汇能力巩固提升行动、绿色低碳全民行动、各地区梯次有序碳达峰行动等"碳达峰十大行动"。

在"双碳"目标的驱动下，各相关行业均将减污降碳作为未来发展的重要目标。尤其是交通运输行业，既是排碳大户，也是推动绿色低碳发展、推动碳达峰碳中和战略目标实现的关键领域，积极进行低碳发展的结构性改革势在必行。除了在供给侧角度进行低碳转型外，从需求侧角度出发，以市场需求推动行业结构调整也同样重要。越来越多的消费者遵循低碳环保理念，将共享单车/电单车、网约车作为出行选择，而共享单车/电单车、网约车市场的稳步发展，既符合低碳发展的需求，也为交通运输服务市场带来了新活力。

随着云计算、大数据、物联网、人工智能等技术的快速发展，以及5G、车联网、无人驾驶等新技术的迭代，智慧交通也迎来发展新风口。2021年2月，中共中央、国务院印发《国家综合立体交通网规划纲要》，提出加快提升交通运输科技创新能力，推进交通基础设施数字化、网联化；推动公路路网管理和出行信息服务智能化，完善道路交通监控设备及配套网络；推动智能网联汽车与智慧城市协同发展，建设城市道路、建筑、公共设施融合感知体系。未来，随着技术的进一步成熟，人、车、路三位协同的智慧交通将极大改变居民生活方式，使居民享受到越来越安全、高效、便捷、舒适的出行体验。

（2）通信行业"新基建"驱动数字经济发展，元宇宙催生沉浸式社交浪潮

2021年10月，工业和信息化部、住房和城乡建设部等8部门联合印发《物联网新型基础设施建设三年行动计划（2021—2023年）》，提出到2023年底，要在国内主要城市初步建成物联网新型基础设施，社会现代化治理、产业数字化转型和民生消费升级的基础更加稳固。在政策加持下，以5G、人工智能为代表的"新基建"加快推进，成为发展数字经济的关键抓手。而数字经济的发展惠及每个家庭，潜移默化地影响着我们的生产生活方式，电商直播、共享出行、远程办公、远程医疗……数字经济已经融入日常生活的方方面面，催生了新业态、新模式，对传统生活消费形态带来深刻变革。

元宇宙是通信行业2021年的另一热词，它的概念最早在1992年提出，随着区块链等技术的进步，元宇宙的实现也由遥不可及变为可能。2021年，互联网巨头们纷纷入局，发起

新的角逐。在元宇宙中，用户以一个虚拟身份的形象，进行沉浸式生活、社交、消费和创造，可以在虚拟世界享受到现实生活中的快感。现有技术水平下，元宇宙尚处于发展探索期，但它引发了人们关于未来虚拟世界生活和社交模式的畅想，市场发展空间广阔。

在绿色低碳、数字经济的发展浪潮下，如何满足消费者日益提升的交通与通信发展需求，提升消费者交通与通信的便利性和幸福感，是需要重点研究的课题。如图3-11所示，2021年CNCSI和QCEI数据结果显示，交通通信行业质量消费体验指数和满意度指数均低于全行业均值，且相对2019年也有所下滑。究其原因，疫情的反复和极端天气事件的频发是重要影响因素。

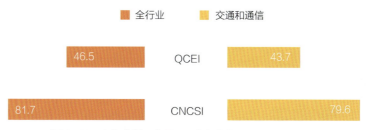

图3-11　全行业以及交通和通信行业的CNCSI和QCEI

如图3-12所示，从各维度来看，交通和通信行业的品牌认知度略高于全行业均值，尤其是快递和航空两大子行业，由于市场集中度较高，品牌认知度远高于其他行业。而交通和通信行业的品牌渗透率、满意度、美誉度、忠诚度、推荐度等指标则均低于全行业均值，消费者品牌黏性较低，这与消费者日益提升的品质消费需求有关。近年来，各大互联网生活服务平台以打造用户极致体验为追求，提升了消费者对服务体验的预期，交通和通信行业高度标准化、同质化的服务已无法满足当代消费者不断升级的体验需求，惊喜体验、个性化服务是未来努力方向。

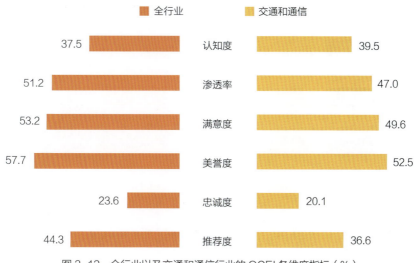

图3-12　全行业以及交通和通信行业的QCEI各维度指标（%）

（3）一二线城市因共享出行更为普及，满意度与质量消费体验指数较高

如图3-13、图3-14所示，从城市等级来看，新一线、下沉市场交通通信行业的顾客满意度指数和质量消费体验指数均低于一线、二线城市，这与不同城市的交通和通信方式显著相关。一二线城市消费者已习惯共享单车、网约车出行，航空出行也相对更多，下沉市场共享出行仍在普及和扩张阶段。调查数据显示，航空服务、共享单车、网约车三种出行方式的顾客满意度指数和质量消费体验指数相对较高，因而这三种出行方式更普遍的一二线城市消费者满意度和消费体验评价更高。新一线城市则更多由于快递服务消费者体验不佳，导致整体满意度和消费体验评价值不高。据国家邮政局公布的2021年上半年邮政行业运行数据，15家新一线城市快递业务量均在全国前50强，因而快递服务是拉低新一线城市整体满意度和消费体验评价的重要因素。

图 3-13　交通和通信行业不同城市等级的 CNCSI 和 QCEI

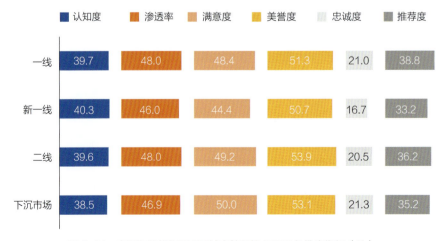

图 3-14　交通和通信行业不同城市等级的 QCEI 各维度指标（%）

（4）长三角交通网络高度发达，但消费者品牌忠诚度不高，质量消费体验指数最低

如图3-15、图3-16所示，从经济带来看，京津冀、长三角、珠三角三大经济带的顾客满意度指数和质量消费体验指数有明显差异。三大经济带因区位不同、所处发展阶段不同，在交通和通信方面的发展态势也各不相同。长三角地理位置优越，拥有高度发达的交通网络，京津冀、珠三角也初步构建了高质量综合立体交通网，规划布局交通新基建成为各大经济带工作重点。虽然交通基础设施建设步伐加快，但交通拥堵、交通污染、停车难等系列问题仍影响着消费者的体验。相对而言，长三角地区交通和通信行业的质量消费体验指数最低，消费者品牌忠诚度不高；珠三角因品牌转化率最高，质量消费体验指数位列第一；京津冀地区则满意度指数最高，消费者对未来交通通信发展充满信任。

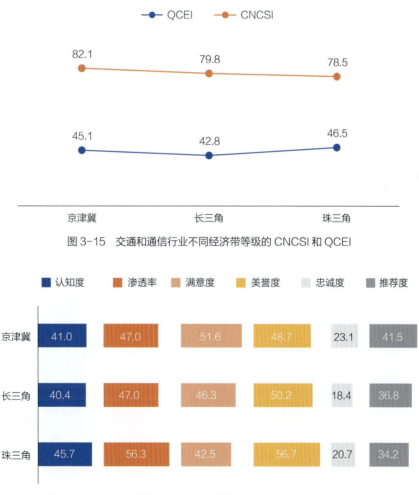

图 3-15 交通和通信行业不同经济带等级的 CNCSI 和 QCEI

图 3-16 交通和通信行业不同经济带等级的 QCEI 各维度指标（%）

2. 交通和通信子行业特征

（1）网约车出行服务广受好评，市场合规化进程加速推进

网约车在满足消费者多样化出行需求方面具有重要意义，近几年，得益于智能手机快速普及和城市化进程加快，网约车市场需求一直保持快速增长，成为很多消费者出行首选。根据中国互联网络信息中心（CNNIC）数据，2016年至2019年，我国网约车用户规模和使用率一直保持增长态势，2020年受疫情影响稍有下滑，2020年底开始企稳回升。截至2021年6月，网约车已覆盖400多个城市，用户规模达3.97亿人，较2020年12月增长3123万人，如图3-17所示。

图 3-17　2016—2021 年网约车用户规模及使用率

相对于传统出行方式，网约车以便宜、便捷、舒适等特点，受到消费者青睐。如图3-18所示，网约车出行服务广受好评，顾客满意度指数和质量消费体验指数均高于交通通信行业整体水平。从各维度来看，网约车行业品牌认知度、渗透率、满意度、美誉度、忠诚度、推荐度全面领先，说明网约车行业无论是认知转化情况还是品牌黏性，均较其他行业有明显优势。但值得注意的是，网约车品牌认知度指标领先幅度不大，消费者对网约车的认知大多集中在龙头品牌，对于传统车企推出的网约车品牌认知不足，如何提升品牌认知度，是很多网约车平台需要攻克的难题，如图3-19所示。

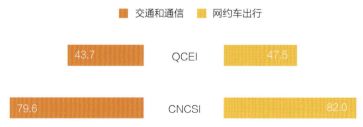

图 3-18　交通和通信行业以及网约车出行子行业的 CNCSI 和 QCEI

第三章 顾客满意度和质量消费体验研究

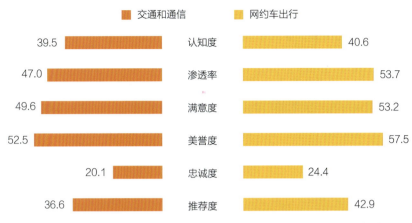

图 3-19　交通和通信行业以及网约车出行子行业的 QCEI 各维度指标（%）

当前，网约车已经成为我国出行服务体系的重要部分。未来，网约车行业仍具有广阔的发展空间，下沉市场将成为各大网约车平台竞争的新战场，规范健康持续发展是未来发展方向。2021年9月8日，交通运输部印发《关于维护公平竞争市场秩序加快推进网约车合规化的通知》，督促网约车平台依法依规开展经营，加快网约车合规化进程，维护行业安全稳定。随着网约车合规化进程加速推进，服务质量将成为各平台在竞争中致胜的关键，谁的服务能打动消费者，谁才能在市场中占据一席之地。

（2）快递品牌呈现低满意度、低美誉度、低忠诚度、低推荐度"四低"特征，服务亟待提升

快递行业在促进生产、流通和消费方面承担着重要的支撑作用。近几年，受益于电商市场的快速发展，作为电商行业的下游行业，快递业务需求也维持较高的增长态势。国家邮政局数据显示，2021年面对国内外疫情频发的复杂形势，全国快递业务量和业务收入逆势上扬，保持了29.9%和17.5%的同比增速，业务量和业务收入均再达新高，如图3-20所示。

图 3-20　2016—2021 年快递业务量和增长率、快递业务收入和增长率

快递行业虽然业务量和业务收入均保持平稳增长，但也面临着快递单价不断下滑的巨大压力。同时，各大快递企业因服务不佳而引起的投诉量居高不下，货物损坏、货物丢失、拒绝送货上门等问题频发，成为公众关注焦点。如图3-21、图3-22所示，消费者对快递服务的质量消费体验评价整体呈现出低满意、低美誉、低忠诚、低推荐的"四低"特征，服务质量与消费者需求存在巨大落差。而近两年新进入者的涌入，也进一步加速了快递市场的竞争。提升服务监管技术水平、做消费者满意的品牌成为破局关键。

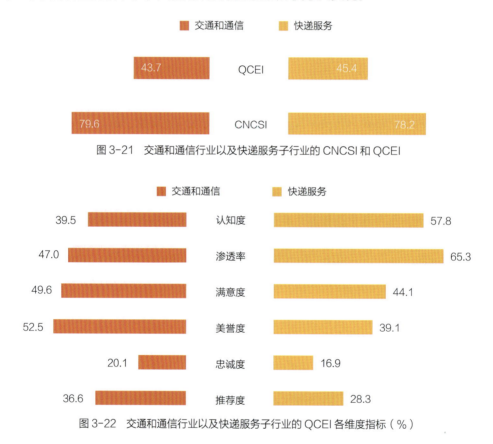

图 3-21 交通和通信行业以及快递服务子行业的 CNCSI 和 QCEI

图 3-22 交通和通信行业以及快递服务子行业的 QCEI 各维度指标（%）

随着直播电商的发展和向下沉市场的进一步渗透，未来快递行业仍有较大的增长空间。快递服务在满足消费者快速、便捷的基本需求基础上，需更加关注消费者的个性化需求，借助物联网、云计算等现代信息技术积极创新服务模式，提升消费者体验，推进快递行业高质量发展。

（二）教育文化和娱乐

1. 教育文化和娱乐行业整体分析

近些年，消费者的消费理念和消费方式已发生明显转变，品质消费、服务消费、新型消费增势良好。教育文化娱乐消费作为新消费时代的特点与体现，成为消费结构中越来越重要的组成部分。2020年，受疫情影响，教育文化娱乐消费明显滑坡，2021年，随着疫情防控进入常态化，居民收入平稳增长，教育文化娱乐消费需求也在逐步释放。根据国家统计局数据，2021年教育文化和娱乐人均消费支出2599元，同比增长27.9%，消费的主体、渠道和热点内容也均产生了新的变化，新的消费格局正逐步形成。

（1）消费主体：Z世代群体崛起，消费影响力不断增强

作为互联网时代原住民，Z世代的成长带有深刻的移动互联网印记，同时，他们成长于我国经济建设高速发展、国家实力日益强劲之际，因而具有强烈的文化自信和民族自豪感，更愿意为含国潮元素的艺术文化作品和文创周边产品买单。除支持国潮文化外，电竞、二次元、潮玩等也是Z世代群体的文娱消费标签。近两年，随着Z世代群体步入大学、职场，他们的消费自由度不断增强，他们的消费观念和消费偏好也对教育文娱行业发展和新兴品牌的涌现体现出越来越重要的影响力。

（2）消费渠道："宅经济"日渐成熟，线上文娱消费活跃

受2020年疫情影响，"宅经济"迎来新的发展机遇，在线办公、在线购物、在线医疗等新业态加速兴起，教育文化和娱乐行业也发展起"居家模式"，消费者可以居家享受在线休闲文娱的乐趣。2021年，"宅经济"有所降温，发展回归理性，经营模式也日渐走向成熟，而以短视频、直播、游戏、在线阅读等为代表的线上文娱消费依然维持着高景气度：短视频平台用户持续活跃、网络直播用户规模持续扩大、手游也仍然是很多消费者碎片化消遣的重要方式。线上文娱的发展，不仅满足了消费者多元化的居家休闲需求，也释放了内需潜力，推动行业高质量发展。

（3）消费热点：沉浸式娱乐市场快速发展，受年轻群体追捧

沉浸式娱乐是围绕某个文化主题，通过搭建真实景物，营造故事情境，调动观众的所有感官，从而使观众感受到身临其境的"沉浸式"游玩体验。它具有线上文娱无法替代的沉浸感、参与感，可以精准满足年轻群体的自我表达和探索未知的精神需求，受到年轻群体追捧。2021年，随着疫情形势好转，线下文娱消费呈现出增长态势，沉浸式娱乐焕发出新生机，沉浸式的剧本杀、密室逃脱、艺术展、博物馆……沉浸式娱乐已渗透到多元化的消费场景中，年轻群体纷纷打卡。随着AR/VR、人工智能等技术的发展，沉浸式娱乐将朝着更具故事感、互动性、体验感的方向发展。

在教育文化和娱乐行业新的消费格局下，越来越多新玩家进入市场，强化优质内容建设、优化消费者体验显得尤为重要。2021年CNCSI和QCEI数据结果显示（见图3-23），教育文化和娱乐行业质量消费体验指数和满意度指数均略低于全行业均值，其中影视听娱乐、短视频平台、线上直播等子行业消费者体验不佳，行业乱象有待整顿和规范。

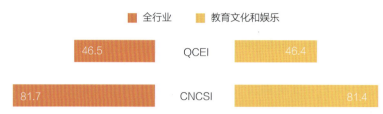

图 3-23 全行业和教育文化和娱乐行业的 QCEI 和 CNCSI

如图3-24所示,从各维度来看教育文化和娱乐行业品牌整体认知度和渗透率偏低,但忠诚度和推荐度相对较高。对比不同子行业的认知度和渗透率发现,体育用品、知识付费、潮流玩具等子行业的品牌认知不高,拉低了教育文化和娱乐行业的整体品牌认知;相机、电脑、智能音箱等子行业则存在消费者难以转化的痛点。针对教育文化和娱乐行业主流用户群年轻化的特点,品牌营销应适应年轻群体智能化、品质化、个性化、国风化的消费需求,通过优质营销内容多渠道推广吸引并维护年轻客群,扩大品牌影响力和知名度,最终实现消费转化。

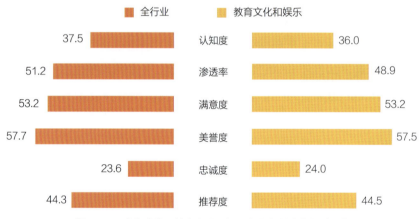

图 3-24 全行业以及教育文化和娱乐行业各维度指标(%)

(4)老年文娱消费需求爆发,消费力和传播力强劲

如图3-25所示,从消费者年龄来看代际差异明显。60后、70后的顾客满意度指数和质量消费体验指数均高于年轻群体,尤其是品牌认知度、渗透率、推荐度三项指标大幅领先(见图3-26),体现出60后、70后群体强大的消费能力和传播能力。老年群体是财富拥有量最高的群体,近两年,老年群体在各个领域均呈现出消费升级的趋势,在文娱消费方面,老年群体的需求呈现出多元化、线上化的特征,尤其是身体健康、年龄较低的老年群体,他们积极拥抱短视频、直播等线上文娱形式,追求新知体验,丰富自己的精神生活。老年文娱需求的快速释放,也让越来越多的文娱行业从业者看到了老年人群的市场潜力,未来,老年文娱领域拥有广阔的发展空间。

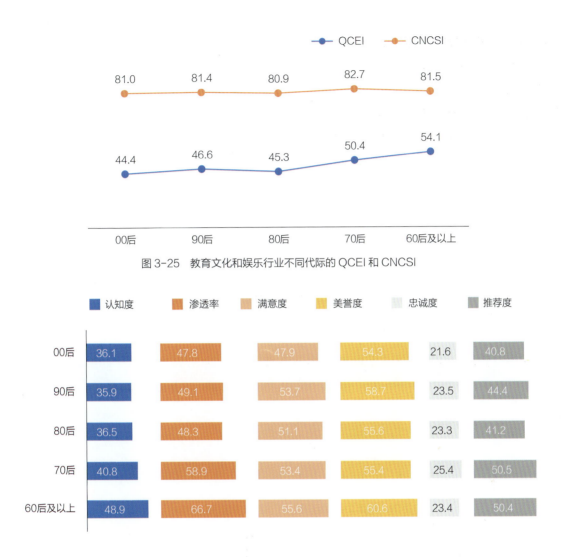

图 3-25　教育文化和娱乐行业不同代际的 QCEI 和 CNCSI

图 3-26　教育文化和娱乐行业不同代际各维度指标（%）

（5）一线城市满意度指数最高，下沉市场蕴藏着巨大的消费潜力

如图3-27、图3-28所示，从城市等级来看一线城市的顾客满意度指数最高。一线城市的消费者相对而言具有更强的文娱消费需求和消费能力，一线城市的文娱产业新模式、新业态的布局也更为完善，因而整体满意度更高，对未来预期也更乐观。质量消费体验指数表现与满意度指数有所差异，下沉市场的质量消费体验指数最高，美誉度是下沉市场质量消费体验指数的主要拉动力。下沉市场蕴藏着巨大的消费潜力，借助于下沉市场的熟人社会关系，优质品牌可以快速传播、转化。在一线市场逐渐饱和的大趋势下，下沉市场将成为各品牌争夺焦点。

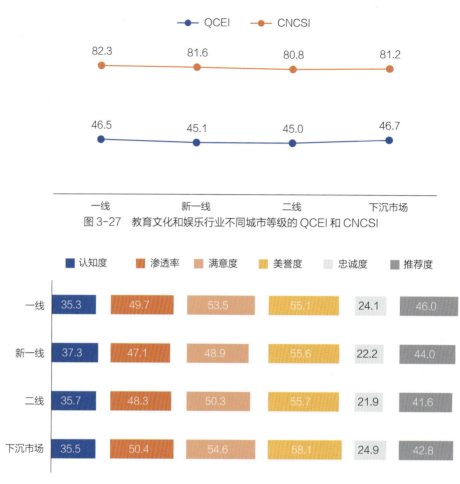

图 3-27 教育文化和娱乐行业不同城市等级的 QCEI 和 CNCSI

图 3-28 教育文化和娱乐行业不同城市等级各维度指标（%）

2. 教育文化和娱乐子行业特征

（1）短视频势头正盛，但消费者体验不佳；规范市场发展、增强品牌黏性是发力方向

以抖音、快手为代表的短视频平台自诞生以来就以其特有的内容创意、视觉感染力、碎片化特性和新型社交属性受到消费者的喜爱，呈现高速发展的态势。根据中国互联网络信息中心统计，2021年上半年，短视频贡献了移动互联网的主要时长和流量增量，截至2021年6月，短视频用户规模达8.88亿人，较2020年12月增长1440万，如图3-29所示。

短视频可以很好地满足消费者随着生活节奏加快而呈现碎片化特征的休闲娱乐习惯，是互联网用户不可或缺的娱乐方式，但随着短视频用户规模的增长，内容需求迅速上升，规范化问题逐渐暴露。良莠不齐的视频质量、同质化的视频内容严重影响消费者体验。如图3-30、图3-31所示，短视频子行业的顾客满意度指数和质量消费体验指数均显著低于教育文化和娱乐行业整体水平，尤其是品牌美誉度、推荐度大幅落后，认知度则大幅领先。这一品牌特征说明短视频平台虽广为认知但用户缺乏黏性，存在流失风险。如何规范市场发展，增强品牌黏性，是短视频行业需要重点发力的方向。

图3-29　2018年6月—2021年6月短视频用户规模及使用率

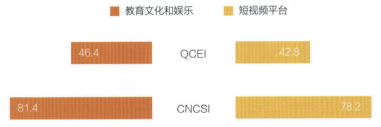

图3-30　教育文化和娱乐行业以及短视频子行业的 QCEI 和 CNCSI

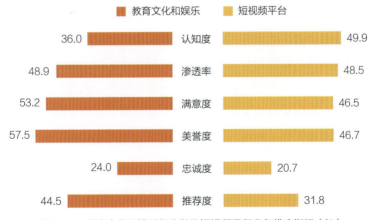

图3-31　教育文化和娱乐行业以及短视频子行业各维度指标（%）

2021年9月，《中华人民共和国数据安全法》正式出台，对互联网公司规范数据处理活动、保障数据安全进行了规定。《互联网信息服务算法推荐管理规定（征求意见稿）》

则进一步规范了互联网信息服务算法推荐活动。随着行业监管趋严，短视频行业将会更好地朝规范化、精品化方向发展。

（2）线上直播乱象显现，满意度与消费体验双低，规范化、差异化、专业化是提升方向

线上直播是一种实时性、互动性显著的在线娱乐方式。传统线上直播以游戏直播、秀场直播等为代表，在经历一段时间的动荡期后，近两年，直播行业迎来新的发展机遇，直播电商作为直播平台最火热的赛道异军突起，用户规模持续攀升。根据中国互联网络信息中心统计，截至2021年6月，我国网络直播用户规模达6.38亿人，同比增长7539万人。庞大的直播用户群体为直播平台带来了巨大的经济效益，头部平台直播收入大幅增长，开始向更广泛的场景领域渗透，如图3-32所示。

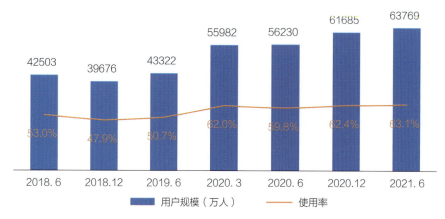

图3-32　2018年6月—2021年6月网络直播用户规模及使用率

随着直播服务细分化、垂直化发展的不断深入，主播素质偏低、内容同质化、缺乏专业性等一系列问题逐渐显现，受到社会广泛关注。如图3-33、图3-34所示，线上直播顾客满意度指数和质量消费体验指数均显著低于教育文化和娱乐行业整体水平。主播的个人素质、专业能力、创新能力成为影响直播行业发展的重要因素。消费者知识水平和品位的日益提升，也对直播内容和形式提出了更高要求。只有提升主播准入门槛，以规范化、差异化、专业化的直播内容提升用户的视听体验，才能长久地吸引并留住用户，推动行业可持续发展。

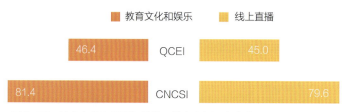

图3-33　教育文化和娱乐行业以及线上直播子行业的QCEI和CNCSI

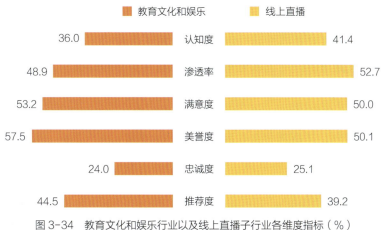

图 3-34　教育文化和娱乐行业以及线上直播子行业各维度指标（%）

未来，5G商用的快速布局，将给直播行业带来更多的发展空间，监管政策的密集出台，也将为直播行业创造更加健康的发展环境，促进行业向精细化、品质化方向稳步迈进。

（三）生活用品及服务

1. 生活用品及服务行业整体分析

2020年中国居民人均生活用品及服务消费支出为1260元，受疫情影响，较2019年下降21元，但随着2021年国内疫情防控工作实现常态化，居民消费重新焕发出活力和生机，2021年居民人均生活用品及服务消费支出已达1423元，同比增长13.0%，后疫情时代下居民消费呈现稳步上升的走势。此外，中国经济的发展和居民收入水平的提高为消费者结构升级注入动力，人们对生活用品及服务的需求已突破基础的生存需要，转向更高的需求层级，追求服务型消费，更加注重自身的消费体验，消费观念和消费习惯也随之改变。消费全面升级时代下，日常生活物品消费呈现五大主流趋势：智能消费、健康消费、绿色消费、国潮消费和"颜值消费"。

（1）智能消费：懒人经济催生智能服务，轻松解放双手

万物互联时代下，人们远程动动嘴，家务统统不用理会，扫地机器人、擦玻璃机器人、智能烹饪机、洗碗机、智能吸尘器、智能洗衣机、智能摄像机等，逐渐成为上班族们的新宠。苏宁易购大数据显示，2021年"双十一"期间，扫地机器人销量同比增长达137%，洗碗机销量同比增长达169%。智能家居在我国人工智能、云计算、5G等技术的土壤中生根发芽，经历了自动化、单一产品智能到物联网家庭场景的三个阶段，未来随着更多的互联网企业和传统企业纷纷布局智能家居市场，注入更多的生活场景，将逐渐

走向全屋智能阶段。

（2）健康消费：保健用品加持，新生代佛系养生升级

疫情下新生代健康防护意识率先觉醒，更加重视自身的健康，保温杯泡枸杞、火锅配上金银花的朋克养生方式有待升级，养生壶、泡脚桶、按摩仪等保健产品已不是老年人的专属。2020年调查数据显示，近三年购买过养身电器的消费者中，有超过3成的人又新增了至少2件养生电器，还有部分人有超过5件的养生电器。苏宁易购大数据显示，2021年"双十一"期间超过60%的腰椎肩颈、眼部按摩仪均为90后消费者下单，他们更愿意为养生产品付费。同时随着消费者健康意识的增强，空气净化器、消毒柜、净水器等健康类家电的需求也在疫情下进一步激发。

（3）绿色消费：绿色低碳，消费者愿意为环保产品买单

在国家"双碳"目标政策宣导下，我国消费者的绿色低碳消费意识逐渐觉醒，节能热水器、节能空调、节水马桶等更受到消费者青睐，他们更愿意为节能、节水等环保产品买单。天猫数据显示，2021年在11月1日凌晨开售的首个小时内，消费者从天猫买走2.5万多个节水马桶，一天可节省约225吨水。同时，各厂商在节能减排上纷纷发力，通过光伏、减量包装、循环包装和智能设备的使用等措施助力绿色低碳发展。

（4）国潮消费：中国元素流行正当时，各品牌玩转国潮风

国货的兴起是中国经济发展和文化自信提升的完美体现，让世界看到更多的中国元素，家居、美妆、建材等多个生活品类纷纷加入国潮盛会。文化的融合，必定碰撞出不一样的火花，且随着近来直播电商平台的异军突起，加速了国潮品牌的传播和渗透。京东大数据显示，2020年中国品牌的用户数同比增幅比国际品牌高出18%。各大品牌通过IP跨界联名的方式，为大家带来潮流好物，如故宫鱼戏夏荷玻璃杯、颐和园百鸟朝凤口红、自然堂京剧面膜、苏泊尔敦煌系列联名砂锅、"喜遇·龙凤呈祥"十件套等，无不彰显中国元素的绝美。2021年"618"当天，京东平台上的国货美妆成交额同比增长300%；2021年"双十一"京东美妆预售开启的前10分钟，国产化妆品牌的成交额同比增长了6倍。天猫数据显示，国货品牌毛戈平、欧诗漫、薇诺娜、美诺、相宜本草等首小时成交超2020年当天销售。

（5）"颜值消费"："颜值"当道，悦己者容已不仅是女性专属

90后、95后已成为中国的消费主力，00后逐渐崭露头角，他们独特的消费观念逐渐改变消费趋势。在追求个性、注重仪容仪表的心理驱动下，越来越多的人出现容貌焦虑，"颜值经济"愈演愈烈，并且随着收入水平的提高，人们已不满足基本性的化妆品转而追求高端专业的化妆品和先进的美容仪器。2020年，我国高端日化市场规模实现1798.69亿元，较2019年增长17.82%。"颜值经济"时代下，爱美不分男女，"他经济"崛起，男性

群体也更加注重"颜值管理",男性美妆市场释放活力,美妆类KOL(关键意见领袖)逐渐向男性群体渗透。《2021颜值经济新消费趋势报告》中指出00后男生购买彩妆的增速已超过00后女生,男性美妆市场或是下一个蓝海市场。

总体上看,生活用品及服务行业体验较好,质量消费体验指数和顾客满意度指数均高于全行业均值,如图3-35所示。

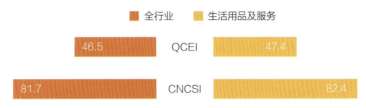

图3-35　全行业和生活用品及服务行业的 QCEI 和 CNCSI

如图3-36所示,具体到各维度,生活用品及服务行业的认知度与行业均值基本持平,但渗透率低于行业均值,表明消费者对生活用品的相关品牌有一定的认知度,而对购买率的转化与其他行业有一定的差距。生活用品主要包括家庭类用品和个人护理类用品,相较食品和衣着等,它们的使用周期稍长,更换频次较低。同时,据电商平台数据显示,美妆类、厨房和生活用品类产品是复购率较高的产品,客户使用体验好,忠诚度较高,进而导致其他品牌的渗透率较低,如何打动消费者获取新客的信赖成为新品牌需要思考的问题。

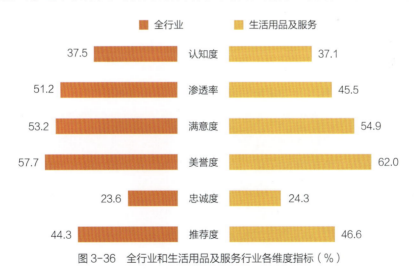

图3-36　全行业和生活用品及服务行业各维度指标(%)

而在满意度、美誉度、忠诚度和推荐度作为体验评价类的指标,生活用品及服务行业均高于行业均值,客户体验较好。

从交叉维度来看,不同品牌性质、不同城市等级、不同收入水平等维度的消费者对生活用品及服务行业的体验和感受存在差异。

（6）国内品牌名号打响，但服务体验有待升级

从品牌性质来看，国内外品牌在质量消费体验指数上持平。由于近年来国潮风的盛行，消费者对于国内的生活用品品牌的认知率、渗透率和美誉度略高于国外品牌，但在服务质量的满意度、忠诚度、推荐度以及顾客满意度指数方面低于国外品牌，表明国内品牌还处在快速发展期，客户体验和服务水平还有待提升，如图3-37、图3-38所示。

图 3-37　生活用品及服务行业不同品牌性质的 QCEI 和 CNCSI

图 3-38　生活用品及服务行业不同品牌性质各维度指标（%）

（7）下沉市场消费者体验较好，但品牌认知率偏低

如图3-39、图3-40所示，从城市等级来看，一线城市的品牌渗透率最高，他们消费观念超前，更愿意尝鲜，但由于生活节奏快他们对消费品质要求较高，服务质量的满意度、美誉度、忠诚度、推荐度以及质量消费体验指数均较低。此外，中国有近10亿人口的下沉市场，他们有钱有闲，开拓潜力巨大，"熟人社会"特质显著，熟人网络内消费者之间边界感较低，信息传播迅速，遇到好物会积极向身边人推荐。虽然各大品牌已纷纷宣布进军下沉市场，但他们对品牌的认知率稍低，品牌宣传力度还有待提升。

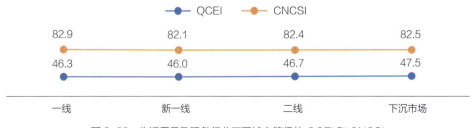

图 3-39　生活用品及服务行业不同城市等级的 QCEI 和 CNCSI

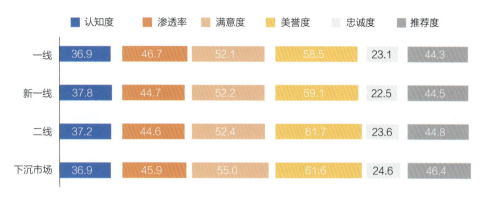

图 3-40 生活用品及服务行业不同城市等级各维度指标（%）

（8）高收入消费者的品牌认知率和转化率双高，服务评价较好

如图3-41、图3-42所示，从收入水平来看，高收入人群的质量消费体验指数和顾客满意度指数均高于其他人群。高收入消费者往往学历高，追求的生活品质高，他们拥有超前的思想观念和消费观念，喜欢并愿意接受新事物，他们对生活用品的品牌转化率最高。同时，相较其他人群，他们对品牌的推荐度也最高。各品牌在持续提升高端客户的服务价值的同时，也应进一步加强中低收入人群的消费体验。

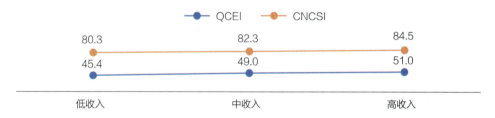

图 3-41 生活用品及服务行业不同收入水平的 QCEI 和 CNCSI

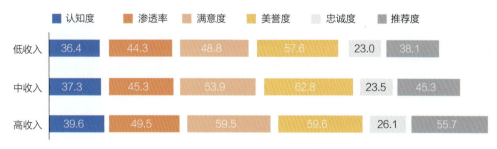

图 3-42 生活用品及服务行业不同收入水平各维度指标（%）

2. 生活用品及服务子行业特征

（1）扫地机器人：始于尝鲜，忠于好用，市场发展前景向好

90后和Z世代已成为中国消费新势力，他们追求便捷、舒适和高品质的家居环境，但

不愿意花费过多的时间和精力在打扫家务上。这促进了智能家居和懒人神器的推陈出新，扫地机器人便是很好的例证。近年来，扫地机器人经历了消费升级下的快速扩张、技术障碍和消费者认知偏差下的发展低谷、疫情影响和技术升级下的爆发式增长三个阶段，去掉了"伪智能"标签，受到大众追捧。数据显示，美的扫地机器人凭借高科技和高颜值在2021年双十一当天前30秒交易额突破100万元，45分钟破亿元，同比增长535%，受到消费者青睐。

如图3-43、图3-44所示，扫地机器人行业的质量消费体验指数和顾客满意度指数均高于生活用品行业均值，且消费体验模型中满意度、美誉度和推荐度方面表现较好，尤其是美誉度，高达74.2%。为了解决扫地机器人在导航和避障能力、清洁能力和清洗便捷能力等方面的传统难题，头部公司借助3D、激光雷达、单目视觉、双目视觉等先进技术，对周围障碍物进行精准识别，实现了智能避障。此外，通过科学设置双边刷的角度、风向和转速，巧用集尘盒和水箱，能有效去除顽固污渍。但扫地机器人目前还存在死角清理不干净、手动更换组件等痛点，未来可在清洁功能、完全解放双手等方向持续发力，探索更多功能。

图 3-43　生活用品及服务行业和扫地机器人子行业的 QCEI 和 CNCSI

图 3-44　生活用品及服务行业和扫地机器人子行业的 QCEI 各维度指标（%）

但由于扫地机器人属于新兴行业的产物，在国内市场还处在发展初期，目前认知度和渗透率均低于生活用品行业均值。扫地机器人吸引的主要是年轻消费者群体，他们大多是受到"黑科技"和"尝鲜"的观念驱使，并非是硬性需求。未来可加强消费者对扫地机器人的认知，为实现智能家庭生活标配而努力。

（2）洗发/护发品：洗护升级，消费者更注重头皮护理

洗发/护发品已成为消费者浴室的标配，并且随着"颜值经济""懒人经济"的盛行，消费者对颜值的追求延伸至头发，头发被当代年轻人看作自己的第二张脸，进而带动了洗发/护发品领域的消费新升级，消费者在产品种类、功效、洗护方式等需求方面悄然发生变化，趋向多元。

产品功效方面，控油、去屑仍是基本诉求，但随着生活压力增加，越来越多的年轻人开始脱发，30岁以下购买防脱发用品人群占比达69.8%。为了守护发际线，消费者对防脱养护类的产品需求旺盛，防脱发成为护发消费新趋势，无硅油、生姜、氨基酸成为护发产品的热搜关键词，霸王、海飞丝、欧莱雅等推出的洗护套装受到消费者欢迎。脱发市场热度下，头皮健康管理应运而生，护发如护肤，头皮护理成为洗护发领域的消费新风向，传统的洗发水和护发素组合已不能满足消费者的需求，精华营养液、护发精油、生发液等护理产品也加入消费者购物清单中，成为消费者日常护发组合成员。

快节奏的工作生活下，部分消费者追求更高效的护发方式，免洗洗发水、干发喷雾、蓬蓬粉、洗护合一清洁喷雾、0秒发膜等"懒系"洗护用品成为市场新宠。此外，部分品牌还推出了小瓶装、果冻装、胶囊装、子弹杯等包装形式，携带便捷。

如图3-45、图3-46所示，洗发/护发品的认知度和生活用品行业基本持平，而由于洗发/护发品的刚需特质，其渗透率高于生活用品行业，且随着"他经济"的崛起，男性群体消费力加强，很多品牌推出男性专用洗护品类，男性群体的渗透率正在提升，同时，在老人和婴儿市场也逐渐发力，市场细分推动了产品升级。此外，由于脱发原因复杂，因人而异，仅依托于洗护产品作用有限，且部分防脱发产品存在抽检不合格、添加刺激性成分、防脱功效宣称不合法等行业乱象，最终未起到生发效果，反而起到反作用。生发液的效果甚微，很多人觉得又是一笔智商税，消费者在脱发面前束手无策，故在满意度、美誉度、忠诚度和推荐度方面低于生活用品行业均值，质量消费体验指数和顾客满意度指数不及行业均值。面对琳琅满目的洗护品，消费者的发质和头皮状态各异，如何准确地选择适合自己的产品是行业挑战。

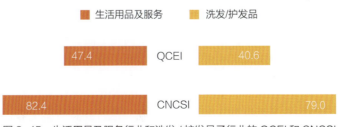

图3-45　生活用品及服务行业和洗发/护发品子行业的 QCEI 和 CNCSI

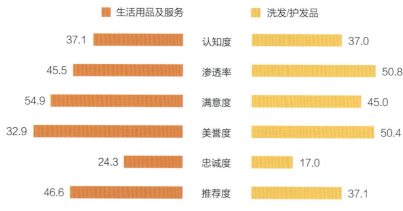

图 3-46　生活用品及服务行业和洗发/护发品子行业的 QCEI 各维度指标（%）

（四）食品烟酒

1. 食品烟酒行业整体分析

随着经济发展和居民生活水平的整体提升，人们对于食品烟酒的消费需求在不断调整和升级，除吃得饱、吃得健康之外，消费者也会出于兴趣爱好或增加美食体验的心理因素来选购食品烟酒，"休闲减压""品尝新鲜""增加情趣"一系列体验式消费为食品烟酒行业带来新的商机。未来，在超越食品烟酒本身的价值之外打造个性化的消费体验，将成为一种趋势。

（1）线上销量大幅增长，直播带货异军突起

早期，食品烟酒消费的主力还集中在线下，商超、便利店、专卖店为食品烟酒的主要销售渠道。近几年，快速崛起的电商平台使得居民食品烟酒消费大幅向线上转移。尤其是2020年特殊时期，消费者线下活动受到限制，通过线上渠道购买食品成为新趋势。

（2）线上热度不断走高，新媒体成重要营销方向

为吸引线上用户关注，企业的广告投放方向大幅向互联网倾斜。食品烟酒行业线上广告投放量相对其他行业仍然偏低，但从趋势上看，线上营销势头十分强劲。自2019年开始，食品烟酒线上营销预算占比已超过三成，预计未来几年，受品牌年轻化和新消费品牌破圈需求的驱动，食品烟酒行业营销预算将进一步向线上倾斜，线上销量持续走高。

如图3-47、图3-48所示，食品烟酒行业体验不佳，质量消费体验指数和满意度指数均低于全行业均值。具体到各维度，食品烟酒行业的认知度、渗透率均高于行业均值，表明消费者对于食品品牌的熟悉程度和认知转化情况较其他行业有明显优势；而在品牌评价类指标如满意度、美誉度、推荐度方面，食品烟酒行业与总体均值差距较大。

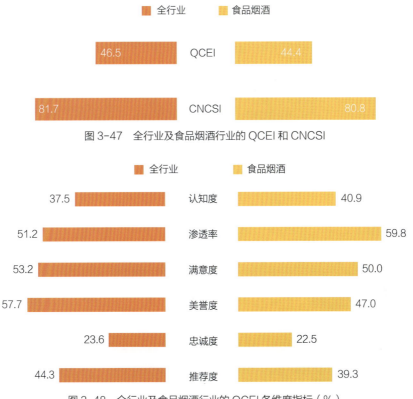

图 3-47　全行业及食品烟酒行业的 QCEI 和 CNCSI

图 3-48　全行业及食品烟酒行业的 QCEI 各维度指标（%）

在消费升级的大环境下，消费者对食品烟酒品质的要求越来越高，除了性价比和品牌知名度，食材原料、营养配比、包装颜值等也成为消费者选购食品烟酒的重要因素，再加上社区团购平台对居民生活的渗透和外卖、跑腿配送服务的完善，消费者在选购食品烟酒时，也开始依赖于获取商品渠道的便利性。再加上食品烟酒行业新产品和新品牌的陆续涌现，消费者能否维持品牌黏性，这对食品企业提出了新的挑战。

（3）老龄群体满意度最高，老年食品市场方兴未艾

2021年11月，中共中央、国务院印发的《关于加强新时代老龄工作的意见》在食品消费方面，提出要推动与老年人生活密切相关的食品、药品以及老年用品行业规范发展。老年人所偏爱的保健食品、健康食品及常备药品在规范发展后将迎来较好发展前景。

如图3-49、图3-50所示，60后及以上消费者品牌认知度、渗透率、满意度、美誉度均为最高，其中渗透率高达75.4%，即超过7成的60后及以上消费者使用过自己听过的品牌。但目前老年食品存在品种单一、同质化严重、产品升级换代慢等问题。一些老年食品糖盐油超标，带来诸多健康隐患，不适合糖尿病患者或血糖异常的老年人食用。面对老龄人口不断增长的趋势，食品企业应有针对性地满足老年人需求。

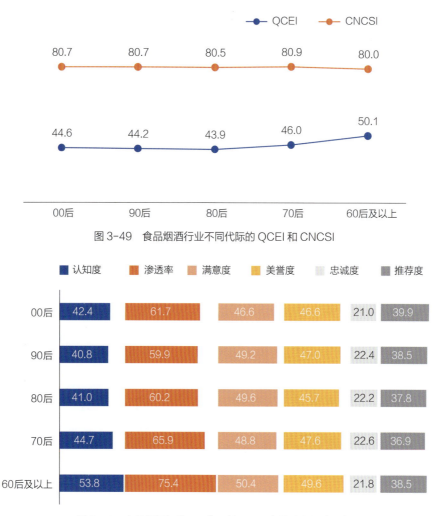

图 3-49 食品烟酒行业不同代际的 QCEI 和 CNCSI

图 3-50 食品烟酒行业不同代际的 QCEI 各维度指标（%）

2. 食品烟酒子行业特征

（1）健康食品市场规模实现新突破，健康食品发展热度高

2020年，中国健康食品行业规模突破8000亿元，逐渐成为全球最大的健康食品消费市场。益生菌、胶原蛋白等多个细分市场保持高速增长，年增长率超过100%；功能性和天然性产品占据健康食品市场主体，并带动市场持续增长。

我国于2016年起正式发布《"健康中国2030"规划纲要》等政策性文件，把"健康中国"上升到了国家层面的战略，其中健康饮食、普及膳食营养知识、引导科学健康的饮食文化建设等内容被列入政策指引。此后还出台了一系列引导政策，包括2017年的《国民营养计划（2017—2030年）》、2018年的《关于促进"互联网+医疗健康"发展的意见》以及2019年的《促进健康产业高质量发展行动纲要（2019—2022年）》。并且每年《纲要》基础上更新、细化，加快推动健康产业发展，促进国民营养建设，2020年的《十四五规划建议》，更是明确提出减盐、减油、健康体重等方案。

如图3-51、图3-52所示，健身食品/代餐行业的消费体验模型除认知度外，其他维度均高于食品烟酒行业均值，虽然认知度较食品烟酒行业低，但渗透率为62.3%，品牌转化率较高，消费评价类指标如满意度、美誉度、推荐度均显著高于食品烟酒行业均值。

图3-51 食品烟酒行业和健身食品/代餐子行业的 QCEI 和 CNCSI

图3-52 食品烟酒行业和健身食品/代餐子行业的 QCEI 各维度指标（%）

（2）咖啡茶饮市场产品趋于同质化，消费体验待升级

消费升级与市场下沉并存，茶饮市场呈现出两极分化的趋势。以消费升级为代表的现制茶呈现爆发式增长，线下门店快速扩张。一二线城市现制茶品牌快速成长的同时，主打下沉市场，以高性价比著称的现制茶品牌蜜雪冰城也同步崛起。定位高线城市的精品现制茶与定位下沉市场强调性价比的品牌，二者共同繁荣，实质上是各线级城市消费者在各自圈层的生活方式"微升级"。

在咖啡市场上，消费者的咖啡消费不断升级，消费者越来越有自己的咖啡消费主张，大型连锁、传统老牌和新型精品咖啡品牌都有各自的忠实拥护者。连锁咖啡品牌中星巴克、太平洋咖啡仍占据相对大的市场份额，拥有较高的品牌忠诚度。新晋品牌瑞幸采用裂变营销和促销方法赢得较高的价格优势，吸引了大批的消费者。在咖啡选择上，消费者拥有着更广泛的选择范围，咖啡价格也逐渐更具性价比。

如图3-53、图3-54所示,咖啡茶饮行业的消费体验模型各维度均低于行业均值,品牌发展不理想。"新茶""新咖"的火热,吸引了传统包装饮料品牌的注意,娃哈哈、王老吉等包装饮料纷纷下场布局现制茶门店;与此同时,喜茶、茶颜悦色等现制茶品牌,也在线上推出瓶装饮料、固体茶等产品。茶饮各品类之间开启了混战模式。混战之下,越来越多的品牌进入消费者的视野,产品同质化问题愈发严峻,这对茶饮企业的发展提出了更高的要求。

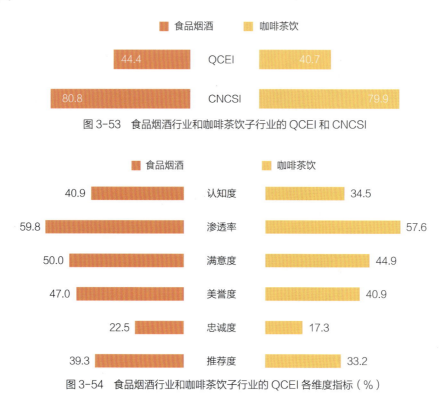

图 3-53 食品烟酒行业和咖啡茶饮子行业的 QCEI 和 CNCSI

图 3-54 食品烟酒行业和咖啡茶饮子行业的 QCEI 各维度指标(%)

(3)结构升级持续带动均价上涨,母婴牛奶粉高端化将成趋势

2008年以前,婴儿奶粉市场已初具规模,越来越多的消费者接受奶粉喂养,消费量增长较快,培养了较早一批的龙头企业。但是"三聚氰胺"事件让整个市场倍受打击,消费量骤降,国外品牌趁势迅速进入市场并建立了较强的信任基础,但是并没有改变整体低迷的状态。直到2016年二孩政策的放开,让婴幼儿配方奶粉市场出现了短期回暖。

从消费意愿看,消费者对于婴幼儿奶粉的安全性异常重视,且在中国传统"孩子最重要"的家庭观念影响下,消费者愿意为婴儿奶粉支付一定溢价,这支撑着高端化婴幼儿配方奶粉的发展。未来随着高端及超高端婴幼儿配方奶粉渗透率的进一步提升,婴幼儿配方奶粉的单价将继续提升,从而拉动市场规模的增长。

从消费能力看,相较于过去家庭多子多孙的正金字塔结构(1对夫妻生育多个子女,

第三章　顾客满意度和质量消费体验研究

多个子女再生育多个小孩），我国现代家庭已形成"4+2+1"的倒金字塔结构，家庭规模较以往缩小，从过去1个家庭成员照顾多个小孩，变成多个成员照顾一个小孩，每户家庭能够并且愿意为生育投入更多资金。且中国传统观念重视对于下一代的培养，在独生子女政策之后的家庭漏斗式结构下，祖辈亦会给予一定的经济支持。

从消费主体看，现在90后、95后正处于生育年龄，85后在加紧生育二胎。85后处于财富积累的初级阶段，具备了一定经济实力，消费能力也较强；90后逐步进入收入增长的快速时期，消费水平也水涨船高；95后工作后收入边际变化明显，消费意愿显著，他们都是母婴产品和服务的重要目标客户。

相比较于前几代人，90后在受教育水平、消费理念、获取信息的方式等方面与过去几代人相比存在一些新的特点。90后对价格的敏感度降低，更加看重商品的质量和消费体验，同时他们逐渐形成了品牌意识，其中部分消费者对品牌的忠诚度较高，也更加愿意分享经验和交流，产品口碑传播速度加快。

如图3-55、图3-56所示，母婴牛奶粉行业的顾客满意度指数和质量消费体验指数均高于食品烟酒行业整体水平；从QCEI各维度指标来看，除认知度、渗透率和推荐度外，其他评价类指标均领先于食品烟酒行业整体水平。随着人们消费能力的提升以及母婴消费群体向年轻化群体的转变，年轻消费群体具有品牌和质量意识，愿意为大品牌、高质量的奶粉支付更高的溢价。供给和消费对于品质和价格的共识将会为高端、超高端奶粉，以及特殊细分品类的发展带来新的机遇。

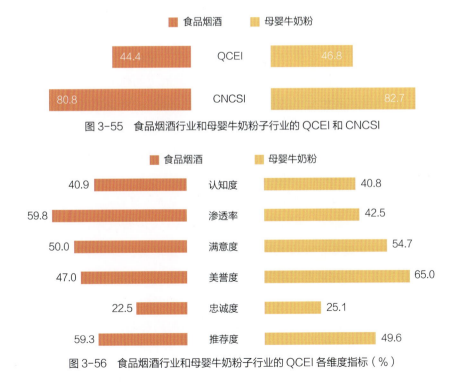

图 3-55　食品烟酒行业和母婴牛奶粉子行业的 QCEI 和 CNCSI

图 3-56　食品烟酒行业和母婴牛奶粉子行业的 QCEI 各维度指标（%）

（五）衣着

1. 衣着行业整体分析

随着我国人均居民收入的持续增长和消费升级的有力驱动，消费者对衣着审美水平提高，消费需求逐渐向时尚、品牌、文化的方向升级，衣着已经成为个人风格的符号。2015年至2019年我国服装市场规模逐年上升，疫情出现后，国内市场受到波动，消费者信心下降，且疫情期间消费者居家时间长，社交场合少，进而导致服装市场规模出现下降趋势。2020年1—10月份，限额以上单位服装类商品零售额为6642.1亿元，同比下降11.2%，同时，规模以上服装企业服装产量223.7亿件，同比下降7.7%。随后我国相继出台经济补助政策，且随着疫情防控机制的常态化，后疫情时代国内服装行业回暖，重新焕发消费活力。2021年，我国居民人均衣着消费支出为1419元，同比增长约14.6%，呈现新态势。

（1）国风盛行：中国元素吸睛，国潮品牌受到青睐

随着中国经济实力的提升，文化自信增强，不断向外输出中国传统文化，中国元素逐渐走向国际，融入世界潮流。国际时装周秀场上出现青花瓷、水墨、汉字、剪纸、灵兽、宫廷等中国元素，唐装、汉服、旗袍登上国际舞台，生动地演绎了中国风。世界时尚品牌也纷纷盯上中国元素，耐克推出了"上海腔调"系列运动服饰，彪马与潮流服饰品牌"唐人街市场"联名推出了含有中国棋盘和水墨画的运动服饰等。

以90后和Z世代为代表的中国消费主力，见证了中国变大变强，民族文化认同感增强，愿意将中国元素加入到潮流、时尚、个性的标签文化中，成为国风文化的中坚力量和最活跃的传播者，推动国风从小众圈层文化走向大众化。而汉服作为传统文化的代表，在年轻群体中掀起潮流，带动了汉服市场大爆发，明华堂、重回汉唐、十三余等品牌逐渐走进了大众视野，被人熟知。随着市场持续升温，未来发展空间较大。国内众多品牌搭乘国风重新焕发活力，传统品牌如太平鸟发布的国潮行动、李宁的潮牌转型、波司登的品牌升级等利用国潮实现翻红，BEASTER、Ubras、罗拉密码、音儿等新兴国货品牌借助社交和电商平台进行品牌传播，纷纷被年轻人"种草"，受到消费者热捧。同时，国潮不是简单复制的"伪国潮"和跟风抄袭，不能把国潮当作噱头过度营销，要提高产品核心创新力，避免有爱国情怀的消费者被"割韭菜"。此外，"新疆棉"事件后，H&M、耐克、阿迪达斯等品牌在国内的销售遇冷，为国潮品牌的发展提供了发展新机遇。

（2）情感加码：品牌文化赋能，利用情感价值成功出圈

随着需求的升级，影响消费者购买决策的不仅局限于产品功能属性，更多的是认可品牌的文化内涵、产品故事和代言人等，寻找情感上的共鸣，建立情感连接，如主打未来感及街头运动风的CANIO、宣导无性别理念的新晋时尚品牌bosie等。《中国服装行业"十三五"发展纲要》中也指出要强化产业文化建设，塑造产业文化软实力，将品牌内涵

嵌入消费者心智。国货品牌也积极投身于公益事业，努力打造有温度的品牌，提升品牌的社会价值。2021年7月，河南突发洪灾，鸿星尔克在自身经营不佳的情况下默默捐款5000万元，依靠此善举成功出圈，获得消费者盛赞，吸粉无数。之后线上直播53小时后，销售额突破1亿元，获得消费者的积极回馈。

（3）阵地转移：政策和平台红利不断释放，电商直播带货火热

我国电子商务平台发展迅速，已渗入到生活的各个领域，国家连续出台多项政策为电商未来发展提供政策支撑。2021年10月，国家出台的《"十四五"电子商务发展规划》进一步明确"十四五"时期电子商务的发展目标和主要任务，着力保障电子商务高质量发展。以90后和Z世代为主的新生代，他们喜欢通过社交圈、短视频、KOL等渠道获取时尚资讯，作为互联网原住民对电商平台具有天然的好感。90后在手机淘宝活跃渗透率高达73.3%，位居第一。随着电商平台的发展，线上购物的方式由"无声"向"有声"升级，直播带货成为营销新宠，主播能线上实时向消费者展示产品、分享穿搭，"所见即所得"，并通过秒杀、优惠券和抽奖等方式激发消费者互动积极性，增加社交属性。同时，主播邀请明星艺人入驻直播间或明星直播带货，线上发挥粉丝力量，成为粉丝经济变现的新玩法。数据显示，2020年"双十一"期间，超过3亿消费者在淘宝上观看直播，两轮预售期间，服饰鞋包在直播中带货热度指数最高，仅预售当天，头部主播直播间预售款已超10亿元，创历史新高。但"双十一"后出现商家未送赠品、先提价后降价、伪劣产品、不能送货上门等情况，引发了退款潮、退货潮，购买体验待升级。

如图3-57、图3-58所示，衣着行业质量消费体验指数略低于全行业均值，顾客满意度

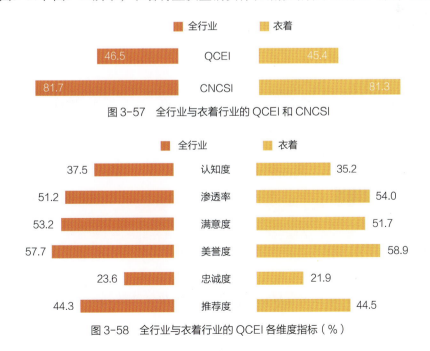

图3-57　全行业与衣着行业的QCEI和CNCSI

图3-58　全行业与衣着行业的QCEI各维度指标（%）

指数与全行业基本持平。具体到各维度，作为生活必需品，其渗透率高于行业均值；新生代消费者追求时尚、个性的潮流单品，喜欢强烈个人符号的服饰，并积极通过社交圈向朋友推荐，衣着行业的美誉度和推荐度高于行业均值；此外，服装流行周期短，衣服更新换代快，新生代容易被新鲜事物吸引，需求多变，不愿意长期选择一个品牌，衣着行业的忠诚度低于行业均值。

从交叉维度来看，不同品牌性质、不同城市等级、不同代际人群等维度的消费者对衣着行业的体验和感受存在差异。

（4）国内品牌全面发力，逐渐俘获大众芳心

在品牌性质方面，随着国潮品牌的兴起，ITIB、Ubras、Beaster、LiLbetter、蕉内等新国货品牌开始崭露头角，但相比消费者熟知的国际品牌，其知名度和渗透率较低。但随着我们经济实力提升和技术发展，传统品牌和新兴品牌纷纷在产品研发和设计上发力，服装品质也有所提升，消费者认可度较高，在服务质量的满意度、忠诚度、推荐度以及顾客满意度指数方面高于国外品牌，国潮品牌未来发展形势向好。未来国内品牌可继续丰富生活场景，巧用直播、短视频等形式向消费者"种草"，从直播红海中收获增长，如图3-59、图3-60所示。

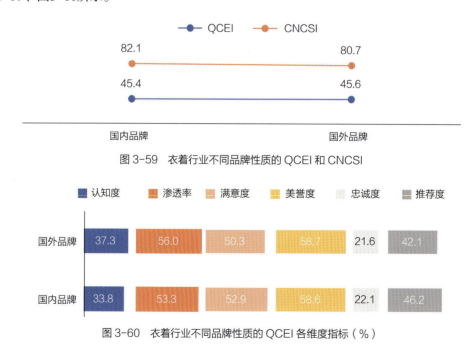

图 3-59 衣着行业不同品牌性质的 QCEI 和 CNCSI

图 3-60 衣着行业不同品牌性质的 QCEI 各维度指标（%）

（5）新一线对潮流服饰关注度提升，消费潜力待挖掘

从城市等级来看，质量消费体验指数和顾客满意度指数同城市等级总体呈相反趋势，城市等级越高，消费者体验指数和满意度指数越低。随着我国社交媒体和电商平台

的蓬勃发展，时尚潮流资讯渗入到新一线、二线及下沉市场中，成都、杭州、重庆、南京等新一线城市出现在时尚潮流先锋指数TOP10中。研究发现，新一线城市消费者对潮流时尚的卷入度水平正慢慢赶超一线城市，打开的社交媒体更容易看到时尚资讯，尝试的个人穿搭风格种类超过一线。调查数据也显示，新一线客户对衣着行业的认知度最高，但渗透率稍低，未来可强化品牌在消费者中的渗透效果，推动消费行为的转化，如图3-61、图3-62所示。

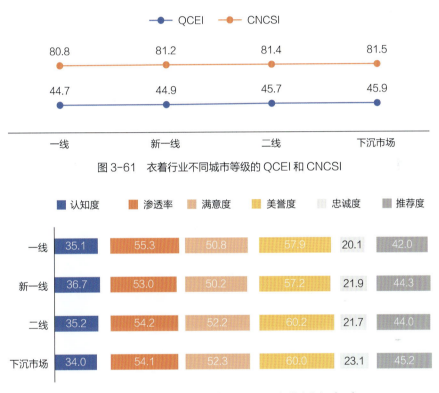

图3-61　衣着行业不同城市等级的QCEI和CNCSI

图3-62　衣着行业不同城市等级的QCEI各维度指标（%）

2. 衣着子行业特征

（1）快时尚服装：选择与重生，快时尚转型众生相

快时尚服饰凭借快速、平价、款式多、时尚特点受到年轻群体的追捧，快速抢占市场，以GAP、ZARA、H&M、优衣库为代表的快时尚品牌纷纷入驻国内，在国内市场急速扩张，销量急速增长。调查数据显示，快时尚服装的认知度和渗透率高于衣着行业均值。

但随着90后、Z世代逐渐成为消费主力军后，他们拥有与众不同的潮流态度和个性化的消费主张，消费趋于理性，他们喜欢原创、小众等彰显个性的衣服，而不是千篇一律的快时尚服饰。且快速扩张后带来了产品质量差、无设计感和环境污染等一系列问题，快时尚服饰在中国遇冷，业绩出现下滑，引发关店潮。GAP旗下Old Navy退出内地、Esprit于2020年5月底全面关店，退出中国市场。而此时国内快时尚品牌迎来发展机遇，太平鸟、李宁、波司登等品牌在国际时装周亮相，国货潮牌进入大众视野，设计上更注重中国元素和文化，迎合国内年轻群体的需求，国内潮牌异军崛起，不断挤占外资品牌市场份额。但国潮经济快速发展后，也滋生了如过度营销、跟风抄袭、品控不严等行业乱象，需加强市场监管。如图3-63、图3-64所示，消费者对快时尚服装的满意度、美誉度等体验类指标以及质量消费体验指数和顾客满意度指数均低于衣着行业均值，市场需求的转变和消费升级对快时尚品牌带来了极大的考验。

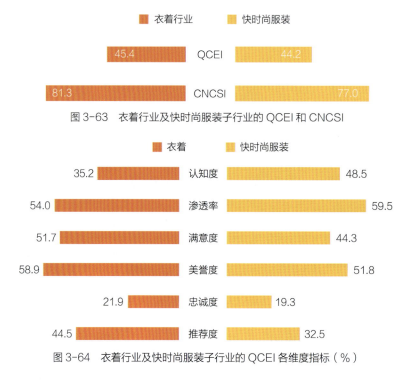

图 3-63　衣着行业及快时尚服装子行业的 QCEI 和 CNCSI

图 3-64　衣着行业及快时尚服装子行业的 QCEI 各维度指标（%）

　　面对新零售商业模式的兴起、新生代消费群体需求升级、环保革命行动等挑战，快时尚服装行业加速转型，寻求新的突破。转型主要聚焦以下四个方向：一是全渠道布局，在互联网和电商平台的冲击下，H&M、ZARA、Forever21等快时尚品牌纷纷开通网上商城，入驻天猫商城、京东、拼多多等电商平台，同时渗入微信公众号、微信小程序、抖音、微博等社交平台，通过数字化转型，精准洞察客户需求。二是启动环保行动，H&M率先推出Circulose环保面料，计划2030年所有产品材料都应以更可持续的方式获取和回收。三是简化产品配置，GAP将专注做牛仔裤、卡其裤、T恤、卫衣四大支柱产品。四是科技赋能，H&M计划在门店中安装射频识别技术，自动统计产品的种类和销量，解放人力，提高工作效率；VR虚拟试衣间的出现将解决远程试衣服的难题，但真实性和精准度还有待升级。

（2）运动鞋服：全民健康意识内化于心，本土品牌崛起

数据显示，2020年我国真正意义上的健康人比例不足3%，主要表现为亚健康、过劳死风险和超重或肥胖症，国民健康问题仍需引起重视。2016年，"健康中国"上升为国家战略，旨在提高全面健康水平。2019年国务院出台《关于实施健康中国行动的意见》，在全国推动实施健康中国行动，国民健康意识增强。疫情后居民锻炼身体意识进一步提高，逐渐将健康意识内化于心。且随着国家对体育行业的政策支持和2022年冬奥会热潮，居民对运动鞋服的消费能力得到释放，对运动鞋服的了解程度提升。调查数据显示，运动鞋服的认知度高于衣着行业均值。此外，2020年中国运动服装零售额达到2523亿元，并呈现上升趋势。2021年，中国运动服饰销售总额达到3718亿元。

政策红利和消费升级推动国内运动鞋服行业持续向好，总体呈现四大发展趋势。一是本土品牌加速崛起，以安踏、李宁、特步为代表的国内品牌主动寻求突破，借助国潮经济、粉丝经济、直播经济等进行转型，并依托设计升级和科技赋能，逐渐打破耐克和阿迪达斯两大巨头主导的市场格局。据2021年"双十一"数据显示，安踏集团电商成交额首次超过耐克集团，成为首次问鼎运动品类榜单的中国企业。此外，李宁借助国潮二度翻红、鸿星尔克阔绰捐款疯狂吸粉，本土品牌逐渐瓜分运动鞋服市场，但本土品牌的同质化问题突出，未来需在性能研发、产品设计方面加大投入。二是利用电商等线上渠道抢占市场，随着线下渠道的饱和，各大品牌将战场转移到线上，构建全渠道营销模式。截至2021年第一季度，耐克数字渠道销售额增长了82%，2020年安踏电商渠道流水同比增长超过50%。三是争夺下沉市场红利，相比一二线城市，本土品牌的大众化定位在下沉市场更有价格优势，但此时耐克和阿迪达斯等国际品牌也通过打折活动和折扣店加盟的形式来分一杯羹。四是利用"黑科技"刺激消费欲望，阿迪达斯推出首款全掌碳板跑鞋，具有轻薄透气、双重缓震、吸汗等特点；范斯推出新款运动鞋Slip-Skool，鞋底柔软，回弹性俱佳；李宁最新研发的PEBAX材料，兼具"高效回弹"与"极致轻量化"的特点。

随着消费观念的转变，消费者对运动鞋服的消费方式由"盲目跟风、追求大牌"转变为"产品体验消费"。2021年中国消费者对运动鞋服产品质量的满意度为78.8%，略高于性价比和款式设计。调查结果显示，运动鞋服行业的顾客满意度指数高于行业均值，且在质量消费体验指数中，满意度和推荐度维度均高于行业均值（见图3-65、图3-66）。

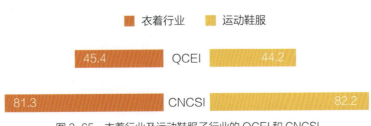

图3-65　衣着行业及运动鞋服子行业的QCEI和CNCSI

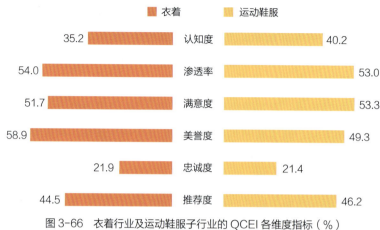

图 3-66 衣着行业及运动鞋服子行业的 QCEI 各维度指标（%）

（六）医疗保健

1. 医疗保健行业整体分析

随着人口的增长和老龄化程度加剧，全球医疗保障消费升级趋势渐明，市场规模超过90亿美元，支付以每年4.2%的速度增加。而我国整体医疗保健行业在"健康中国"的指引下稳步向前，医疗保健类支出增多，医疗保健CPI领跑其他行业，数字化转型推动医疗保健向智能化、智慧化、线上化发展。

（1）智慧医疗全面"爆发"，强力助推中国医疗行业数字化转型

2016年10月，中共中央、国务院印发了《"健康中国2030"规划纲要》，旨在提高国民整体健康水平，中国医疗产业也将从提供"医疗保障"向提供"健康服务"转型，开启了全方位、全周期维护人民健康新起点。2021年3月，我国发布《中华人民共和国国民经济和社会发展第十四个五年规划和2035年远景目标纲要》，提出"构建基于5G的应用场景和产业生态，在智能交通、智慧物流、智慧能源、智慧医疗等重点领域开展试点示范"，医疗新基建将迎来数字化发展的"春天"。2021年6月，国务院办公厅印发《关于推动公立医院高质量发展的意见》，提出"强化信息化支撑作用。推动云计算、大数据、物联网、区块链、第五代移动通信（5G）等新一代信息技术与医疗服务深度融合。推进电子病历、智慧服务、智慧管理'三位一体'的智慧医院建设和医院信息标准化建设。大力发展远程医疗和互联网诊疗。推动手术机器人等智能医疗设备和智能辅助医疗系统的研发与应用"。智慧医疗产业政策体系趋于完善，一系列利好政策作为"天时"推动智慧医疗产业驶入快速发展车道。

在"新基建"与"大健康"双重战略倾斜下，智慧医疗也将肩负重任，切实解决我国现阶段医疗难题。首先，智慧医疗将有效助力医疗资源的公平性及可及性，解决城乡基层医疗资源分布不均问题；其次，智慧医疗将助力医保控费，逐渐降低医保支付压力；最

后,远程医疗、在线诊疗、可穿戴设备等非现场、非接触的医疗新模式,将最大程度满足消费者的就医需求。

《2020智慧医疗发展研究报告》显示,近年来我国智慧医疗行业高速发展,截至2020年底,全国已有20多个省级远程医疗平台、500家互联网医院,远程医疗/互联网医疗问诊量超过1亿次,疫情期间互联网诊疗量相比2019年同期增长17倍。对比美国,我国智慧医疗投入占医院收入的比例为0.5%,而美国为5%,具有较大发展空间。

(2)大健康经济催生新经济、新业态、新模式,医疗保障体系日趋完善

在大健康经济驱动下,睡眠经济、颜值经济、养生经济、银发经济等新经济形态也推动医疗保健体系朝着多元化、规范化发展。

首先,医疗主体多元化。近年我国持续推进医疗改革,鼓励社会办医,与公立医院形成优势互补,形成我国高效的社会诊疗体系。目前,民营医疗服务横跨医美、眼科、口腔、康复医疗等多个高景气细分赛道,且产业龙头效应明显。后续医疗市场将继续加强普惠性、基础性建设,激发各类市场主体活力,"小而美"形态的医疗机构将迎来春天。

其次,医疗保健内容规范化。保健、医美行业虽备受争议,但市场发展空间仍然广阔,且在国家政策的正向引导下朝着规范性发展。2020年保健品行业规模2666亿元,产品形态扩容至功能性食品及药品端,被赋予更多的健康属性,客群也呈现年轻化趋势;医美市场规模也保持高位增长,2015—2017年增长幅度超过30%,2018年以来增长幅度放缓,但也在20%以上,在强监管下,医美行业逐渐步入正轨。

医疗行业的特殊属性,让医疗保健的产品和服务具有信息不对称、安全需求高、必须购买属性强等特征,因此整体消费呈现出可持续性强、品牌效应明显、价格敏感度低等特征,用户整体行业体验及满意度也处于高位水平。2021年CNCSI和QCEI数据结果显示,医疗保健行业质量消费体验指数和满意度指数均高于全行业均值,如图3-67所示。

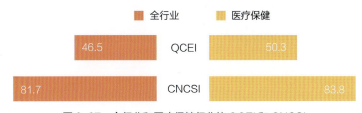

图3-67 全行业和医疗保健行业的QCEI和CNCSI

如图3-68所示,医疗保健行业除认知度外,渗透率、满意度、美誉度、忠诚度、推荐度均高于其他行业。究其原因,医疗保健类产品和服务属于非日常必备性消费领域,用户无需求情况下认知度较低,一旦需求产生,则会聚焦于头部企业/机构,且渗透率高。而头部企业/机构具有专业性强、优质资源聚集等特性,使客户获得高度的信赖感、安全感、忠诚感,也更愿意将其分享给圈层内有共同需求的消费者。

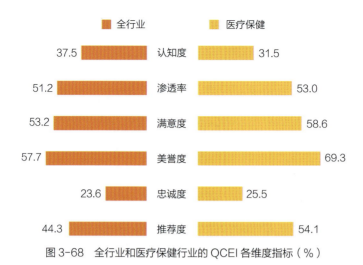

图 3-68　全行业和医疗保健行业的 QCEI 各维度指标（%）

（3）一线高收入人群与下沉市场老年客群处于体验和满意度两大极点

如图3-69、图3-70所示，从人群特征来看，一线高收入人群的质量消费体验指数和顾客满意度指数均处于高点，对整体医疗保健服务的认知度、满意度及推荐度均较高，这与高收入人员可接受的优质医疗保健资源更丰富、支付能力更强、获取的产品/服务更高端、医疗保健机构客户维系更专业等因素息息相关；对比之下，下沉市场老年客群数据出现另一个极端，质量消费体验指数偏高但客户满意度指数较低，这与老年客群的医疗保健需求高度一致。随着年龄增长，老年客群对医疗保健类产品与服务需求增加，对各类医疗保健类产品与服务有充分的认知，并且认知转换率极高，超过95%。但未经充分了解进行的冲动决策往往使老年客群有"上当受骗"的感觉，尤其是下沉市场，老年客户医疗保健知识储备较低，且整体医疗保健市场鱼龙混杂，导致老年客群消费决策缺乏有力保证，因此整体满意度、忠诚度和推荐度均处于较低水平。

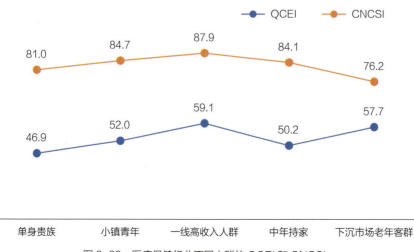

图 3-69　医疗保健行业不同人群的 QCEI 和 CNCSI

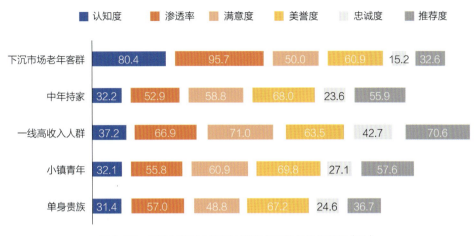

图 3-70　医疗保健行业不同人群的 QCEI 各维度指标（％）

2. 医疗保健子行业特征

（1）互联网医美平台：多方助力，医美市场趋于合规

我国医美行业虽起步稍晚，但随着国内经济水平和居民收入的提高、"颜值经济"和"网红经济"的推动、"互联网+医美"模式的创新推动，行业发展迅速。2015—2019年我国医美市场规模增速高于全球平均水平，轻医美成为医美潮流风向。快速扩张的背后，也带来了很多行业乱象，主要表现为虚假宣传、非法医生、非法诊所、定价混乱、医疗事故频发、非法药品器械等，整治行业乱象刻不容缓。政府加大行业整顿力度，成立整形美容协会，陆续推出打击非法行医、注射用透明质酸钠专项检查、医美乱象专项整治、医疗美容药品检查等相关举措。2020年出台《关于进一步加强医疗美容综合监管执法工作的通知》，进一步加大政府监管力度，医美市场趋于合规。

移动互联网的蓬勃发展，为医美行业提供发展契机，互联网医美平台凭借其医疗信息透明、配套服务多样、社交属性凸显等竞争优势逐渐发展壮大。疫情的出现也为医美行业线上化转型营造机遇。一些互联网巨头借助流量红利纷纷入场布局，阿里健康打造天猫医美电商平台、京东联合悦美达推出"悦享卡"、美团成立丽人事业部，着手布局医美业务。互联网医美平台的推广正加速推动医美行为的高频化。

为了抢占线上流量红利，互联网医美平台不断完善功能，提高用户体验，主要表现为以下四个方面：一是专业升级，严格把控问诊医生，设立评价体系创建医生榜单，并甄选医疗机构；二是配套服务加持，除基础服务外，还为客户提供金融、法律和保险等配套服务，逐渐覆盖服务全流程；三是内容生态升级，内部为医生创建自媒体，可进行在线问诊、私信咨询等形式进行粉丝管理和维护，外部为客户开设交流社区，可随时了解或分享真实的用户信息；四是技术赋能，平台推出魔镜测脸、皮肤监测和扫码验真等小工具，满足用户多样化需求。用户对互联网医美平台的关注度不断提高，数据显示，超四成的用户手机内安装不少于2款医美类APP。如图3-71、图3-72所示，用户对互联网医美平台的认知度、渗透率、满意度等以及质量消费体验指数和顾客满意度均高于医疗保健行业均值。

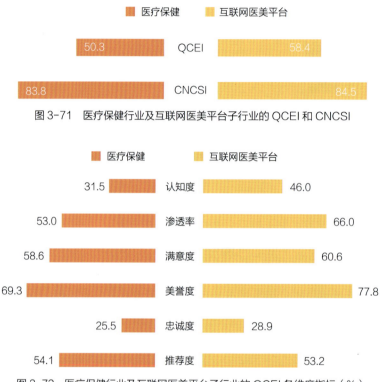

图3-71　医疗保健行业及互联网医美平台子行业的QCEI和CNCSI

图3-72　医疗保健行业及互联网医美平台子行业的QCEI各维度指标（%）

医美消费趋于理性，有关数据显示，非手术类和手术类用户的决策周期分别为39.3天和44.5天，最终促使他们购买的主要原因是对此项目有足够的了解和找到合适的机构和医生。消费决策已不再是一时冲动，而是全方位了解后的谨慎行为，未来互联网医养平台需继续在安全、专业、价值等方面发力，以质取胜。

（2）按摩椅：市场渗透率较低，精准化、个性化、场景化为未来发展方向

我国人口老龄化和中青年亚健康等社会问题的凸显激发了社会需求，"健康中国"、新基建政策和家电工业"十四五"规划等文件出台提供政策红利，居民健康意识提升和消费升级营造发展契机，大数据、云计算、AI和5G技术的应用提供技术支撑，我国按摩椅行业发展进入快车道。共享经济时代下按摩椅行业迎来新的发展机遇，共享按摩椅逐渐出现在商场、电影院、高铁站等生活场景中，实现"即时保健"，以综合实力强为代表的傲胜、以研发能力强为代表的奥佳华、以智能属性强为代表的荣泰等品牌进入大众视野，消费者对按摩椅的认知度提高。调研数据显示，按摩椅行业的认知度高于医疗保健行业的均

值。但由于非刚需特质，按摩椅的渗透率较低，以智能按摩椅为例，2020年国内的市场渗透率仅为1%，与日本、韩国、新加坡等地区有一定的差距。

为了抢占市场红利，部分品牌急功近利，网络平台上虚假宣传和炒作现象频发，客户难辨真假，产品质量良莠不齐，存在一定的安全隐患，如揉伤、夹伤、幼儿/宠物误触等。同时，疫情后人们对公共场所的卫生安全格外关注，共享按摩椅若未进行有效的消毒和清洁管理，很可能成为病毒的传播源，消费者对共享按摩椅的卫生安全存在一定的质疑。如图3-73、图3-74所示，消费者对按摩椅行业的满意度、推荐度和顾客满意度指数均低于医疗保健行业均值。

随着人口老龄化和消费升级的进程加速、按摩椅技术标准文件的出台，消费者对按摩椅的认知快速提升，未来蕴含较大的市场空间，发展方向主要体现在两个方面。一是服务精准化，打造多功能按摩椅。如消费者购买产品时会关注光疗功能，在书房、卧室等不同的使用场景下智能调节灯光、匹配音响模式、调节香味类型等。二是服务个性化，追求高效的按摩效果。根据生物传感器洞察身体健康数据，针对性定制按摩专属模式，如按摩程序和手法等，有效舒缓身心。三是构建场景化，打通健康管理的生态边界。按摩椅同智慧医疗和智能家居有效联动，生成个性化健康报告和养生方案，借助蓝牙、WiFi和语音等，实现全屋智能联动。

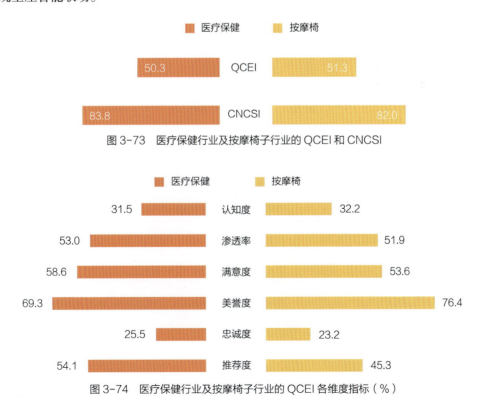

图3-73 医疗保健行业及按摩椅子行业的QCEI和CNCSI

图3-74 医疗保健行业及按摩椅子行业的QCEI各维度指标（%）

（七）其他用品及服务

安全座椅：蕴含千亿元规模蓝海市场，目前普及率与使用率仍需提升

近几年，我国儿童安全座椅零售额稳步增长，2016年国内市场儿童安全座椅零售总额35亿元，2019年增至51.9亿元。2020年受疫情影响，国内市场儿童安全座椅零售总额50.8亿元，比上年同比下降2.2%。

《中国儿童安全座椅产业发展白皮书（2021）》显示，根据汽车保有量、出生率、单个儿童全年龄段使用数量、存量市场及增量市场使用率等市场要素综合测算，未来5~10年，中国儿童安全座椅产业将迎来10~20倍增长，市场规模从目前的50多亿元增至近千亿元。

我国是儿童安全座椅的生产大国，却是儿童安全座椅消费小国，一直以来，中国儿童安全座椅的普及率和使用率都较低。除法律法规建设、中国车主安全意识和生活习惯等原因外，我国儿童安全座椅品牌建设和宣传也相对薄弱，消费市场对国产儿童安全座椅品牌的信任度不高。如图3-75、图3-76所示，安全座椅品牌的认知度仅为28.0%，远低于全行业整体水平，中国车主和父母们对于儿童乘车的安全意识亟待提升。

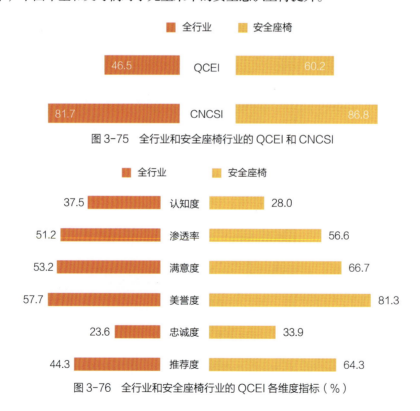

图 3-75　全行业和安全座椅行业的 QCEI 和 CNCSI

图 3-76　全行业和安全座椅行业的 QCEI 各维度指标（%）

我国安全座椅企业应强化品牌建设，促进行业自律。把握"国货潮流"的发展机遇，提高消费者对安全座椅的认知度和信任度，扩大安全座椅国内市场，并积极构建儿童安全座椅销售诚信体系，营造良好的市场环境。

三、2021 年品牌榜单

（一）食品烟酒行业（见表 3-1）

表 3-1　食品烟酒行业 CNCSI 和 QCEI 品牌榜单

品牌	QCEI	品牌	CNCSI
米面			
金龙鱼	66	十月稻田	87
五得利	58	中裕	87
福临门	57	北大荒	86
食用油			
鲁花	74	鲁花	89
金龙鱼	69	胡姬花	85
福临门	58	长寿花	84
熟食肉制品			
双汇	68	得利斯	88
金锣	59	喜旺	85
雨润	58	雨润	84
速冻食品			
湾仔码头	65	湾仔码头	85
三全	63	思念	83
思念	62	三全	83
膨化食品			
乐事	75	乐事	86
上好佳	57	达利	83
旺旺	55	康师傅	82
婴幼儿奶粉			
飞鹤	55	合生元	87
君乐宝	54	君乐宝	86
美赞臣	54	惠氏	85

（续）

牛奶/液态奶			
品牌	QCEI	品牌	CNCSI
特仑苏	64	每日鲜语	86
伊利	64	特仑苏	85
金典	62	金典	84

瓶装水			
品牌	QCEI	品牌	CNCSI
农夫山泉	73	农夫山泉	85
怡宝	59	昆仑山	83
百岁山	58	怡宝	82

口香糖			
品牌	QCEI	品牌	CNCSI
益达	75	益达	87
炫迈	69	炫迈	85
绿箭	67	雅客	85

巧克力			
品牌	QCEI	品牌	CNCSI
德芙	76	德芙	88
费列罗	68	费列罗	87
健达缤纷乐	53	健达缤纷乐	85

干果/坚果/零食			
品牌	QCEI	品牌	CNCSI
三只松鼠	71	三只松鼠	83
良品铺子	64	良品铺子	80
百草味	58	百草味	80

方便食品			
品牌	QCEI	品牌	CNCSI
康师傅	72	康师傅	84
汤达人	59	海底捞	82
统一	50	汤达人	82

冰品（雪糕、冰激凌）			
品牌	QCEI	品牌	CNCSI
伊利	64	光明	86
蒙牛	61	伊利	85
和路雪	51	DQ冰雪皇后	85

（续）

饼干/威化			
品牌	QCEI	品牌	CNCSI
奥利奥	70	奥利奥	85
徐福记	52	雀巢	82
趣多多	51	徐福记	82
健身食品/代餐			
品牌	QCEI	品牌	CNCSI
汤臣倍健	62	肌肉小王子	86
Keep	62	Keep	85
雀巢	57	杂粮先生	84
卤味			
品牌	QCEI	品牌	CNCSI
周黑鸭	67	周黑鸭	85
绝味鸭脖	63	王小卤	83
煌上煌	54	煌上煌	83
果汁			
品牌	QCEI	品牌	CNCSI
汇源	66	汇源	85
美汁源	65	味全每日C	84
康师傅	55	美汁源	84
功能饮料			
品牌	QCEI	品牌	CNCSI
脉动	71	脉动	85
红牛	69	红牛	85
东鹏特饮	55	外星人	84
茶饮料			
品牌	QCEI	品牌	CNCSI
农夫山泉	67	农夫山泉	85
康师傅	66	康师傅	84
元气森林	54	统一	81
酸奶饮品			
品牌	QCEI	品牌	CNCSI
安慕希	68	三元	84
纯甄	61	安慕希	84
莫斯利安	52	君乐宝	83

（续）

速溶咖啡			
品牌	QCEI	品牌	CNCSI
雀巢咖啡	71	雀巢咖啡	84
星巴克	68	星巴克	83
麦斯威尔	49	三顿半	83

碳酸饮料			
品牌	QCEI	品牌	CNCSI
可口可乐	71	可口可乐	84
雪碧	67	雪碧	84
百事可乐	64	宏宝莱	83

红酒/葡萄酒			
品牌	QCEI	品牌	CNCSI
张裕	70	张裕	86
长城	66	楼兰	85
香格里拉	55	卡斯特	84

啤酒			
品牌	QCEI	品牌	CNCSI
青岛	70	百威	85
百威	68	青岛	85
雪花	60	雪花	83

预调酒/果酒			
品牌	QCEI	品牌	CNCSI
RIO锐澳	77	RIO锐澳	87
冰锐	62	冰锐	86
三得利	58	吾调	85

餐饮外卖服务			
品牌	QCEI	品牌	CNCSI
美团外卖	77	美团外卖	82
饿了么	65	美团买菜	81
美团买菜	50	京东到家	80

西式快餐、连锁			
品牌	QCEI	品牌	CNCSI
肯德基	74	肯德基	85
麦当劳	71	麦当劳	85
必胜客	62	必胜客	82

（续）

中式快餐、连锁			
品牌	QCEI	品牌	CNCSI
海底捞	68	海底捞	83
呷哺呷哺	49	喜家德水饺	82
全聚德	49	南京大牌档	82
咖啡茶饮			
品牌	QCEI	品牌	CNCSI
星巴克	71	蜜雪冰城	83
瑞幸咖啡	63	星巴克	82
蜜雪冰城	60	瑞幸咖啡	81

（二）衣着行业（见表 3-2）

表 3-2　衣着行业 CNCSI 和 QCEI 品牌榜单

运动鞋服			
品牌	QCEI	品牌	CNCSI
鸿星尔克	63	鸿星尔克	89
李宁	61	安踏	85
耐克	60	李宁	84
童装童鞋			
品牌	QCEI	品牌	CNCSI
巴拉巴拉	62	安奈儿	86
巴布豆	56	李宁KIDS	86
李宁KIDS	55	好孩子	85
户外/健身服饰			
品牌	QCEI	品牌	CNCSI
安德玛	58	探路者	84
迪卡侬	56	安德玛	84
探路者	56	始祖鸟	83
内衣			
品牌	QCEI	品牌	CNCSI
蕉内	56	蕉内	86
黛安芬	53	古今	84
Ubras	51	北极绒	84

（续）

快时尚服装			
品牌	QCEI	品牌	CNCSI
优衣库	63	Topshop	81
无印良品	56	MANGO	80
ZARA飒拉	49	UR	80
男鞋			
品牌	QCEI	品牌	CNCSI
PLAYBOY花花公子	59	ECCO爱步	85
ECCO爱步	53	Goldlion金利来	85
红蜻蜓	51	BeLLE百丽	83
女鞋			
品牌	QCEI	品牌	CNCSI
BeLLE百丽	53	红蜻蜓	83
红蜻蜓	52	ECCO爱步	82
Daphne达芙妮	50	C.banner千百度	82

（三）生活用品及服务行业（见表3-3）

表3-3 生活用品及服务行业CNCSI和QCEI品牌榜单

空调			
品牌	QCEI	品牌	CNCSI
格力	68	格力	84
美的	63	卡萨帝	84
海尔	51	美的	83
电视机			
品牌	QCEI	品牌	CNCSI
海信	55	海信	84
小米	53	索尼	84
索尼	53	TCL	83
燃气灶			
品牌	QCEI	品牌	CNCSI
老板	63	海尔	87
苏泊尔	61	苏泊尔	86
方太	60	方太	86

（续）

电热水器			
品牌	QCEI	品牌	CNCSI
美的	64	卡萨帝	84
海尔	61	A.O.史密斯	84
A.O.史密斯	56	美的	83

洗碗机			
品牌	QCEI	品牌	CNCSI
西门子	67	西门子	89
美的	65	老板	87
方太	63	美的	87

空气炸锅/烤箱			
品牌	QCEI	品牌	CNCSI
美的	61	苏泊尔	83
苏泊尔	60	美的	83
格兰仕	55	格兰仕	82

燃气热水器			
品牌	QCEI	品牌	CNCSI
美的	55	A.O.史密斯	83
A.O.史密斯	52	卡萨帝	82
海尔	51	林内	82

洗衣机			
品牌	QCEI	品牌	CNCSI
海尔	63	卡萨帝	84
西门子	55	西门子	84
小天鹅	54	海尔	83

油烟机			
品牌	QCEI	品牌	CNCSI
方太	61	方太	83
老板	59	华帝	83
西门子	55	海尔	83

冰箱			
品牌	QCEI	品牌	CNCSI
海尔	63	西门子	84
美的	58	卡萨帝	84
西门子	58	美的	83

（续）

扫地机器人			
品牌	QCEI	品牌	CNCSI
科沃斯	65	石头	90
石头	65	云鲸	87
小米米家	60	科沃斯	85

智能马桶盖			
品牌	QCEI	品牌	CNCSI
九牧	66	九牧	89
TOTO	64	科勒	88
松下	63	东芝	87

吸尘器			
品牌	QCEI	品牌	CNCSI
戴森	68	戴森	87
美的	65	美的	87
海尔	59	海尔	86

空气净化器/加湿器			
品牌	QCEI	品牌	CNCSI
小米	62	亚都	87
飞利浦	61	A.O.史密斯	87
美的	58	三星	86

微波炉			
品牌	QCEI	品牌	CNCSI
美的	69	老板	87
格兰仕	65	美的	86
老板	58	海尔	86

电磁炉			
品牌	QCEI	品牌	CNCSI
美的	71	格兰仕	88
苏泊尔	65	小米米家	87
格兰仕	61	苏泊尔	85

洗洁精			
品牌	QCEI	品牌	CNCSI
立白	65	超能	87
蓝月亮	59	威猛先生	86
白猫	58	奥妙	85

（续）

洗衣粉/液			
品牌	QCEI	品牌	CNCSI
蓝月亮	71	蓝月亮	86
立白	61	浪奇	86
超能	55	威露士	86
纸巾/卷纸			
品牌	QCEI	品牌	CNCSI
维达	67	得宝	88
心心相印	61	顺轻柔	85
清风	61	维达	85
保温杯/壶			
品牌	QCEI	品牌	CNCSI
膳魔师	61	膳魔师	87
小米	55	虎牌	85
乐扣乐扣	55	吉祥鸟	85
烹饪锅具			
品牌	QCEI	品牌	CNCSI
苏泊尔	68	菲仕乐	92
美的	66	康巴赫	88
双立人	61	双立人	88
刀具			
品牌	QCEI	品牌	CNCSI
双立人	69	双立人	88
十八子作	66	张小泉	87
张小泉	64	十八子作	86
豆浆机/榨汁机/破壁机			
品牌	QCEI	品牌	CNCSI
九阳	72	苏泊尔	86
苏泊尔	66	九阳	86
美的	66	飞利浦	86
护肤美妆			
品牌	QCEI	品牌	CNCSI
雅诗兰黛	64	雅诗兰黛	85
迪奥	55	迪奥	84
SK-II	54	SK-II	84

（续）

口腔护理			
品牌	QCEI	品牌	CNCSI
云南白药	66	云南白药	85
高露洁	58	高露洁	83
佳洁士	56	舒适达	82
电动牙刷			
品牌	QCEI	品牌	CNCSI
飞利浦	64	usmile	86
usmile	58	飞利浦	84
小米	58	华为智选	84
剃须刀/剃须膏			
品牌	QCEI	品牌	CNCSI
飞利浦	69	飞利浦	85
飞科	59	博朗	84
吉列	56	吉列	84
卫生巾/卫生护垫			
品牌	QCEI	品牌	CNCSI
苏菲	62	高洁丝	84
七度空间	56	花王/乐而雅	84
高洁丝	56	Free飞	82
洗发/护发品			
品牌	QCEI	品牌	CNCSI
海飞丝	54	霸王	83
清扬	53	多芬	82
巴黎欧莱雅	50	蒂花之秀	82
洗手液			
品牌	QCEI	品牌	CNCSI
蓝月亮	70	卫宝	88
舒肤佳	67	滴露	86
滴露	65	蓝月亮	86
沐浴露/香皂			
品牌	QCEI	品牌	CNCSI
舒肤佳	70	舒肤佳	86
多芬	60	滴露	85
力士	53	多芬	83

（续）

快时尚眼镜			
品牌	QCEI	品牌	CNCSI
博士	61	Look Optical	88
佐芙	60	eGG	85
眼镜生活	57	佐芙	85
香水/精油			
品牌	QCEI	品牌	CNCSI
香奈儿	68	香奈儿	87
迪奥	60	博柏利	86
祖玛珑	57	纪梵希	86
瓷砖			
品牌	QCEI	品牌	CNCSI
马可波罗	64	东鹏瓷砖	84
东鹏瓷砖	61	冠军	84
冠军	57	马可波罗	82
地板			
品牌	QCEI	品牌	CNCSI
圣象	67	福人地板	87
大自然	64	圣象	85
肯帝亚	53	杨子地板	85
灯饰照明			
品牌	QCEI	品牌	CNCSI
欧普照明	72	美的照明	86
美的照明	64	欧普照明	85
雷士照明	59	雷士照明	84
油漆涂料			
品牌	QCEI	品牌	CNCSI
立邦	67	立邦	84
多乐士	58	华润	83
三棵树	56	三棵树	81
防盗/安全门窗			
品牌	QCEI	品牌	CNCSI
盼盼	62	美心	86
美心	60	群升门业	83
大力大喜	53	盼盼	83

（四）交通和通信行业（见表3-4）

表3-4 交通和通信行业 CNCSI 和 QCEI 品牌榜单

航空服务			
品牌	QCEI	品牌	CNCSI
中国国航	64	山东航空	86
南方航空	61	南方航空	84
山东航空	54	中国国航	84
网约车出行			
品牌	QCEI	品牌	CNCSI
滴滴出行	73	首汽约车	84
美团打车	62	美团打车	83
哈啰出行	54	神州专车	82
共享车			
品牌	QCEI	品牌	CNCSI
哈啰单车	71	哈啰单车	84
美团单车	64	青桔单车	83
青桔单车	63	美团单车	82
电动车			
品牌	QCEI	品牌	CNCSI
雅迪	66	捷安特	87
小飞哥	63	绿佳	86
爱玛	63	立马	84
轮胎			
品牌	QCEI	品牌	CNCSI
米其林	71	米其林	88
普利司通	58	普利司通	85
固特异	54	倍耐力	83
智能手机			
品牌	QCEI	品牌	CNCSI
华为	77	华为	88
苹果	59	苹果	83
小米	57	一加	83
快递服务			
品牌	QCEI	品牌	CNCSI
顺丰速运	79	顺丰速运	88
京东物流	69	京东物流	87
中国邮政	56	中国邮政	80

（续）

网络社交媒体			
品牌	QCEI	品牌	CNCSI
微信	81	多闪	87
新浪微博	61	微信	87
QQ	59	知乎	81

（五）教育文化和娱乐行业（见表3-5）

表3-5　教育文化和娱乐行业CNCSI和QCEI品牌榜单

在线教育			
品牌	QCEI	品牌	CNCSI
猿辅导	65	猿辅导	85
作业帮	63	新东方在线	85
学而思网校	63	学而思网校	85
知识付费			
品牌	QCEI	品牌	CNCSI
喜马拉雅	63	樊登读书会	83
知乎Live	62	知乎Live	83
网易云课堂	56	喜马拉雅	81
短视频平台			
品牌	QCEI	品牌	CNCSI
抖音	82	抖音	86
快手	62	最右	82
西瓜视频	44	快手	79
线上直播			
品牌	QCEI	品牌	CNCSI
抖音	70	抖音	83
快手	61	微博直播	83
斗鱼直播	57	快手	82
影视听娱乐			
品牌	QCEI	品牌	CNCSI
哔哩哔哩	72	哔哩哔哩	86
网易云音乐	64	虾米音乐	86
腾讯视频	63	网易云音乐	83

（续）

电影院			
品牌	QCEI	品牌	CNCSI
万达	75	万达	86
大地影院	52	保利影院	84
恒大影城	50	CGV国际影城	82

旅游平台			
品牌	QCEI	品牌	CNCSI
携程	75	携程	86
飞猪	59	乐途旅游网	84
同程旅游	55	飞猪	82

潮流玩具			
品牌	QCEI	品牌	CNCSI
乐高	76	乐高	89
泡泡玛特	64	泡泡玛特	85
酷乐潮玩	52	星际熊	84

体育用品			
品牌	QCEI	品牌	CNCSI
李宁	70	李宁	86
耐克	66	红双喜	86
阿迪达斯	61	迪卡侬	84

相机			
品牌	QCEI	品牌	CNCSI
佳能	70	大疆	91
索尼	63	徕卡	88
大疆	61	索尼	86

投影仪			
品牌	QCEI	品牌	CNCSI
小米米家	68	小米米家	86
爱普生	65	爱普生	86
天猫魔屏	58	极米	83

耳机			
品牌	QCEI	品牌	CNCSI
森海塞尔	64	森海塞尔	90
索尼	63	BOSE	87
苹果	63	索尼	86

（续）

智能音箱			
品牌	QCEI	品牌	CNCSI
小度	69	苹果HomePod	87
小米小爱	66	华为小艺	86
天猫精灵	66	小度	86
电脑			
品牌	QCEI	品牌	CNCSI
华为	65	华为	89
苹果	61	苹果	88
戴尔	58	神舟	85
在线健身			
品牌	QCEI	品牌	CNCSI
Keep	77	乐动力	86
每日瑜伽	55	Keep	86
悦动圈	55	咕咚	83
线上办公			
品牌	QCEI	品牌	CNCSI
钉钉	66	腾讯文档	84
腾讯会议	62	企业微信	83
企业微信	61	钉钉	83

（六）医疗保健行业（见表3-6）

表3-6 医疗保健行业CNCSI和QCEI品牌榜单

血压计			
品牌	QCEI	品牌	CNCSI
西铁城	69	西铁城	93
欧姆龙	68	海尔智能医疗	87
鱼跃	64	松下	87
口罩			
品牌	QCEI	品牌	CNCSI
3M	70	3M	88
海氏海诺	63	霍尼韦尔	88
稳健	57	德尔格	87

（续）

创可贴			
品牌	QCEI	品牌	CNCSI
云南白药	78	云南白药	89
邦迪	64	3M耐适康	86
3M耐适康	54	小林制药	85

隐形眼镜/护理液			
品牌	QCEI	品牌	CNCSI
博士伦	68	傲滴	89
海昌	64	爱尔康	85
傲滴	54	MOODY	85

即食燕窝			
品牌	QCEI	品牌	CNCSI
燕之屋	67	泡小燕	87
小仙炖	65	小仙炖	85
东阿阿胶	58	燕小厨	85

补钙性保健品			
品牌	QCEI	品牌	CNCSI
汤臣倍健	71	汤臣倍健	87
钙尔奇	61	盖天力	86
善存	58	钙尔奇	86

维生素补品			
品牌	QCEI	品牌	CNCSI
汤臣倍健	71	金施尔康	87
善存	60	自然之宝	87
Swisse	58	仁和	87

按摩椅			
品牌	QCEI	品牌	CNCSI
松下	62	海尔健康	85
海尔健康	61	松下	85
奥克斯	55	联想	84

眼科用药/滴眼液			
品牌	QCEI	品牌	CNCSI
珍视明	69	天天明	86
闪亮滴眼液	60	闪亮滴眼液	86
乐敦	55	朗逸	85

（续）

肠胃用药			
品牌	QCEI	品牌	CNCSI
江中健胃消食片	66	修正	86
三九胃泰	63	三九胃泰	85
达喜	57	同仁堂	85
互联网医美平台			
品牌	QCEI	品牌	CNCSI
新氧	75	新氧	86
悦美	60	美呗	85
美呗	57	悦美	85
互联网医疗			
品牌	QCEI	品牌	CNCSI
平安好医生	70	平安好医生	87
阿里健康	68	阿里健康	87
好大夫在线	58	好大夫在线	78

（七）其他用品及服务行业（见表3-7）

表3-7 其他用品及服务行业CNCSI和QCEI品牌榜单

手表			
品牌	QCEI	品牌	CNCSI
卡西欧	66	梅花表	88
劳力士	63	劳力士	88
浪琴	62	百达翡丽	87
功能箱包			
品牌	QCEI	品牌	CNCSI
小米	62	新秀丽	87
外交官	58	外交官	87
迪卡侬	58	迪卡侬	85
宠物食品及用品			
品牌	QCEI	品牌	CNCSI
皇家	55	渴望	85
网易严选	55	最宠	84
渴望	54	Pidan	84

（续）

智能手环/手表			
品牌	QCEI	品牌	CNCSI
华为	74	华为	88
小米	67	索尼	87
苹果	63	苹果	86

珠宝首饰			
品牌	QCEI	品牌	CNCSI
卡地亚	63	通灵珠宝	90
周大福	60	卡地亚	88
蒂芙尼	57	I DO	85

母婴网站			
品牌	QCEI	品牌	CNCSI
宝宝树	69	辣妈帮	88
妈妈帮	64	贝贝网	88
蜜芽	58	宝宝树	85

婴儿推车			
品牌	QCEI	品牌	CNCSI
好孩子	73	好孩子	87
小龙哈彼	58	宝宝好	85
宝宝好	55	小龙哈彼	85

安全座椅			
品牌	QCEI	品牌	CNCSI
好孩子	76	赛百斯	92
赛百斯	67	好孩子	90
宝得适	64	瑞凯威	87

车险			
品牌	QCEI	品牌	CNCSI
中国平安	69	中华保险	88
中国人保	62	中国人保	84
中国人寿	58	中国平安	84

（续）

人寿险			
品牌	QCEI	品牌	CNCSI
中国人寿	74	阳光保险	88
中国平安	61	中国太平	88
太平洋保险	57	太平洋保险	87

大型超市			
品牌	QCEI	品牌	CNCSI
大润发	62	银泰商业	86
沃尔玛	61	大润发	83
华润万家	54	山姆超市	83

连锁便利店			
品牌	QCEI	品牌	CNCSI
罗森	68	罗森	86
全家	63	全家	84
7-11	63	7-11	84

银行业			
品牌	QCEI	品牌	CNCSI
建设银行	68	中信银行	87
工商银行	67	兴业银行	86
中国银行	63	工商银行	85

网络购物			
品牌	QCEI	品牌	CNCSI
淘宝网	74	京东商城	85
京东商城	72	天猫商城	84
天猫商城	68	淘宝网	83

高端连锁酒店			
品牌	QCEI	品牌	CNCSI
希尔顿	64	维景酒店	89
香格里拉	63	希尔顿	88
假日酒店	59	香格里拉	87

（续）

快捷连锁酒店			
品牌	QCEI	品牌	CNCSI
维也纳酒店	58	维也纳酒店	83
汉庭	54	亚朵酒店	83
全季酒店	51	全季酒店	83
在线租房			
品牌	QCEI	品牌	CNCSI
安居客	60	爱彼迎	80
58同城	57	小猪短租	78
爱彼迎	51	蚂蚁短租	77
二手交易平台			
品牌	QCEI	品牌	CNCSI
闲鱼	72	闲鱼	81
转转	49	爱回收	76
多抓鱼	44	瓜子网	74
招聘网站			
品牌	QCEI	品牌	CNCSI
BOSS直聘	65	BOSS直聘	80
智联招聘	58	LinkedIn领英	80
58同城	50	拉勾网	80
家具建材连锁			
品牌	QCEI	品牌	CNCSI
IKEA宜家	70	IKEA宜家	87
红星美凯龙	65	全友家居	87
全友家居	63	红星美凯龙	85

第四章 专题研究

一、乡村消费新主张

当今，国内面临着需求收缩、供给冲击、预期转弱三重压力，构建"以国内大循环为主体、国内国际双循环相互促进的新发展格局"成为我国实现高质量发展的必然选择。国内大循环是生产、分配、交换和消费四个环节的前后相继，消费内循环是国内大循环的重要组成部分，乡村消费和城镇消费共同构成了消费内循环的重要维度，乡村消费是消费内循环的重要增长极。

人是消费活动的主体，人口数量、人的购买能力、购买意愿、生活方式等均会对消费增长产生影响。第七次全国人口普查数据显示，居住在乡村的人口为5.10亿人，占比为36.11%，存在巨大消费潜力。2021年我国农村居民人均消费支出15916元，城镇居民人均消费支出30307元[一]，城乡支出比为1.90，乡村消费提振空间依旧较大。随着第一个百年奋斗目标的实现，我国已全面建成小康社会，农村贫困人口全部脱贫，乡村居民购买能力得到提升，为乡村消费提供了物质保障和消费信心。目前，在全国范围内，乡村振兴战略全面快速地推进，消费成为乡村振兴的重点方向和有力抓手，提振乡村消费不仅在于数量的提高，更在于消费结构的转变升级。

本次调研范围涵盖全国31个省市，聚焦农村的18~61岁的居民，全面了解乡村居民消费现状与期待，以期进一步探索乡村消费未来发展动向，为乡村振兴提供消费领域的一手调研资料。

（一）乡村消费背景：乡村振兴，政策力挺

1. 乡村消费成为消费市场新亮点

收入是消费的基础和消费增长的前提。2021年，农村居民人均可支配收入18931元，名义增长10.5%，扣除价格因素，实际增长9.7%，快于城镇居民。城乡居民收入比值由2020年的2.56缩小至2.5，城乡居民收入相对差距继续收窄。随着居民收入水平的提高，

[一] 数据来源：国家统计局发布的《2021年居民收入和消费支出情况》。

2021年全国居民人均消费支出24100元，两年平均名义增长5.7%，实际增长4%。其中，农村居民人均消费支出名义增长16.1%，扣除价格因素，实际增长15.3%，增速恢复程度好于城镇居民，名义增速和实际增速分别快于城镇居民3.9和4.2个百分点㊀，乡村消费增长势头较猛。

乡村消费在多维度持续升级。在消费内容上，恩格尔系数不断降低，即食品方面支出占总消费支出的比例下降，在逐步实现从购买需求弹性较低的商品向需求弹性较高的商品的转变，2021年我国农村居民食品烟酒人均支出5200元，占总消费支出的比重为32.7%，与2010年相比降幅较大；在消费层次上，生存性消费更加注重品质和质量，发展型、享受型和服务型消费增加，2021年我国农村居民教育文化娱乐人均消费支出1645元，同比增长25.7%，医疗保健人均消费支出1580元，同比增长11.4%㊁；在消费模式上，从自给自足式消费向市场化消费升级，除食品和居住消费外，其他六大类消费（衣着，生活用品及服务，交通通信，教育文化娱乐，医疗保健，其他用品及服务）基本实现市场化消费，这构成了乡村消费增量的重要来源。

2. 多重利好政策支撑，乡村消费培育成重点

政策层面优势凸显，乡村消费再次列为重要发展方向。2021年中央一号文件《中共中央国务院关于全面推进乡村振兴加快农业农村现代化的意见》指出，全面促进农村消费。加快完善县乡村三级农村物流体系，改造提升农村寄递物流基础设施，深入推进电子商务进农村和农产品出村进城，推动城乡生产与消费有效对接。促进农村居民耐用消费品更新换代。这是继2010年后，中央一号文件第二次将乡村消费摆上重要位置。

国家多部委力推，引导乡村绿色消费新政。在碳达峰与碳中和的背景下，无论对于城镇还是乡村，绿色消费均是未来发展的趋势。近年来，国家多部门联合下发了一系列相关政策推动绿色消费，如国家发展改革委等多个部门联合印发的《促进绿色消费实施方案》指出：促进绿色消费是消费领域的一场深刻变革，必须在消费各领域全周期全链条全体系深度融入绿色理念，全面促进消费绿色低碳转型升级，这对贯彻新发展理念、构建新发展格局、推动高质量发展、实现碳达峰碳中和目标具有重要作用。再如工业和信息化部、农业农村部、商务部、国家能源局联合印发《关于开展2021年新能源汽车下乡活动的通知》，以促进农村地区新能源汽车推广应用，引导农村居民绿色出行，助力全面推进乡村振兴，支撑碳达峰、碳中和目标的实现。

政策引导，耐消品升级更新换代力度较大。调研数据显示，76.3%农村居民已完成耐消品的升级，耐消品升级意愿较强。2020年，农村居民平均每百户拥有家庭汽车26.4辆，比2014年增加15.4辆；平均每百户拥有洗衣机92.6台，比2014年增加17.8台；平均每百户

㊀ 数据来源：国家统计局发布的《2021年居民收入和消费支出情况》。
㊁ 数据来源：国家统计局发布的《2021年居民收入和消费支出情况》。

拥有彩色电视机117.8台，比2014年增加2.2台；平均每百户拥有空调73.8台，比2014年增加39.6台；平均每百户拥有冰箱100.1台，比2014年增加22.5台[一]。这一方面源于农村居民收入水平的提高，另一方面是由于家电下乡、收入补贴等政策支持。本次调研数据显示，42.3%的乡村消费者认为相关补贴政策实惠，有吸引力，有效刺激了耐消品市场。

3. 数字经济普及，乡村消费支出增加显著

疫情期间，以直播带货、网络直播、在线教育、在线医疗等为代表的数字消费新业态、新模式迅猛发展，深刻改变了城镇和农村居民的消费习惯。当前，数字经济是农村发展的新引擎，渗透着乡村的每个角落，逐渐改变着传统产业的生产方式和组织形态，数字经济引领的数字消费成为提升农村消费增量的有效路径。

数字消费的硬件条件得到改善。随着农村通讯基础设施的完善和信息化建设力度加大，农村居民与城镇居民的数字鸿沟在不断缩小，同样可以享受到数字经济带来的消费便捷。截至2020年12月，农村网民规模3.09亿人，突破3亿大关，农村地区互联网普及率55.9%，突破50%大关，大多数农民已成为网民，为农村数字消费的发展提供了庞大的消费群体和良好的先决条件。2020年年底全国建成县级电商公共服务中心和物流配送中心2120个，村级电商服务站点13.7万个，基本实现快递网点乡镇全覆盖，快递直投到村比例提升至超过50%，农村地区揽收和投递快递包裹超过300亿件，占全国的36%，为农村居民数字消费的可及性提供了保障。

农村居民数字消费习惯和意识不断强化。国务院印发的《"十四五"数字经济发展规划》提到"培养全民数字消费意识和习惯"。数字经济的发展给农村地区持续带来了信息流、人才流、资金流、技术流，潜移默化地影响着农村居民的数字消费思维，以5G、物联网、大数据、人工智能为代表的新一代信息技术日益深入赋能农村各个领域和环节，对农业生产方式和农民生活方式都产生了深刻影响。

数字经济引发乡村消费变革。2021年，全国乡村消费品零售额从2015年的41932亿元增长到59265亿元[二]，增长了41.3%。调研数据显示，67%的农村居民认为近两年家庭消费支出增加，17%的农村居民认为近两年家庭消费支出无明显变化，16%的农村居民认为近两年家庭消费支出减少，如图4-1所示。

如图4-2所示，对于近两年家庭消费支出增加的原因，网络渠道影响，购物更便捷的提及率最高（54.7%），显示网络购物对乡村消费的强大带动力；物价提高，支出增加的提及率为54.3%。2021年全年，全国居民消费价格指数（CPI）同比上涨0.9%，低于全年3%左右的预期目标，在消费数量既定的前提下，物价上涨在一定程度上增加了居民消

[一] 数据来源：国家统计局发布的《2021年中国统计年鉴》。
[二] 数据来源：国家统计局。

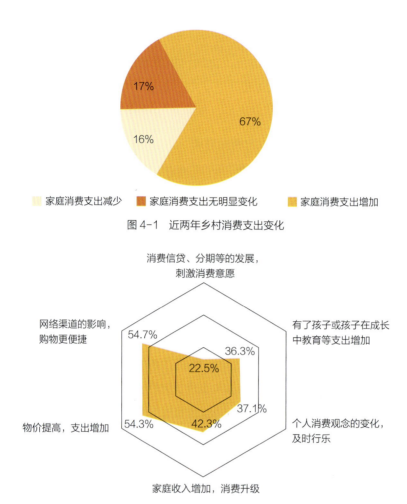

图 4-1 近两年乡村消费支出变化

图 4-2 近两年乡村消费支出增加原因

费支出；42.3%的农村居民认为是家庭收入增加，消费升级。2021年农村居民人均可支配收入达18931元，实际增长9.7%，高于城镇居民收入增速2.6个百分点，农村居民人均可支配收入中位数16902元，增长11.2%，中位数是平均数的89.3%[一]。收入的提高为消费支出的增加提供了来源。37.1%的农村居民认为是"个人消费观念的变化，及时行乐"。城镇化对农村居民消费产生了"示范效应"，农村居民逐步改变自身的消费习惯，城市文化元素也在影响着农村居民消费观，会在发展和享受环节增加支出；36.3%的农村居民是由于有了孩子或孩子在成长中教育等支出增加。新生儿的出生会直接带来一系列消费增加，如母婴、玩具、服饰等新的消费需求；在孩子成长中，也会相继增加一定教育支出。22.5%的农村居民是由于消费信贷、分期等的发展，刺激消费意愿。近年来，农村年轻客户群体不断扩大，消费需求旺盛，成为乡村消费信贷的主要客群。

[一] 数据来源：国家统计局发布的《2021年居民收入和消费支出情况》。

（二）乡村消费表现：消费升级，新模式新风貌

1. 新观念：理性与超前消费双重复合，消费方式更理智

整体来看，近两年，乡村消费者消费观念理性消费与超前消费并存，但均控制在自己能力范围内，消费方式更理智。从不同年龄来看，各年龄段群体消费特征又有所差异。

如图4-3所示，20%的00后群体认为近两年消费观念没有明显变化，主要受限于支出能力不足；40.5%的90后更愿意超前消费，但能控制在自己偿还范围内，该比例在各年龄群体较高，90后在家庭和社会中承担着越来越多的角色，对各种消费需求不断增加，逐渐成为消费的主力军和引领者。当前，超前消费观念成为90后群体的常态，对于超出支出能力的物品，往往倾向于选择分期或预消费再付款等方式进行消费。随着农村数字经济基础设施的完善，为农村地区90后超前消费提供了技术保障。37.8%的80后群体更愿意超前消费，但能控制在自己偿还范围内。80后由于面临上有老和下有小的生活重担，不得不进行超前消费。70后更偏好理性消费，其超前消费占比在各年龄群体最低。

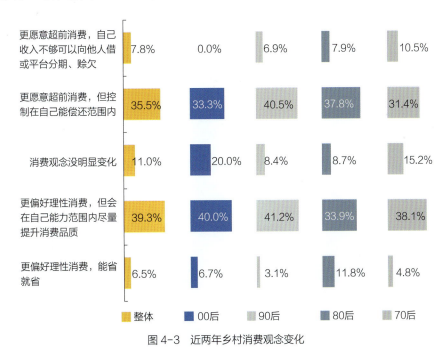

图 4-3　近两年乡村消费观念变化

2. 新观念：品质消费趋势凸显，高度重视产品质量

产品质量是农村消费者最关注的因素（见图4-4），在消费关注因素中提及率最高，也侧面反映出农村消费市场的质量问题较为突出。受限于信息不对称、乡村消费市场发育不完善、农村消费者维权意识薄弱等原因，各种问题商品依旧充斥市场，如假冒商品、伪劣商品、"三无"商品、过期商品等在农村市场占比远高于城镇地区。调研数据显示，

24.84%的消费者反映在农村集贸市场遇到过假冒伪劣产品，27.48%的消费者表示遇见过"三无"产品，这对农村消费信任造成较大负面影响。

性价比是农村消费者第二关注的因素，物美价廉无论对于城镇还是农村消费者均是追求的消费特性。在居民收入既定的情形下，性价比更高的商品无疑会受到市场追捧。售后服务有保障是农村消费者第三关注的因素，由于乡村位置分散、消费者不集中、售后成本高等原因，农村地区的售后服务保障一直是较大问题。大部分农村售后服务点只覆盖到了县城，农村现有维修服务网点呈现数量少、混业经营、售后服务人员能力不足等特点。

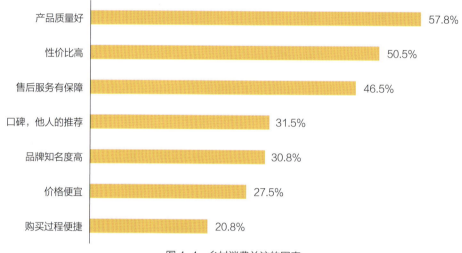

图4-4　乡村消费关注的因素

口碑、品牌、价格和购买便利程度均是农村居民较为关注的因素，其需求的核心是对产品品质这一根本价值要求的显著提高。随着市场供给的丰裕，消费者也更有钱，更愿意为品质付费。

品牌是信誉和信用的集中体现。如图4-5所示，对于品牌关注度，38.5%的农村居民关

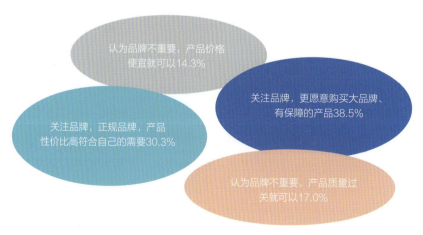

图4-5　消费时对品牌的关注度

注品牌，更愿意购买大品牌、有保障的产品；30.3%的农村居民关注品牌，正规品牌，产品性价比高符合自己的需要，二者所占比例共计68.8%。长期以来，农村地区的品牌观念滞后于城镇，品牌在农村地区发挥的作用不明显；近年来，随着居民生活品质的提高，越来越多的农村消费者开始看重品牌。

3. 新模式：青睐新型消费方式，移动互联网消费渐成风尚

农村数字化消费日益凸显。受疫情影响，更多的农村居民开始尝试移动互联网消费，移动消费农村用户剧增。近年来，移动智能设备普及率不断提高，移动互联网高速发展，这为农村数字化消费奠定了良好的基础。调研数据显示，49.3%的农村居民近两年更偏向通过购物网站购物，更偏向借助短视频、直播平台购物占比为18.5%，更偏向通过微信、社群购物占比为10.0%，近八成的乡村居民倾向于移动互联网消费，仅20%的农村居民近两年偏好在乡镇或城市线下购物，如图4-6所示。

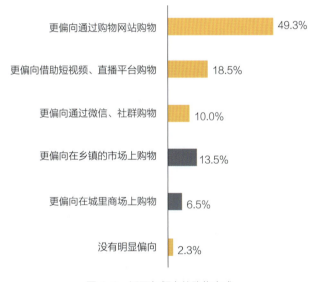

图4-6 近两年倾向的购物方式

线上购物有效弥补了农村消费市场的不足，越来越受到农村居民青睐。对于线上购物原因，线上商品种类多的提及率最高。线上购物包含国内外的各种商品，充分体现了网络购物的无地域特征，农村居民在家即可通过线上购物渠道寻找到想要购买而线下商店不容易购买到的商品，从而起到补充农村传统商店产品短缺和种类不全的作用。线上购物物流便捷，收货便利的提及率第二。近年来，"快递进村"成效显著，基本实现了"乡乡有网点，村村有服务"的目标，截至2021年6月，我国乡镇快递网点覆盖率达到98%[一]，有效

[一] 数据来源：中国互联网络信息中心（CNNIC）2021年8月27日在京发布的第48次《中国互联网络发展状况统计报告》。

保障了农村地区线上购物的便利性。40.5%的农村居民认为线上购物品牌齐全，品质有保障，这与商品种类多的原因殊途同归，如图4-7所示。

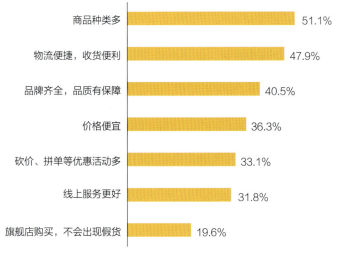

图 4-7　选择线上购物的原因

除此之外，还有部分农村居民归因于价格便宜、优惠活动多、线上服务更好、品质有保障等。

4. 新模式：淘宝、拼多多为主购渠道，直播购物参与度高

淘宝和拼多多是农村居民线上购物最常使用的电商平台（见图4-8）。淘宝作为国民购物平台，几乎"人手一辆购物车"，其近年来加速获取下沉市场，拉动乡村消费。随着全社会对网络购物接受度的提高，越来越多的农村居民把吃、穿和用三类商品消费向线上转移。拼多多把吃、穿和用三类商品纳入了销售的场景过程中，有效契合了消费者需求。以抖音和快手为主要代表的短视频平台，直播带货则成为平台流量变现的工具。调研数据显示，近七成乡村消费者在直播、短视频平台有过购物体验。

最常使用

次之使用

较少使用

图 4-8　线上购物渠道

5. 新模式：直播购物消费者效用显著，购买体验及售后服务有待强化

网红带货，直播下单，如今已成为一种网购新方式。在直播购物体验中消费者对产品

优惠力度、产品介绍详细度、产品性价比的评价较高,但在购买体验、售后服务、客服响应等方面仍有较大提升空间,如图4-9所示。

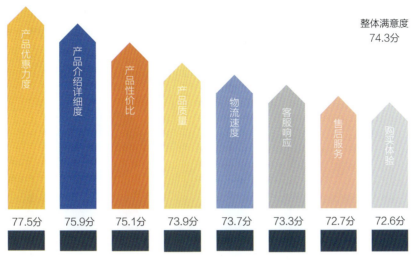

图 4-9 直播购物满意度

6. 新着力点:城市购买力下行为乡村消费升级提速开源

除政策、经济等因素影响外,随着乡村休闲旅游的兴起,城市居民下乡消费也日益增多。城市居民在乡村的消费支出增加,带动农村居民收入提升,农村居民的消费能力逐步增强,从而继续带动乡村消费,因而城市居民在农村的消费也成为乡村消费非常重要的一部分,如图4-10所示。

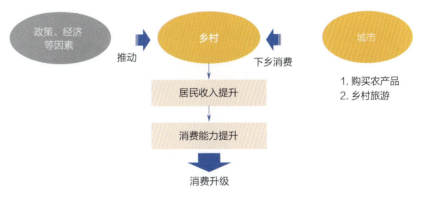

图 4-10 乡村消费提升路径

7. 新着力点——农产品:双维度开源,农产品上行 + 城市下行旅游

农产品上行是指将农产品进行网络销售,即农村电商。该模式能够有效打开特色农产品销售渠道,让特色农产品从田地直达城市,对于发展农村经济具有一定的积极作用。

调研发现，热卖农产品种类主要以蔬菜、水果为主，其次是肉类、蛋类。随着休闲农业的兴起，越来越多的城里人到农村旅游，乡村旅游逐渐成为一种"时尚"，农村更有动力进行更新改造，农民的收入来源渠道也得到拓宽。当前，众多地方政府在极力挖掘乡村潜力，打造农村农业旅游景区，吸引城镇居民旅游。调研数据显示，超六成客户对乡村旅游很感兴趣，并且每年进行一定的旅游消费（见图4-11）。

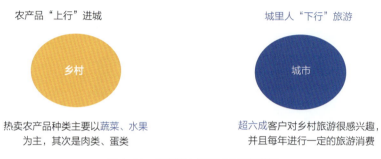

图 4-11　农产品上行和城市下行旅游

8. 新着力点——农产品：各方面表现强势，物流时效基本满足需求

53.5%的城市居民认为农产品物流时效能基本满足需要；21.3%的城市居民认为物流很快捷，超出期待；认为物流快捷性较城市地区仍有差异的占比为21.6%。认为物流便捷的占比总计达到了97.4%。仅2.8%的城市居民认为物流不够快捷，低于预期；0.8%的城市居民认为物流不畅，遇到过物流受阻、商品变质问题（见图4-12）。

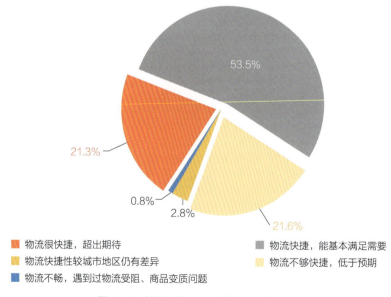

图 4-12　城市居民对农产品物流时效的评价

对于购买评价，认为农产品的品质较好且超出预期的提及率为35.5%，品质不佳且低于预期的提及率为15.5%；在包装层面，认为包装精美且超出预期的提及率为34.8%，包装简陋且有待改善的提及率为18.5%；在性价比层面，认为量大优惠且性价比高的提及率为34.0%，认为存在缺斤少两行为且性价比低的提及率为3.0%；在售后层面，认为反馈及时且售后服务有保障的提及率为9.0%，认为售后服务较差的提及率为3.0%（见图4-13）。

图 4-13　城市居民对购买农产品的评价

9. 新着力点——农产品：绿色、特色、性价比为主要卖点

对于购买农产品时的关注点，购买绿色基地、试验田的提及率为44.0%；支持农民自主卖货的提及率为35.8%；直通产地，能买到当地特产的提及率为32.3%；无中间商，性价比高的提及率为31.3%；短视频、直播展示有吸引力的提及率为30.5%（见图4-14）。

图 4-14　愿意购买农产品时的关注点

10. 新着力点——乡村旅游：信息渠道多样性，"微度假"成主要出游方式

如图4-15所示，对于获取乡村旅游信息的渠道，抖音/快手等短视频、直播平台的提及率为55.5%，在所有渠道中提及率最高。微信朋友圈/微信群、熟人推荐、小红书/微博等内容平台三者的提及率均超过30%。今日头条等新闻平台、马蜂窝/穷游网等旅游攻略平台、电视新闻和广告的提及率在20%~30%之间。过半的城镇居民会选择在周末进行短时的周边游，每年出游次数很多，"微度假"成主要出游方式，如图4-16所示。

图 4-15　城市居民对乡村旅游信息的获取渠道

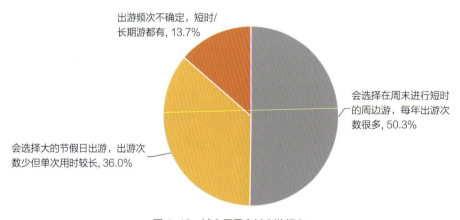

图 4-16　城市居民乡村出游频次

11. 新着力点——乡村旅游：生态、自然、特色为主要吸引点

对于乡村旅游的吸引点，生态观光的提及率最高，其次是游乐休闲，二者的提及率均超过50%，在一定程度上表明观光休闲是城市居民乡村旅游的主要目标。养生度假的提及率为37.3%，逐渐成为热门。文创体验和文化博览的提及率在20%~30%之间，如图4-17所示。

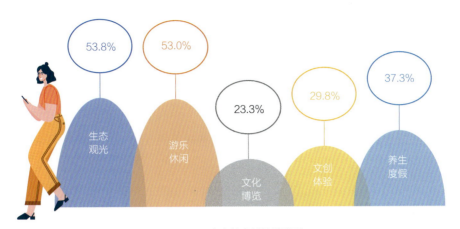

图 4-17 喜欢的乡村旅游类型

12. 新着力点——乡村旅游：三大主要短板直接影响下行消费体验（见图 4-18）

短板一：营销力度弱

各地乡村旅游信息曝光度不够，主要是城市消费者主动搜集信息，营销推广有待进一步提升。

短板二：基础设施薄弱

目前乡村旅游的基础设施还不完善，存在娱乐设施少、项目单一、缺乏地域特色、餐饮住宿配套设施不完善等问题。

短板三：交通易达性差

部分地区交通便利性较差，城市居民下乡消费的易达性较差，严重影响游客体验。

图 4-18 乡村旅游短板

(三)乡村消费趋势:乘风破浪,大有奔头

1. 升级阻碍一:乡村居民新政策认知偏低,内容盲区有待完善

农村消费者对新政策的认知率偏低,多数农村居民听说过新政策但并不了解政策内容,如图4-19所示。此外,绿色消费在实施过程中,产品适用范围、购买流程等方面需进一步优化,如图4-20所示。鉴于此,应加大对消费政策的宣传,并用群众喜闻乐见的形式进行宣传。

图 4-19 绿色消费认知

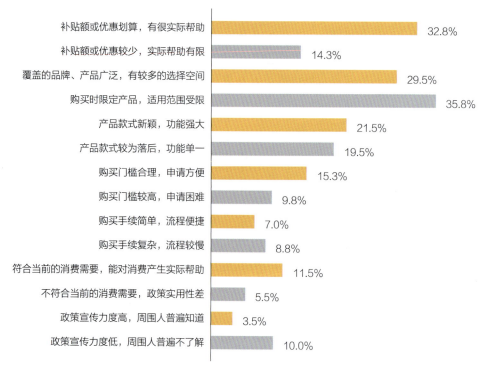

图 4-20 绿色消费等新政策评价

2. 升级阻碍二：收入是决定乡村消费升级的关键

以收入增长推动消费增长。消费与收入呈正相关关系，收入增长会提升人们的消费能力。政府给予农民补贴或者实施家电下乡等政策，实际上是变相增加了乡村居民的收入。虽然我国乡村居民收入增速快于城镇居民收入增速，但收入绝对值依然与城镇居民差距很大，存在较大提升空间。

3. 升级阻碍三：乡村消费升级仍有不少梗阻，面临"最后一公里"难题

当前，乡村消费主要面临消费基础设施不够完善、消费维权困难、消费环境不尽如人意、需政策引导消费观念等问题，如图4-21所示。希望政府采取的消费激励措施如图4-22所示。

消费设施仍不够完善
有32.5%的乡村消费者认为需增加农村基础建设。乡村地区物流覆盖率不高，电商服务点少，配送时间长，甚至一些乡村区域不支持配送，运费比城市贵，这些突出问题还有待解决

消费维权困难
乡村的消费纠纷，因其程序烦琐、维权成本高等原因，加之农民自身风险防范意识不强，造成乡村消费者维权困难

消费环境不尽如人意
有39.8%的乡村消费者认为政府需严控产品质量，33.5%认为需严控物价水平，不少消费者反映乡村商超存在商品类型少、品质差、假冒伪劣等问题，甚至存在销售国家禁售商品的情况

需政策引导消费观念
27.3%的乡村消费者认为需政府介入引导并梳理正确的消费观念，在自身能力的情况下合理根据实际需求来进行消费，对网络的过度宣传培育良好的判断力

图 4-21 乡村消费困境

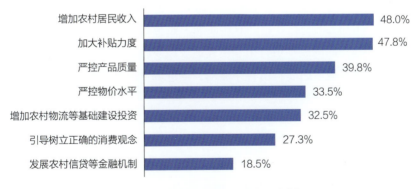

图 4-22 希望政府采取的消费激励措施

4. 发展趋势一：进一步推进农村现代化建设，促进农民收入增长

目前乡村振兴相关的保障机制已逐步建立，未来乡村振兴的发展主要体现在乡村产业的融合、基础设施的不断完善、社会资本的逐步转移等三大方面。

农业生产趋于稳定，乡村一二三产业加速融合。乡村振兴的关键是发展乡村生产力，

随着农业发展趋于稳定，耕地保护与质量建设逐步加强，粮食等重要农产品供给得到保障，有效提升了储备和市场调控能力；一二三产业的加速融合，培育并壮大龙头企业，支持农副产品精深加工，就地消化农副产品，进一步延伸了产业链条，既提高了务工农民的工资性收入，又把更多就业机会和增值收益留给农民。

农村基础设施建设不断完善。近年来，教育、医疗、养老等基本公共服务质量不断提升。基础设施主要包括交通、水利、人居环境等方面不断健全。交通方面，逐步有序完成较大人口规模自然村（组）等通硬化路建设；供水方面，农村饮水安全巩固工程将全面提升，部分有条件的地区形成城乡供水一体化；人居环境方面，农村生活垃圾治理、生活污水治理等方面得到有效提升。

社会资本逐步向农业农村转移。社会资本积极发展乡村特色文化产业，充分挖掘农业农村生态、文化、特色等各类资源优势，着力发展休闲农业、乡村旅游、餐饮民宿、创意农业、农耕体验、康养基地等产业，打造设施完备、功能多样、服务规范的乡村休闲旅游产业基地等。

5. 发展趋势二：坚持统筹共进，城乡融合发展持续深化

城乡发展并不是零和博弈，而是融合发展、共生共存的过程，有效推进城乡融合发展，是实现农村现代化和促进乡村振兴的重要突破口。城乡融合的发展包括城乡体制融合、城乡规划融合、城乡功能融合、城乡要素与产业融合以及以县城为载体的城乡融合和城市化带动乡村振兴。

各方面统筹实施力度持续深入。表现在精准扶贫、脱贫攻坚和全面实现农村小康建设、新型城镇化和农业现代化、城乡基础设施建设、城乡生态环境建设、科技进步和农业科技创新、特色小镇和美丽乡村建设、农产品加工业和农业社会化服务业等方面。

城乡间各要素与产品的流动更自由、更畅通。城乡融合发展可以实现土地、资本、人力、技术等市场要素在城乡之间自由有序流动，促进城乡居民享有更均质均衡的医疗、教育、养老、就业、娱乐等公共资源。

二、智慧家居

智慧家居属于一种高端的生活方式，能够让家中的设备感知人们的需求，更好地为人们服务。智慧家居是以家庭居住场景为载体，以物联网为关键技术，融合自动控制技术、计算机技术，以及新兴发展的大数据、人工智能、云计算等技术，将家电控制、环境监控、影音娱乐、信息管理等功能有机结合，通过对家居设备线上集中管理，根据累积的大数据不断学习，就像拥有了人类智慧一样，自动做出控制动作，提供更安全、节能、便捷、舒适的智慧化家庭生活场景。

智慧家居的概念起源很早，在1933年芝加哥世博会上出现了"未来之家"的概念，"Alpha"机器人出现，当时也第一次出现了家庭自动化的概念，但一直未有具体的建筑案例出现。经过长达50年的发展，直到1984年，美国联合科技公司将建筑设备信息化、整合化概念应用在了康涅狄格州哈特福德市的城市建设中，出现了"智能型建筑"的概念，"智慧家居"的概念也由此诞生，揭开了全世界建造智慧家居的序幕。

随着经济水平和科学技术水平的提高，家庭智能化在世界范围内日渐普及，智能家居在20世纪末悄然走进了中国市场。随着物联网、大数据、人工智能等技术的发展，智慧家居的发展态势迅猛。近年来，智慧家居更是频繁地出现在各大媒体上，智能音箱、智能门锁等智慧型产品越来越流行，"全屋智能"也成了普及概念。《中华人民共和国国民经济和社会发展第十四个五年规划和2035年远景目标纲要》（简称"十四五"规划）以较大篇幅对"加快数字化发展 建设数字中国"作出部署，在"数字化应用场景"专栏中特别列出"智慧家居"一栏，明确未来5年要"应用感应控制、语音控制、远程控制等技术手段，发展智能家电、智能照明、智能安防监控、智能音箱、新型穿戴设备、服务机器人等"，数字科技与实体经济的融合已成大势所趋。

为了深入了解消费者对智慧家居的理解、使用感受和需求，本次调研选取了北京和上海两个一线城市的智慧家居使用达人作为访谈对象，召开现场焦点小组座谈会。会议主题聚焦于智慧家居产品的选择决策因素、购买过程及使用体验等方面，以期探索当前国内新消费主义下，人们对智慧家居产品的认知与期待，洞悉智慧家居未来发展潜力与机会。

（一）智慧家居发展概况：顺势而为，未来可期

1. 智能家居和智慧家居

智能家居：智能家居是通过使用智能的手段控制设备，把一些硬件单品联动控制起来，提供家电控制、照明控制、电话远程控制、室内外遥控、防盗报警、环境监测、暖通控制、红外转发以及可编程定时控制等多种功能和手段，属于智慧家居的一部分。与传统家居相比，智能家居不仅具有传统的居住功能，还兼备建筑、网络通信、信息家电、设备自动化，提供全方位的信息交互等功能。智能家居包含多种产品系统，图4-23列出了部分智能家居产品分类。

智慧家居：智慧家居是智能家居更高的一种衍化方式，在智能习惯基础上持续积累用户数据，根据累计的大数据通过新兴技术不断迭代学习，自动做出控制动作。智慧家居的智能化程度更高，其对用户搜集的数据越多，所做出的控制就越智能，越符合消费者的习惯。智慧家居更具有思考力，能够让拥有智能家居的生活变得更加智慧。

图 4-23 智能家居产品分类

2. 政策背景：政策红利持续加码，智慧家居发展前景广阔

（1）我国政策多年持续推动智能家居向智慧家居落地发展

• 2013年《物联网发展专项行动计划》：提出推动智能家居应用。

• 2015年《关于积极推进"互联网+"行动的指导意见》：促进人工智能在智能家居等领域的推广应用。

• 2016年《"十三五"国家战略性新兴产业发展规划》：提出加快智能家居系统等高端整机产品的创新与应用。

• 2018年《物联网智能家居　数据和设备编码》（GB/T 35143—2017）：规定了物联网智能家居系统中各种设备的基础数据和运行数据的编码序号，设备类型的划分和设备编码规则，适用于物联网智能家居系统中的各种智能家居设备。

• 2020年《关于推进"上云用数赋智"行动 培育新经济发展实施方案》：推进数字乡村、数字农场、智能家居、智慧物流等应用。

• 2021年，"智慧家居"首次写入了"十四五"规划纲要。纲要在"数字化应用场景"专栏中特别列出"智慧家居"一栏，明确未来5年要"应用感应控制、语音控制、远程控制等技术手段，发展智能家电、智能照明、智能安防监控、智能音箱、新型穿戴设备、服务机器人等"。

• 2021年《关于加快发展数字家庭 提高居住品质的指导意见》：明确数字家庭服务功能，加快发展数字家庭，提高居住品质。

（2）智慧家居有较大增长潜力

1）近年来，智能家居市场规模增长迅速。

苏宁金融研究院数据显示，从2016年到2020年，中国整个智能家居的市场规模近乎翻番,超过5000亿元,未来五年全球市场规模的复合增长率有望达到11.6%。

2）资本入局智能家居市场,推动产业发展。

2016年以来,智能家居市场升温迅速,引来大量金融资本和产业资本抢滩市场。据《科创板日报》不完全统计,2021年国内智能家居领域共发生超过40起融资事件,推动行业进一步发展。

3）消费者对智慧、舒适、美好生活的追求促进行业快速发展。

随着人们生活水平的不断提升,消费升级的信号更加清晰,其中居住环境的改善是消费升级的一个重要方面。消费者通过购买布局智能家居产品,追求更加智慧、安心、舒适、美好的生活,促进行业快速发展。

3. 行业现状:正从物联网阶段向与人工智能深度融合阶段转变

当前智能家居已迈入4.0阶段,在大数据和云计算技术的基础上,深度学习、计算机视觉等技术将被深入运用,可通过同一终端控制整个全屋智能家居系统,为用户提供更智能化的服务,如图4-24所示。

目前我国智慧家居市场从以产品为中心开始转向以场景为核心、设备之间逐渐兼容的阶段。未来随着物联网等技术的不断发展,有望进入智慧产品全面互联,实现全屋智慧系统定制化阶段。

图 4-24 智能家居发展阶段

4. 市场格局:市场仍处于分散状态,尚未出现垄断企业

我国已形成巨大的智能家居生态体系,市场呈现多个主力参与的格局,天眼查APP显示目前我国有近16万家智能家居相关企业,主要包括以下企业类型。

家电厂商：小米、海尔、美的、格力等。

传统电气、控制器类厂商：ABB、罗格朗、飞利浦、欧普照明、拓邦股份、和而泰等。

通信厂商：阿里、腾讯、京东、小米等互联网巨头，中国移动、中国电信、中国联通、华为等。

新兴智能家居厂商：涂鸦智能、欧瑞博、博联、绿米、雅观科技等。

不过IDC（互联网数据中心）相关数据表明，小米、美的、海尔三厂家占有不到4成的市场份额，其他厂家占有超过6成的市场份额，说明智能家居市场品牌较为分散，还没有形成较强的品牌效应，如图4-25所示。而真正的智慧家居是硬件和软件的系统集成，目前的发展水平距离系统的自主学习还有较长的距离。

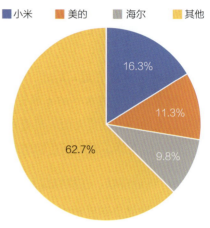

图4-25 2020年三季度中国智能家居市场TOP3厂商出货量份额

5. 行业价值：产业发展符合人文需求升级所需、国家战略发展所向

（1）人文发展需要，更高层次需求所向

虽然智慧家居在人们的生活中不是生活必需品，但人们在物质得到满足的基础上会更多地追求精神方面的需求。基于马斯洛需求层次理论，站在更高的物质或精神层次，智慧家居刚性需求的特性则愈加显现，如图4-26所示。

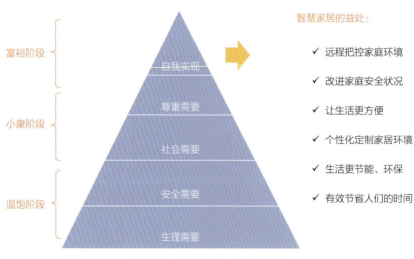

图4-26 智慧家居人文发展需要

（2）社会发展需要，国家科技与低碳战略所向

1）贴合低碳经济战略。

我国正面临巨大的节能减排压力，家庭各类能源消耗看似不多，但数亿家庭加在一起的规模却不容忽视，使用智能家居减少碳排放已刻不容缓。智能家居的发展不仅能提升人们的生活品质，还致力于打造更低碳环保的生活方式。

2）贴合科技强国战略。

党的十九大提出"加快建设创新型国家"的发展理念，并强调加强应用基础研究，拓展实施国家重大科技项目，突出关键共性技术、前沿引领技术、现代工程技术、颠覆性技术创新，为建设科技强国、质量强国、航天强国、网络强国、交通强国、数字中国、智慧社会提供有力支撑。智慧家居作为智慧社会的重要组成部分，在各种新兴技术形成的合力下，成为推动社会进步的新动力。

（二）智慧家居体验现状：场景驱动，国货异军突起、体验痛点突出

消费者认为目前的家居产品基本是智能产品，还处于发出指令执行指令的阶段，学习力不强，达不到智慧产品的程度。消费者心中的智慧家居是构建集成的智慧家居系统，能够根据每个家庭结构，家庭不同人员的生活习惯、需求，通过不断迭代学习为消费者提供更加个性化、便捷化、人性化的主动式服务，如图4-27所示。消费者对未来智慧家居的发展充满信心，认为现在正朝着更好的方向发展。

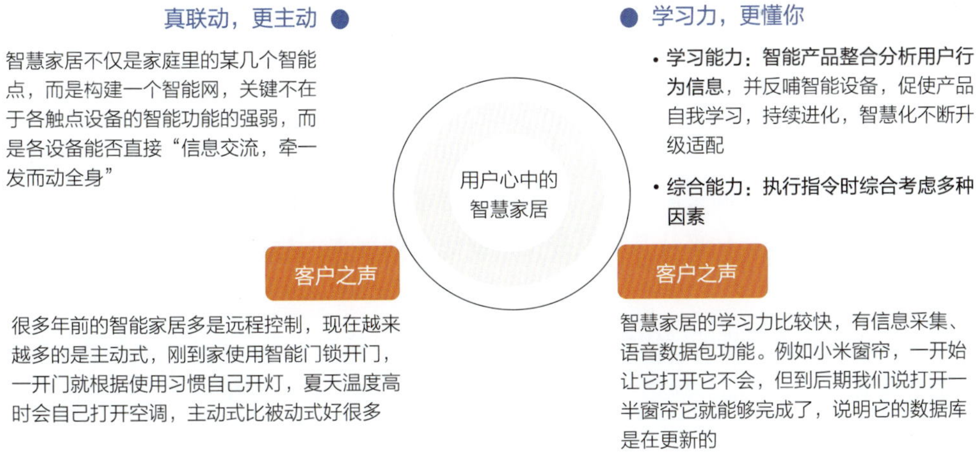

真联动，更主动

智慧家居不仅是家庭里的某几个智能点，而是构建一个智能网，关键不在于各触点设备的智能功能的强弱，而是各设备能否直接"信息交流，牵一发而动全身"

学习力，更懂你

- 学习能力：智能产品整合分析用户行为信息，并反哺智能设备，促使产品自我学习，持续进化，智慧化不断升级适配
- 综合能力：执行指令时综合考虑多种因素

用户心中的智慧家居

客户之声

很多年前的智能家居多是远程控制，现在越来越多的是主动式，刚到家使用智能门锁开门，一开门就根据使用习惯自己开灯，夏天温度高时会自己打开空调，主动式比被动式好很多

客户之声

智慧家居的学习力比较快，有信息采集、语音数据包功能。例如小米窗帘，一开始让它打开它不会，但到后期我们说打开一半窗帘它就能够完成了，说明它的数据库是在更新的

图4-27 用户心中的智慧家居

1. 获取渠道：线上直播平台是主要渠道，科技类博主引领效果显著

（1）线上渠道为主

- 短视频、直播平台（抖音）：观看科技类博主对产品进行测评讲解。

• 新闻类平台（百度新闻、今日头条）：搜索产品原理，查看网友的产品评价、品牌排名等。
• 电商网站（京东、天猫、苏宁易购）：查看品牌、价格信息、销量排名、购买者评价、材质、产品参数等。
• 社交平台（小红书、知乎、什么值得买）：网友评价、口碑、测评使用文章等。
• 官方网站/APP：查看产品视频演示、产品参数等。

> **客户之声**
>
> A：抖音上有很多科技类的博主、大V、KOL，他们的粉丝特别多，他们会做一些实物测评的视频，比如说扫地机或者是拖地机，找几款品牌同时去测评对比。
>
> B：京东首页推荐，百度新闻上关注的科技板块，会推荐一些新的产品，再加上有很多公众号，如华为、苹果、美的会发新产品上市信息，可随时关注。

（2）线下渠道为辅

体验店/商场体验展览：功能、品牌、价格、尺寸、材质等。

亲戚/朋友的介绍：功能效果、品牌推荐等。

> **客户之声**
>
> C：逛商场时会遇到一些智能产品体验展，就会过去体验一下，体验比较好的话就买来用用，信赖自己的体验效果。

2. 决策因素：产品外观、实用性及配件价格是用户购买的重要决策因素

（1）外观：环境适配

产品外观为用户考虑的重要决策因素，是否美观、是否与整个家居环境协调会直接影响消费者的购买意愿。有调查证明，外观在前20秒对消费者的吸引力高达70%。当产品的外观之美和智能结合起来的时候，产品就获得了智能方面的赋能，在智能化不断发展的今天，产品的智能化如果从其外观设计中就能得到展现，势必会影响到产品的科技感和时尚感。

因此，外观各类元素的应用要以突出产品特色和形象为基础，做到图案新颖、色彩鲜明、造型完善，通过产品外观之美带来产品价值感的呈现，以此来促进产品的销售。

（2）功能：惊喜实用

产品功能是购买决策的最关注因素，功能丰富、有吸引力、实用且易用才能进一步激发消费者的购买欲望。

因此，智能产品并非要科技、耍炫，而应以用户为中心出发，提供给用户更有价值的体验才是最重要的。

（3）学习：持续进化

智能产品后台要具备学习能力，在学习足够多的习惯数据后，可以辅助决策消费者合适的需求模式，使智慧化水平持续升级。

因此，智能产品不能仅停留在数据收集阶段，需实时根据收集的数据来适配消费者的多元化需求，更精准地满足消费者的需求。

（4）配件：购买价格、方便性

除了上述几个方面外，消费者还比较关注配件、耗材价格，尤其是耗材使用较频繁的智能产品，配件价格高低以及配件更换便捷性、购买方便性等都是用户考虑的重要因素。

因此，智能产品如果功能提升没有足够强大，而配件价格较昂贵，消费者就不会买账，所以在设计产品时需综合考虑耗材的使用情况，才能更好地满足消费者的需求。

（5）产品价格：消费者接受的智慧产品溢价范围一般在 10%~20%

调研结果显示，多数消费者对智慧家居产品一般可接受10%~20%的溢价，表示非功能类因素导致产品售价较高不是很能接受。也有一些消费者表示可以接受20%~30%，但不能高于50%的溢价。

根据中怡康报告，2021年至今智能家电单品均有不同程度的溢价，其中，智能食物料理机的溢价程度最高，其2021年至今的价格指数为435，如图4-28所示。

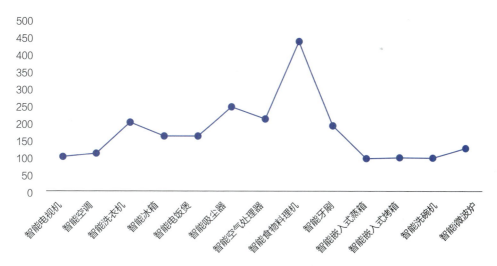

价格指数 =（智能产品均价/该产品整体均价）× 100

图 4-28　智能家电产品价格指数

3. 品牌偏好：国产品牌独占鳌头，小米产品渗透率高

更偏好国产品牌： 多数消费者购买的智慧家居品牌以国产品牌为主，且认为国产智能产品比国外产品的智能化水平高。

多数买过小米产品：大多数消费者购买过小米智能家居产品，其次是华为、美的、海尔、海信等品牌。

大家电产品偏好知名品牌，小智能产品可以尝试新品牌：消费者表示购买价格较贵的大家电产品时，还是会选择知名大品牌，而小型的智能产品，只要功能没问题，愿意选择尝试新品牌。

小米是我国最先开发智慧家居领域的企业之一，而且小米的生态链已经基本覆盖智慧家居所有硬件领域，使其在智慧家居领域抢占了大部分客户。

华为近几年也加大了智慧家居研发力度，全场景智慧生活战略升级。华为在2021年推出了"1+8+N"的全屋智能解决方案，以全新的智慧生活体验，为消费者提供更多选择和可能。

其他国产传统家电龙头如美的、海尔、海信等也积极布局。美的全屋智能解决方案拥有全品类智能家电，通过AI技术、安全技术、大数据打造了200多个精品智能场景，为消费者提供个性化家居定制服务和丰富的智能套购选择。海尔的5+7+N全场景智慧生活以场景生态满足用户场景需求，卖的不是家电而是"一站式"智慧生活方式。海信智慧家居从智慧家庭到智慧社区，从提升生活环境的舒适度、健康度上升到让生活每一处都能感受到科技与智慧的力量，让生活更简单。

另外，欧瑞博、UIOT等品牌作为全屋智能家居高科技企业，多与房地产商合作打造高端全屋智能家居。通过研发投入与技术创新，开发全宅智能家居操作系统，打造多款高品质智能产品，构建丰富的生活场景，满足用户多元化高品质的智慧生活体验需求。

客户之声

A：国内的品牌有优势。
B：国内的性价比高。
C：国外的贵，像戴森做工比国内好一点，但智能不行。
D：西门子冰箱没国产的智能，功能差不多还卖得很贵。
E：在智能化方面，国内已经更靠前了，但品质跟国外相比还差一点。

4. 品类偏好：多重因素影响，消费者主购智能小家电

在消费升级的背景下，品质消费成为未来消费的主要方向。小家电作为品质生活的重要载体，应用场景广泛，能够满足消费者在日常生活中的不同需求。

此外，相对大家电，小家电具有许多特殊属性，其体积小，服务和安装比大家电受限小。价格低、使用频率提升，使消费者对小家电的需求不断扩充。

> **客户之声**
>
> A：小家电种类丰富，如电饭锅、榨汁机、台灯，基本上居家用的东西都有。
> B：性价比比较高，愿意尝试新的小家电品牌。
> C：小家电便宜，坏了也不太心疼。
> ……

智能小家电
音箱、扫地机、净化器、台灯、加湿器、摄像头、破壁机、洗地机等。

智能大家电
洗碗机、电视机、空调、烘干机、洗衣机、烤箱等。

5. 体验惊喜点：集中在单品主动式自动操作功能

消费者在购买智能家居产品后，通过使用发现了一些让他们惊喜的体验，主要集中在主动式操作功能，这些功能给消费者带来便利、舒适的体验，让他们对品牌产生更强的信赖感。

> **客户之声**
>
> A：我家电视有儿童锁屏、自动关机的功能，它带有摄像头，会做人脸眼球运动识别和人脸识别，不在电视机前面超过5分钟自动关机。
> B：我家洗衣机有自清洁功能，洗一定次数会提示使用自清洁功能。烘干机如果我选的时间没有烘干，会自动帮我加长时间，识别衣服是不是干了。
> C：我家电视有壁画功能，跟朋友聊天时，可以把电视背景转换成壁画，很高级。
> D：我家的自动拖地机能够自动洗拖布，不是一次性拖全屋，是拖完一个屋自动回去清洗，洗干净之后再拖下一个屋。
> ……

6. 体验关注点：聚焦更加智慧的、交互的场景化体验

目前，多数消费者仅购买智能单品，智能家居还无法覆盖生活的每一个方面，但随着消费者的消费需求升级，各类智能化家居产品的不断接入，消费市场将越来越注重智能场景化体验，实现一整套家居管理系统，目前消费者对以下智能场景期待较高。

影音娱乐
- 以家庭影院和背景音乐系统为中心，通过智能电视、智能音箱、智能投影仪、VR设备、无人机等产品实现远程语音交互，不仅可以远程控制、语音控制、场景控制家庭娱乐设备，也能一键切换到娱乐模式。

家庭安防
- 通过路由器、智能门锁、传感器、智能摄像头等构建安防系统，实时监控家庭环境，电视也可以作为摄像头监控，远程查看家中影像，并在遇到异常情况时自动报警。

智能厨电
- 通过智能冰箱、智能电饭煲、智能热水器、智能微波炉、智能洗碗机、智能烟机、智能灶具等互联，允许远程和多交互方式操控，通过收集、分析厨房场景中的数据进行智能菜谱推荐等。

智能卫浴
- 由智能马桶、智能浴缸、智能淋浴房等产品构成，能够进行远程控制和自动化控制，兼顾节能与环保的功能。

智能睡眠
- 实时监测睡眠过程中的心率、呼吸等各项数据，调节灯光、温湿度等环境参数，帮助改变睡眠质量。

智能社区
- 智能家居与社区智能系统形成联动，根据用户不同的生活习惯连接家庭与社区，当家庭开启安防护后，社区、物业能够及时掌握家庭安全情况，发生紧急情况时能够及时响应，为家庭安全保驾护航。

智能家居与汽车互联
- 虚拟化个人助理连接汽车和智能家居，通过数据分析总结个人行为模式和生活习惯，智能设备能自动运行起来，如检测到用户下班即将到家时便自动将室内调至合适的温度和湿度。

万物互联
- 智能家居产品互联互通，如智能秤传递体重信息与冰箱、烤箱互联，智能手表监测心率与智能健身器材、电视等互联互通等，关注用户实时状态，改善生活方式，提升生活质量。

（1）安全性需求

从消费者关注的智能安防和智能社区等智能场景来看，消费者对安全的需求较高。消费者希望外出时能够随时查看家中的情况，远程看护家中老人、小孩、宠物等情况，并且在有突发情况时能自动报警或提示。座谈会中发现养宠一族较多，他们对安全性有较高需求。

（2）健康性需求

通过消费者关注智能睡眠、智能厨电菜谱推荐等智能场景发现，消费者希望通过智慧产品的升级，能够带来更健康的生活习惯。

（3）舒适性需求

通过消费者关注影音娱乐、智能互联等情况发现，消费者希望智慧家居产品互联互通，打破传统智能产品边界，为消费者带来更舒适、美好的体验感。

7. 体验痛点：市场供给与消费者体验之间仍有不少错位

（1）众多操作系统各异，互不兼容

市场上多数智能家居产品不能跨设备、跨品牌、跨品类集中操纵，操作系统存在"连接孤岛"的现象，无法进行互联互通。

> **客户之声**
>
> A：大家电都是自己的APP，小家电是小米的，我家的卡萨帝洗衣机、冰箱、烘干机都是海尔的一个APP。
> B：华为的没有办法用苹果手机，只能用华为手机。
> C：小米可以兼容其他的，但也是部分兼容。
> D：我们买了很多品牌，怎么联动呢？我现在希望有一个操作系统可以把很多品牌聚集起来。

（2）各应用场景间联动性较弱，还不能做到自由切换

部分智慧家居产品的应用不能相互联动，需单独操作APP进行控制。

> **客户之声**
>
> A：场景联动比较重要，当我拿着手机出门时系统会自己启动，不需要手机远程操控。
> B：我希望智能家居之间能更加互联互通，如烘干机和晾衣架的联通。
> C：居家模式的家电场景应用和离家模式的场景应用是不一样的，比如说电视机、冰箱和空调在居家模式下启动娱乐模式或者可操作性模式，在离家的时候启动安防模式和检测模式，这两种场景是完全不一样的。

（3）智能化细节不足

当前仍有多数智能家居的智能化水平未能满足客户需求，自动化程度较弱，消费者的体验感较差。

> **客户之声**
>
> 洗衣机/烘干机：工作完成后不能自动打开或多次提醒，衣服洗完忘了晾，衣服就会变臭或者都是褶子，得重新洗一遍；烘干毛巾以后硬梆梆的；希望有一个杀菌消毒的功能，少香薰功能。
> 空调：不能自动切换制冷和抽湿功能；中央空调只能清洁面板，不能管道清理；不能监测空气质量。
> 冰箱：实物识别需要手动输入，不能语音输入，不能自动识别。
> 扫地机器人：需人工倒垃圾。

（4）部分产品耗材消耗量大

扫地机器人、净水机、空气净化器滤网，冲牙器的滤头等耗材消耗量较大，且部分配件价格较高。

> **客户之声**
>
> 耗材用得太快了，我们家的扫地机器人也是石头小米旗下的，买耗材易损件白色滤芯，我买了10个一个月就用完了。

（三）智慧家居发展趋势：顺势思辨，共建共享

1. 功能趋势：智慧家居产品赋予用户更主动的使用体验

（1）提高智慧家居产品的学习能力

智慧家居产品不是简单的控制方式的转变，而是自学习能力强，能够针对不同消费者的使用习惯、使用环境等主动学习记忆，不断增强产品实用性的产品。它能够读懂消费者的内心，无需消费者发送指令，就能将一切安排妥当。例如，书桌可自动调整灯光亮度、角度，烤箱能自动设置温度、时间，沙发能根据消费者状态调整角度、温度等。

（2）单一智慧家居产品能够跨界融合多种功能

消费者希望智慧家居产品可以一个多用，提高单品的功能丰富性，如冰箱融合火灾预警，电视融合健身魔镜、电脑功能、操作系统功能、监控功能，扫地机器人融合房屋监控等。这样既能减少产品数量，又能节省室内空间。

（3）智慧家居为消费者带来更安全、舒适、便捷、健康的体验

智慧家居产品能够理解人、家和环境的关系，学会主动思考，形成感知、融合的过程。根据不同的使用场景模式，自动提供一系列适用消费者各种场景的贴心、个性化完美服务，让消费者的生活更加安全、舒适、健康，为消费者带来更美好的生活品质。

2. 智能趋势：智能单品互联互通，物联场景升级，逐渐实现全屋智能化、定制化

（1）全屋家居智能化、定制化为行业发展的终极目标

相较智能家居单品，全屋智能家居能为消费者提供更丰富的应用场景和更流畅的体验

感受，而且随着消费升级，消费者不再仅满足大众化、标准化的智能家居设备，而是拥有更强烈的定制化、个性化需求。全屋智能化、定制化可以免去消费者在不同单品中进行挑选、搭配的时间，还能满足消费者对整体家居环境的个性化需求。

随着行业的发展深入，小米、华为等智能家居的生态日渐完善，建立完整的家居闭环，美的、格力等传统家电厂商也通过整合已有智能产品加入全屋智能领域。

（2）打破连接孤岛，搭建全链路生态服务体系

在智能家居互联化、整合化的发展背景下，未来需重点打造开放者平台，吸引更多的品牌入驻，由系统提供控制和基础协调功能，实现产品之间的兼容交互，真正互联互通，让用户体验真正的全屋智能。

从系统、硬件、软件到内容、服务、平台的系统集成的智慧家居生态体系，目前行业水平还未达到，尤其在中控操作系统上还很不完善，操作系统之间不能兼容。目前只有华为等个别头部企业正在研发，华为正积极推进"1+8+N"全场景式的智慧战略，其中，8是华为自己的产品自己做，N就是交给传统厂商去做，华为几乎可以和各个行业去合作，搭建智能家居生态平台，推出自家的产品硬件；苏宁智能家居的开放平台已接入100+品牌、200+品类，实现了跨品牌、跨平台的智能设备交互和数据汇集。

未来，随着智能化学习技术的不断升级，智慧家居生态服务体系将进一步向全屋智慧系统迈进，满足用户更深层次的互动和情感需求，为人们提供更加智慧的生活。

3. 行业趋势：拓宽下沉市场、提升国产品牌竞争力、升级营销模式

（1）智慧家居布局下沉市场

依据天猫、天猫精灵IoT联合发布的《2020下沉市场智能家居消费洞察》报告数据显示，三线以下的中国家庭正在加速"智能进化"，下沉市场已超越一二线成为主力消费市场，且在智能家居场景方面，下沉市场则处于用户的培育阶段，潜力巨大。随着智慧家居市场的逐步开拓，以及"家电下乡""以旧换新"等政策措施对智慧家居下沉三四线市场的引领作用，未来各智慧家居企业需围绕小镇青年等群体需求，开发定制化的智能产品。

（2）提高国产智能品牌竞争力

随着国货的崛起，智能家居行业也迎来一波国产高潮。近期"智能家居"相关搜索热度不断高涨，调研结果也显示，除了部分"网红"国际品牌的智能家电、可穿戴设备外，多数消费者更倾向于选择国产智能产品。因此，在智慧家居广阔潜在市场的背景下，国产智能家居品牌的消费者认可度对于消费者购买国产智能产品具有较大的促进作用。

（3）升级触达模式，给予用户消费信心

智能生态搭建完成，消费者如何触达体验？如何把自己的定制需求反馈给厂商？为解决这些问题需要实现企业与用户零距离沟通，升级当前营销模式，给予用户消费信心。目

前海尔智家推出了"体验云众播",直播间将厂商、渠道商、用户等全部汇聚到一起,把"叫卖促销"变为"体验消费"。

(4)由"卖产品"向"卖场景"转变

在智慧家居消费市场上,出现了大量智能化家居家电产品。随着人工智能技术的落地,消费者对智能产品提出了更高的要求,更注重智能家居产品带来的互联互动性。此外,当智能家居产品融入日常生活,消费市场对家居环境全场景的智能化需求愈加凸显。由此可见,智慧家居行业的发展正迈进"场景替代产品、生态覆盖行业"的新阶段。

通过焦点小组访谈发现,消费者对全屋智能充满期待,大多数消费者表示将来技术成熟则会考虑布局全屋智能家居系统,但是从目前发展现状来看,全屋智能家居系统定制较为烦琐,产品的可选性不高,且需要适配硬装,虽然全屋家居的联动能够使智慧化程度更高,但是担心故障率和检修难度随之上升,因此还需要智慧家居相关企业加大研发力度和技术创新,解决消费者的担忧情况,让消费者尽早享受到高端智慧化的美好生活。

三、国货新潮流

2021年是十四五规划的开局之年,面对百年未有之大变局,面对新冠肺炎疫情和洪涝灾害的冲击,全国人民上下一心共同抗疫抗灾,其中涌现出了一批令人印象深刻的民族企业,如李宁、安踏、鸿星尔克、蜜雪冰城等,这些企业走入国民的视野既是因为这些企业勇于承担社会责任,同时更是中国社会和时代变化的直接体现。

在国家引导、企业发力的共同作用下,我国企业品牌质量得到进一步的提高。同时,随着国家综合实力的不断增强,中国特色社会主义道路自信、文化自信发挥深刻影响,民族意识的不断觉醒更是激起广大人民群众的爱国思想,极大地推进人民群众对于国家文化的认同。正是在以企业不断提高的产品服务质量为客观基础,民族意识、爱国思想、文化认同为内在刺激因素的影响下,国货的崛起已然成为不可阻挡的趋势。

为更加深刻地了解国货潮流崛起的原因、需求侧的态度、行为以及如何更好地持续推动国内品牌质量的持续发展,中国质量协会组织开展国货潮流专项研究,通过对全国31个省市中18~61岁的消费者进行调研,结合社会热点事件,挖掘国货潮流形成的背后原因、消费者的体验评价以及潮流背后的流行机制。

(一)国货正当"潮":以质量为基石的"多因共振"

以"故宫"系列、李宁、波司登、百雀羚等为代表的国产品牌在消费市场持续走红,国货崛起已渐成趋势。相关研究均显示国产品牌的销量和市场占有率近年来均有不同程度的提高,尤其是在科技、汽车、服饰等领域(《百度2021国潮骄傲搜索大数据》报告显示，当前国人对核心科技关注度近10年上涨7倍；中汽协：2021年中国品牌轿车销售同比增长61.4%，占轿车销售总量的31.7%，占有率同比提升10.7个百分点）。消费市场"国潮"涌动，是多种因素相互作用的结果。首先，需求层次不断提高，国人对于美好生活的强烈需求、消费者购买力的提升、对传统文化的认同、民族自信和爱国主义的共同推动，使需求侧有强烈的国产品牌消费欲望。其次，供给侧在国家政策的引导和扶持下，国产品牌一方面坚持供给侧的结构改革，聚焦创新；另一方面积极转变经营理念和视角，聚焦顾客需求，形成生产经营的倒逼机制，同时借助数字化的营销手段重新焕发生机，越来越多的本土品牌开始借助潮流"复兴"。

通过梳理国产品牌发展的历史，有助于更加全面地理解国货潮流出现的原因，如图4-29所示。改革开放以来，"中国制造"作为中国经济增长的重要引擎，创造了大量的"出口经济"。随着国家综合实力的崛起，"中国造"不再是贴牌生产和低端的代名词，与国外知名品牌的差距在不断缩小，逐渐成为国民信赖的选择。经过多年发展，大量国产品牌所生产的产品质量优、售后服务好，吸引越来越多的消费者选择。

图 4-29 国产品牌发展历程

在需求侧，消费者眼中国货潮流出现最主要的原因是文化自信、民族自豪感的提升，其次是国货产品质量的提升，如图4-30所示。文化自信助力国货重新崛起，并能够为国货潮流的发展提供不竭的内在动力，国潮的兴起反映了消费者对有着文化自信的高附加值产品的追求。

文化自信为国货崛起提供了不竭的内在动力。中华文化源远流长，博大精深，为国货的创新注入了源源不断的生命力，激发了国货的创新活力。供给端大量国潮新势力通过打造优质产品入局，引发新老国货良性竞争，促进供给水平提高。细数之前的爆款国货，

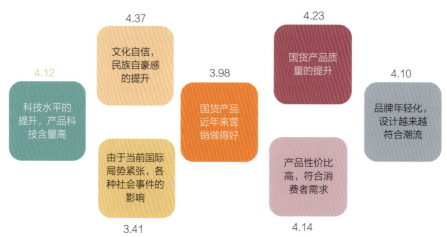

注：数据来源于调研问题"以下哪些描述比较符合您的感受"（非常符合：5分，非常不符合：1分）

图 4-30 消费者眼中国货崛起的原因

不论是国风产品的火热，还是简约时尚的流行，无一不是被科技、文化等赋能，让消费者找到更多认同感，是围绕需求进行的供给创新。国货潮更多契合了年轻群体新的消费需求，90后、Z世代群体已经上升为消费群体的中坚力量，他们不再是"价格敏感体质"，不再盲目追求国际大品牌，他们更注重品质、注重创新、注重个人体验，本土审美不断苏醒。相关研究显示，无论是数量还是下单量，90后和Z世代在国货消费方面都占据重要地位。例如，京东大数据研究院发布的《2021中国品牌消费趋势报告》显示，2020年新用户首次购买的商品中"国品"占比相较于2019年提升4.6%。从新用户年龄构成分布来看，16~25岁年轻群体占比最高。苏宁易购发布的《2020国货消费趋势报告》显示，90后在国货消费人群中的订单量占比35.7%，00后在国货消费人群中的订单量占比16.4%；在增速上90后国货消费人群下单量增长了56.7%，00后国货消费人群下单量增长了63.5%。

最后，互联网搭建的"商业基础设施"，渠道多元化+营销"去中心化"让国货品牌有了更多展示的机会，更多国货通过积极创新、沉淀品质、提高性价比、占领电商平台、创意营销等方式，获得新一代消费者的青睐。国货主要采用线下+线上双渠道融合模式，随着数字化对人民生活方式的影响愈发突出，近年来各品牌逐步将销售重点向线上倾斜，除了自营官方购物平台外，还入驻各大电商平台；除了常规营销方式外，还采用直播带货、跨界营销等多种线上模式，获得了可观的曝光量和讨论热度，建立起独特的品牌辨识度。借助于多样化的营销方式，国产品牌建立起与消费者群体之间的联系，提升了用户黏性，进而拉动销量的增长。

（二）国货消费现状：运动鞋服认可度高，理性消费占主导

随着消费者国货意识的爆发，买国货、用国货、晒国货成为一种潮流，消费者对国产

品牌的认可度在不断提高，质量高、卖相好，又兼具文化内涵的新国货，正在逐步打破消费者以往对国货的刻板印象。

1. 智能智造、运动服饰国货品牌获得消费者青睐

随着5G商用时代和产业变革大潮的到来，中国制造业正加速迈向数字化、智能化，开启以智能制造为主导的工业4.0时代，民族企业走上了从"中国制造"转向"中国质造"，再进一步向"中国智造"大步迈进的发展之路；以华为、小米、美的、格力、海尔等为代表的智能智造产品不断出圈，头部品牌市场占有率持续提升。在国货崛起的大背景下，国产运动品牌表现出色，营收规模全面上涨，盈利能力也都有提升。2018年纽约秋冬时装周，李宁公司以"悟道"为主题，将中国传统文化元素融入现代时尚设计之中，例如将"中国李宁"四个字印在服装中间，引发国人的共鸣，极大地提升了其在国产品牌中的知名度和消费者的认同感。安踏体育2021年上半年销售收入228.12亿元，继续稳居国产梯队规模第一，超越了同期阿迪达斯在大中华区的收入。上述种种国产品牌的市场表现，是国货潮流最直接的反映。

在消费行为方面，运动鞋服、手机数码占主导。如图4-31所示，在消费者偏好购买的国货品类中，运动鞋服占据首位，占比80.3%；其次为手机数码，占比71.9%。消费者对于国产汽车的购买比重相对较低。一方面是因为汽车作为耐消品，其本身价格相对较高，购买过的比例要低于快消品；另一方面是由于国内汽车相较于国外，在品牌和质量方面还略有差距。在家用电器方面，呈现出随着年龄增长而购买比重增加的特点；而在美妆护肤方面，呈现出与家用电器截然相反的特点，即随着年龄的增长购买过的比重逐渐下降。

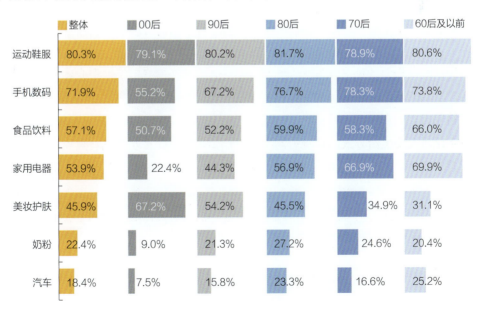

图4-31　消费者偏好购买的国货品类

2. 消费者态度变化大，供给质量获得需求侧认可

随着国产品牌在营销方式上的不断创新，消费者对于国产品牌的认知发生了极大的变化。超过四成的消费者近年来了解到越来越多的国产品牌，其中00后和60后变化幅度最大；80后、70后虽然在认知层面上不及其他年龄群体，但是在购买国货的比例上要远高于其他年龄群体，如图4-32所示。

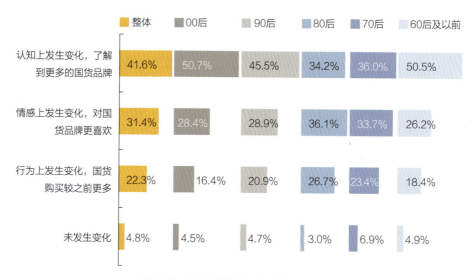

图 4-32　近几年消费者对国货态度的变化

在所有对国产品牌态度有所转变的消费者群体中，国货的知名度和口碑的提升是促使消费者转变态度的首要原因，其次是消费者自己的亲身体验后对于产品质量的认可，如图4-33所示。无论是口碑还是自身良好的消费体验，均来自于企业过硬的产品质量，表明需求侧对于供给质量的认可。

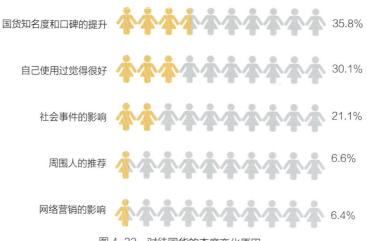

图 4-33　对待国货的态度变化原因

3. 视频直播渠道传播接受度高，代际间接收渠道差异化明显

数字化时代，国产品牌推广方式呈现出多样化的特点，消费者购物过程中感受到来自多个渠道的营销影响。在众多国货品牌营销推广的渠道中，平均每位消费者会受到2~3个渠道的影响。其中，短视频、直播平台是消费者了解国货品牌的主要渠道（分别占比47.6%和47.4%），电视广告、内容平台的营销效果也较强，而线下广告的营销效果较不显著，如图4-34所示。

注：多项选择题，总体个案百分比为272.9%，表示多数消费者在日常生活中会接触到2~3个不同营销渠道

图4-34 国货品牌营销了解渠道

在不同代际中，国货品牌了解渠道差异十分明显，如图4-35所示。00后、80后和60后及以前消费者群体对于抖音、快手等网红短视频段子推广占比居于首位；90后和70后则是淘宝、抖音等直播平台推广占比最高。在不同营销渠道中，00后对小红书、知乎、公众号

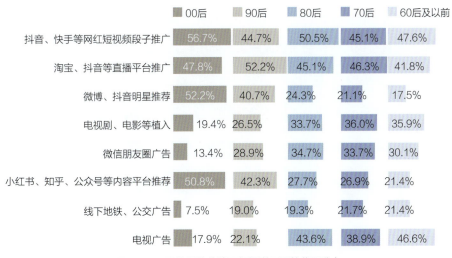

图4-35 国货品牌营销了解渠道不同的代际分布

等内容平台推荐和微博、抖音明星推荐的占比最高，且呈现出随年龄增长而下降的特点；60后及以前消费者群体对于电视广告的接受度较高，位居该群体营销渠道使用的第二位。

4. 理性消费意识回归，营销信息直接转化率不高

虽然在民族意识和爱国主义的影响下消费者对于国产品牌的喜爱程度有明显的提升，但是真正决定消费者购买的还是产品高性价比和自身过硬的质量。在影响消费者选择国货的众多原因中，多数消费者会受到2~3个方面的影响。消费者倾向于购买国货的首要原因是性价比高，其次是产品质量好，如图4-36所示。

图4-36 消费者购买国货的原因

网络舆论或周围人的影响在消费者购买国货中的影响作用相对较小，出于个人情怀购买国货产品的比例相对较小。消费者的国货购买行为较为理性，因此借助营销直接促成购买行为的比例相对较低，直接转化成功率略高于二成。六成的消费者表示虽然会被营销信息所吸引，但是在实际购买的过程中仍然比较理性。地区方面，一线地区的消费者购买时最冲动，最容易被营销广告驱动而达成购买，如图4-37所示。

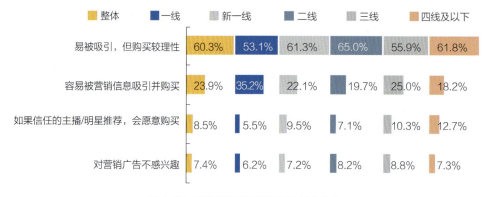

图4-37 消费者购买国货原因的城市分布

代际方面，90后和80后容易受到营销信息的影响从而形成购买行为，如图4-38所示。

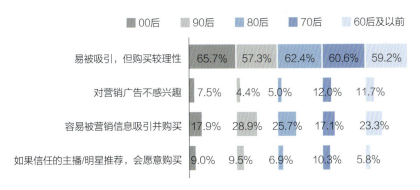

图4-38 消费者购买国货原因的代际分布

另一方面，针对近期国产品牌的热点事件，消费者关注极高，97.3%的消费者表示知道和了解例如鸿星尔克河南洪灾的捐款事件和新疆棉事件。但是这种热点事件对于消费者行为的改变是一种长期影响，直接转化成购买行为的比例相对较低，整体不超过5%。从不同城市等级来看，城市等级越高，社会事件促成消费转化的驱动力越强；城市等级越低，更倾向于对国货品牌的关注，但性价比是达成转化的最关键要素，如图4-39所示。

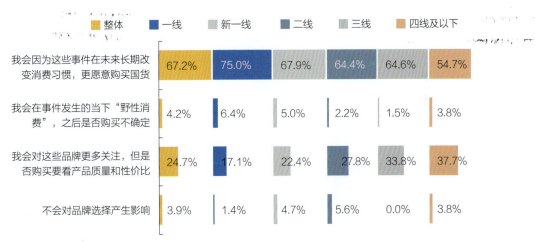

图4-39 社会热点事件对消费者购买行为的影响

5. 消费者对国货消费体验感好，对产品质量提升的感知明显

在购买使用国货后，消费者的体验较好，对国货满意的消费者占比超过九成，其中非常满意的比例接近四成，比较满意的占比超过五成，消费体验一般甚至是极差的占比几乎为0。代际间的消费体验一致性程度高，00后、90后和60后及以前的消费者对于国货感到满意的占比均超过96%。（见图4-40）

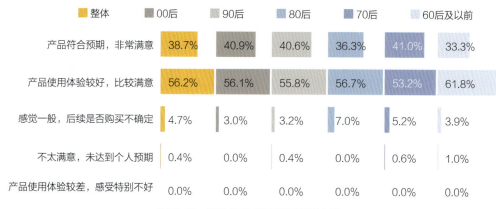

图 4-40 消费者对国货的消费体验评价

对于近年来国货的表现，消费者认为首先是国货的产品质量越来越好，其次是品牌更具有内涵，能够弘扬中国文化，第三位是品牌的创新性更强，能够生产更多的新产品来不断满足消费者变化和升级的需求，也从侧面印证了消费者对于国货产品具有较高满意水平的原因。代际间对于近年来国货的表现感受存在一定差异，00后、90后倾向于国货在弘扬中国文化方面的进步，60后、70后则对国货品牌创新和产品质量的提及率更高。（见图4-41）

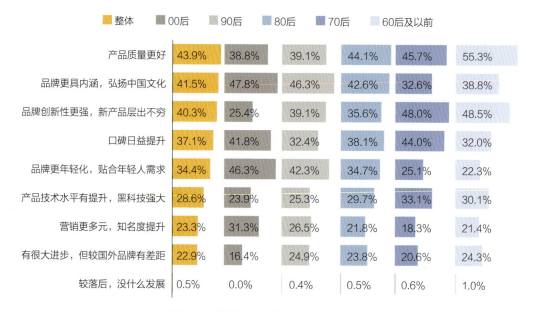

图 4-41 消费者对国货近年来表现的感知

（三）国货未来发展：紧贴消费者需求，提高创新水平

新时代消费者的消费需求，是新国货未来发展的根本方向。通过精准识别和满足消费群体的内在需求，坚持创新驱动，加强与传统文化的深度融合，才能够实现消费对需求的

有效供给和引领,实现需求和供给的动态平衡。国货潮流体现的是新时代中国人越来越关注中华传统文化的崛起、保护与传承,承载的是日益升腾的文化自觉与文化自信。购买和消费国潮产品不仅是一种经济行为,更是一种文化行为。各品牌要坚持文化创新,通过产品设计创新解决用户未被满足的需求,进一步地提升品牌文化内涵,讲好品牌故事,既是中国品牌强势"圈粉"的重要一环,也是国货实现长远发展的关键一步。

目前,消费者对于国产品牌的认可度在不断提高,但仍然需要正确认识到国产品牌和国外知名品牌的差距。虽然国产产品对于消费者的基本需求能够有效满足,但是要实现更高水平的品牌价值,还需要国产品牌在充分识别需求和场景的前提下,加大研发力度和创新水平,避免低水平的"内耗"。

1. 国货崛起阻碍:"国货之光"后,多数国货面临品牌的下坠危机

近年来,国产品牌的替代作用在不断加强,个别细分市场甚至取代国外品牌成为国内消费者的首选产品。但是在消费者的认知中,国货的替代作用得以加强,根本原因在于国内产品极高的性价比,"国货之光"的标签面临逐渐固化的困境。对于企业而言,如何提高产品的附加值和品牌的议价能力是获得更高利润的首要问题。通过收购、兼并国外知名企业的方式固然是一条捷径,但是加大产品创新、提升品牌影响力和产品价值更是实现长久经营的有效方法(见图4-42)。

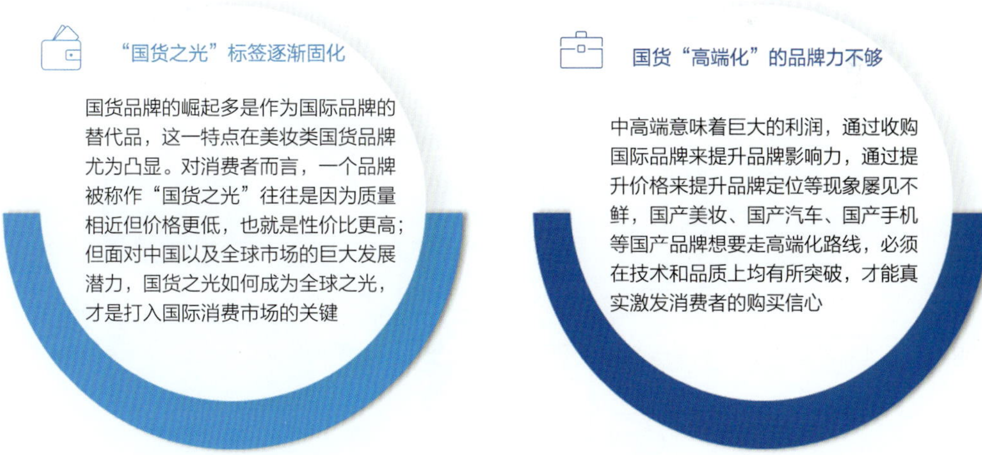

"国货之光"标签逐渐固化

国货品牌的崛起多是作为国际品牌的替代品,这一特点在美妆类国货品牌尤为凸显。对消费者而言,一个品牌被称作"国货之光"往往是因为质量相近但价格更低,也就是性价比更高;但面对中国以及全球市场的巨大发展潜力,国货之光如何成为全球之光,才是打入国际消费市场的关键

国货"高端化"的品牌力不够

中高端意味着巨大的利润,通过收购国际品牌来提升品牌影响力,通过提升价格来提升品牌定位等现象屡见不鲜,国产美妆、国产汽车、国产手机等国产品牌想要走高端化路线,必须在技术和品质上均有所突破,才能真实激发消费者的购买信心

图4-42 国货崛起的现实阻碍

2. 国货崛起方向:新国货新场域,重塑品牌价值

面对国内巨大的消费市场,国产品牌不仅要聚焦消费者需求,更要充分识别消费者市场的变化趋势。随着我国经济发展,居民收入不断增加,中等收入群体持续扩大,消费者

更加注重品质，注重更高层次需求的满足，倾向品牌消费，呈现出个性化、多样化、高端化、体验式消费特点，国货品牌价值的提升不仅是消费市场所需，更是进一步提升国货竞争力的抓手。

消费者市场变化方面，下沉市场未来增量可观。根据CBNData消费大数据，一二线城市国货消费占46.3%，三四线城市占23.85%，但增速分别为22.43%和45.79%；下沉市场中特别是年轻人，不再满足于传统衣食住行的需求，而是更加追求高品质且美好的生活，未来三四线城市将成为消费增长的新势力。另一方面，消费品类创新不断加强。根据2019年阿里巴巴零售平台全年数据显示，国货品牌的市场占有率已达到72%，其中医药健康、美妆个护、食品行业市场规模同比增速领跑，涨幅分别为38.5%、36.7%和31.5%。在品类被大头部品牌占据的大环境下，从自嗨锅、盲盒、运动文胸到0糖饮料、中式雪糕、限量板鞋等这些细分品类都产生了新国货品牌，在人们不断扩张的消费需求下，国货品牌的创新将持续或高速增长。

3. 国货发展动力：注重创新，注重满足日益增长的美好生活需求

从消费者国货崛起的感知来看，产品质量是国货崛起最关键的要素，较好的产品质量是消费者认为国货崛起的首要原因，消费者认可度高；较高的性价比是消费者提及较高的方面，这也表明目前国产品牌在较高质量的基础上同比国外品牌在产品价格上的优势，也迎合了消费者理性消费理念的特点。品牌形象和中国文化的内涵也是消费者提及较高的方面，表明消费者对于国产品牌形象的认可和文化方面消费的较高意愿（见图4-43）。

图 4-43 国货品牌的成功密码

但在另一方面，产品创新能力的提升是消费者对国货的最主要期待，无论是智能产品还是高科技的运动鞋服，国产品牌与国外知名品牌还存在一定差距，尤其是在核心技术方面还略显不足。产品质量、产品科技水平的提升，也是消费者眼中国产品牌需要进

一步提高的方面。这里的产品质量的提升主要集中在高质量、高科技水平产品的打造（见图4-44）。

图 4-44 消费者眼中国货品牌需改进的方面

国货潮流是以中国传统文化为主要的设计理念，结合西方潮流文化元素，借助新的传播渠道而形成的一种消费潮流，体现出我国消费者文化自信和民族认同感越来越强的现实特点。在国货品牌发展过程中，品牌知名度和口碑的提升有效促进消费者对于国货品牌态度的转变，让更多的消费者关注国货品牌，价格优惠、性价比让更多的消费者选择了国货品牌。但是在面临消费者对于国货品牌定位低端的认知固化情况下，如何提升国货品牌价值，避免国货品牌内耗是未来国货品牌实现长远发展的主要矛盾点。对于国货品牌而言，稳定的产品品质是品牌长远发展的基石，避免将中国传统文化生硬地与品牌文化嫁接，深度挖掘中国传统文化内涵并结合时代发展特点进行创新才能够推动国货品牌长远发展。一方面，国货品牌应充分结合国际与国内的发展形势，认真分析现阶段社会主流价值观念，深入挖掘文化自信的核心要素，找出吻合现阶段社会价值观念的内涵，结合现代审美进行创新。例如在2021年，乔丹体育与陕西历史博物馆联名的"质燥唐潮"系列产品以盛唐藏品文化元素为基础，结合现代化的设计语言进行创新突破，其中"万国来潮"系列或许是对文化自信较好的表现。另一方面，国货品牌要积极发掘中国传统文化的价值，如儒家、道家等主流的文化内涵，把握消费者生活方式的变化特点，关注消费者潜在需求。基于消费者需求和生活方式，以中国传统文化核心要素贴近需求和契合现状进行创新，倡导积极的人生观、价值观，引起消费者思想和情感上共鸣，或许是文化自信和文化传承的另一种表达方式。

四、养老潮，适老化

养老服务高质量发展离不开对于老年人需求的满足，符合老年人需求的养老服务才符合高质量发展的要求，满足老年人的养老服务需求也一直是积极应对人口老龄化的核心任务和关键环节，同样是社会治理的重要组成部分。为积极应对养老战略实施中的现状和潜在问题，那就应当通过有效的方式挖掘了解老年人的养老需求以及目前的服务现状，从老年人的需求和评价中挖掘制约养老服务发展的痛点和问题，总结提炼未来养老行业发展的趋势。通过研究不同城市老年群体及监护人对于养老服务的需求，为提升养老服务质量提供可借鉴的路径。从宏观层面摸底目前养老服务的供需平衡情况，了解广大不同群体的养老需求，通过对不同区域养老现状和养老模式进行调查研究，精准把握普适性和个性化养老需求，做到尊重老年人需求，以老年人需求为导向来牵引养老产业发展。

伴随着信息化、智能化的高速发展，养老服务的使用对于老年群体提出了挑战，在重点行业关注全面适老化改造必将助力于筑牢养老服务的根基，银行作为老年人日常生活的高频场景之一，积极推进适老化改造，提升满足老年人需求的程度、改善老年人的体验感受是非常必要的。银保监会于2021年发布《关于银行保险机构切实解决老年人运用智能技术困难的通知》，从网点布局、人工服务、柜面服务、应急保障以及使用流程、手机银行APP等16个方面，对适老金融服务提出了明确要求。本研究通过对银行业适老化工作现状评价及老年人需求的挖掘，为银行业开展适老化布局及系统性改善工作奠定了扎实的基础并作出了指引。

挖掘养老需求，助力养老服务高质量发展

（一）我国养老服务概况：前景广阔，重压并存

我国自20世纪末进入老龄化社会以来，老年人口数量和占比持续增长，老龄化程度不断加剧。据国家统计局在2021年7月公布的第七次人口普查数据结果显示，至2020年末，我国60周岁及以上人口达到26402万人，占总人口的18.70%，其中65岁及以上人口为19064万人，占总人口的13.50%。与2010年第六次全国人口普查相比，60岁及以上人口的比重上升5.44个百分点，65岁及以上人口的比重上升4.63个百分点。目前我国已成为世界上老年人口最多的国家。在全国31个省份中，60岁及以上人口占比超过20%的省份有10个，分别是辽宁、上海、黑龙江、吉林、重庆、江苏、四川、天津、山东、湖北（按占比由高到低排列）。全国老龄办数据显示，预计到2035年全国老年人数量将达到4.18亿，占全国人口总数的29%，中国即将进入急速老龄化的时代。

党的十八大以来，党和政府主导和推动养老服务转变发展方式、优化经济结构、转换增长动力。党的十九大指出积极应对人口老龄化，构建养老、孝老、敬老政策体系和社会环境；十九届四中全会把发展养老服务作为重点对策纳入法治化轨道、依法确定政府在健全国家基本公共服务制度体系方面的责任、形成推动养老事业多元化发展的新格局；十九届五中全会指出实施积极应对人口老龄化的国家战略，提出了健全基本养老服务体系、推动养老事业和养老产业协同发展、培育养老新业态、推动养老服务等举措。

为积极应对我国人口老龄化局面，提升老年人的获得感、幸福感和安全感，促进养老产业适应人口老龄化社会发展的需要，提升养老服务的精准发展，"十四五"规划和2035年远景目标规划已将"养老"纳入国家顶层战略统筹规划。实现"老有所养，老有所依，老有所为，老有所乐"的高品质养老目标，成为我国民生领域问题关注的重点。

（二）养老服务需求研究的意义

1. 精准摸清老年人需求，以需求为导向带动产业发展，推动养老经济快速发展，孕育新消费模式，催生经济发展新动能

当前，我国经济步入以"三期叠加"为核心的新常态，经济发展急需新动能来激活，而我国日益加速的人口老龄化给我国经济带来新的增长点，加快养老服务需求的释放，多元化的养老消费需求为经济发展注入新动力。此外，经济发展新常态也对养老消费发展提出新的要求。养老产业具有劳动密集与技术密集双产业特点，对于推动创新发展具有重要现实意义。养老需求端和养老供给端的关系如图4-45所示。因此，大力推进养老产业发展对于激发新消费、壮大新动能具有积极作用，对推进经济社会持续健康发展以及增进人民福祉具有重大意义。

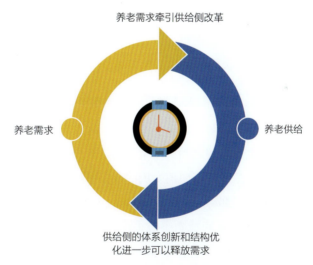

图4-45 养老需求和养老供给关系

养老服务业未来或将成为最具有潜力的朝阳行业，主要表现在以下三点。

（1）提动力：孕育新消费模式

在传统的消费需求中，养老消费需求并非主流，但新养老消费的诞生在一定程度上弥补了传统消费不足，成为我国经济发展过程中新的重要推动力，逐步发展为经济增长的主要动力源之一。

(2) 夯基础：促进消费提档升级

在全面小康的发展水平下，老年人对物质消费不再停留在基本生活所需，而是追求物质消费的多样性，对养老消费需求提出了新要求。京东大数据显示，京东老年用户数量持续增长，老年人对物质消费品的需求也不断增加且整体消费增长强劲。

(3) 增活力：推进消费提质扩容

区别于传统服务消费需求，养老消费需求不断强化升级，从物质养老服务到精神养老服务，再到智慧养老服务，服务消费内容不断优化升级。通过充分、准确的养老需求挖掘牵引养老产业供给侧改革，提升供给侧的结构平衡和质量水平；同时，供给侧不断创新和结构的优化又可以进一步释放需求，全面促进养老服务朝着高质量发展的目标迈进。

2. 摸底养老服务需求和评价现状，探索制约发展的关键短板，不断提升养老服务质量水平，推动养老服务高质量发展

按照十九届五中全会高质量发展的总体要求，养老服务当以高质量发展为主线。《中共中央、国务院关于加强新时代老龄工作的意见》中也明确了"老有所养、老有所医、老有所为、老有所学、老有所乐"的高质量发展目标。在对老年人养老需求挖掘的过程中，势必可以了解到老年人的痛点，以需求开发和响应需求牵引养老服务供给端的改革发展。

以高质量发展目标为指引，在养老服务领域进行政策创新，为老年人提供高标准、高水平、高质量的服务，满足老年人对美好生活的需要。

3. 挖掘老年人养老痛点，围绕需求端为政府精准施策提供支撑

如何妥善应对老龄化现状及趋势，这关乎着国家长远发展与人民世代福祉，是我国社会保障体系建设的难解之题也是必解之题。政策引领是解决养老问题的重要手段，科学且有效的老龄政策是实现从养老产业稳步向前发展的重要保障，国务院、民政部等各个职责部门纷纷颁布相关的涉老政策，推动养老事业的发展。

为了更加精准地推进落实，需要清晰了解不同区域的养老服务现状，不同老年群体的养老需求，以便于国家开展老龄化工作的顶层设计及精准施策，促进养老服务提质增效，精细化发展满足多样化、个性化需求，提升老龄群体晚年生活的安全感、获得感和幸福感。

（三）我国养老服务现状分析

1. 供需关系不平衡：养老服务需求随着老龄化进程快速释放，有效供给不足，市场供需失衡严重，养老服务需求日益高涨和养老服务发展严重滞后是新时代社会主要矛盾的重要表现

我国老龄化现状与其他国家有着不同的特征：绝对规模大、发展速度快、高龄化显著、地域差异显著、未富先老、养老金缺口大、养老产业仍处于起步阶段。基于现状，养老服务行业的蓬勃发展未来必然是国之必需、大势所趋。随着人们生活水平的提高，老年群体消费需求的变化，老年市场越来越大，但是企业供给尚不能满足市场的需求。养老供需失衡主要体现在以下几个方面。

（1）养老需求增长：人口老龄化快速爬坡，养老服务需求增长显著

在需求方面，人均预期寿命延长，老龄化加速，老年人消费能力增强，推动了养老服务需求的快速增长；庞大的养老需求给养老市场带来了广阔的发展空间，预计两年内，养老市场规模有望突破十万亿元。

人均预期寿命延长：国家卫健委数据显示，随着经济社会发展，越来越多的老年人注重日常保健护理，人们的平均寿命延长，2019年我国居民人均预期寿命提高到77.3岁。

老龄化加速：第七次人口普查数据显示，我国老龄化程度进一步加深。目前我国60岁及以上人口为2.64亿人，占比达到18.70%，较10年前提升5.44个百分点。预计"十四五"时期，我国60岁及以上人口将突破3亿人，从轻度老龄化迈入中度老龄化阶段。

老年人消费能力增强：庞大的养老需求给养老市场带来了广阔的发展空间，2020年城乡老年人人均消费支出约为16307元，医疗支出占比较2014年提升了9.2%，表明老年人对于健康的追求明显升高。

（2）供给结构不合理，整体存在供给失衡的现状

服务对象偏差：养老服务的"刚需"人群远未被满足，我国各类养老床位超755万张，但满足失能半失能老年人需求的护理性养老床位较少。

供给结构不合理：相对于机构养老，政府投入居家和社区养老服务的资源不足，居家养老的基础作用没有得到充分发挥。

供给质量不高：个性化、针对性强的高质量养老服务较少，服务多限于满足老年人基本需求，缺乏足够的吸引力。

养老用品种类少：国内康复辅具和老年药品生产企业居多，其他日用品稀缺，国产智能化科技老龄产品缺乏。

养老床位在不同区域间发展不均衡：北京等一些大城市优质养老机构"一床难求"，而在河北等地的农村，养老机构床位空置现象非常严重。

专业人员缺乏：目前我国有专业资质养老服务人员约30万人，专业养老服务人员缺口较大。

2. 市场活力欠缺，存在市场缺口，巨大供需缺口导致养老矛盾愈加突出

（1）缺资金，存在资金缺口，收支不平衡

基本养老金存储不足：国家基本养老保险的收入增速持续低于支出增速，《中国养老

金第三支柱研究报告》预测未来5~10年时间，中国预计会有8万亿元~10万亿元的养老金缺口，而且这个缺口会随着时间的推移进一步扩大。

社会资本支持力度不足：据《中国养老金融发展报告》显示我国涉老产品90%的金融支持来源于政府，由于养老产业市场化程度低、投资周期长、收益率有限等原因，社会资本参与养老产业金融的程度较低。

（2）缺人，养老产业专业人才严重不足

我国养老护理员队伍面临着数量短缺、人员素质参差不齐、专业能力有限、流失率较高等发展困境。

养老专业人员数量不足：我国养老服务人才总体处于短缺状态，考虑到家庭成员照顾、医院提供医疗服务等因素，全国至少需新增养老护理员200万名以上。

养老人才专业化、职业化水平不高：养老机构专业护理人员比例低，且学历水平相对也较低，从业后职业培训尚达不到系统的标准，职业护理人员群体整体素质偏低。

养老队伍流失严重：关注全国养老职业教育发展，从专业人才毕业三年的动向来看，毕业生第一年离职率30%，到第三年离职率上升到70%。专业人才在整个养老行业留存率偏低，行业吸引力低，导致大批专业人才队伍流失。

（3）缺资源，养老设施与养老需求不匹配

养老服务床位数量仍处于较低水平："十三五规划"确定的养老目标是"城市日间照料社区全覆盖，农村覆盖率超过50%，每千名老人拥有养老床位35张到45张"。据2020年数据显示，国内每千名老人拥有养老床位约32张，远低于发达国家50~70张/千人的水平。

3. 政策引领：政策逐渐细化落地，应对人口老龄化上升为国家战略层面

中共中央"十四五"规划纲要将积极应对人口老龄化上升为国家战略。其实，近年来为应对人口老龄化，国家持续发布与养老相关的政策（见图4-46），从医养结合、养老服务体系建设、互联网+养老、智慧健康养老、养老服务补贴等各个方面都提供配套扶持政策，政策利好不断将促进养老产业规模持续增长。

4. 养老模式：紧贴国情，未来我国推行以居家+社区养老为主，机构养老为辅的产业模式

随着社会化养老服务体系的建设工作推进，目前我国养老服务业基本形成了居家养老、社区养老、机构养老三大服务模式。新修订的《中华人民共和国老年人权益保障法》进一步明确规定，"国家建立和完善以居家为基础、社区为依托、机构为支撑的社会养老服务体系"，从法律和政策上为我国养老服务体系建设确立了基本原则。居家养老、社区养老和机构养老三种模式（见图4-47）相辅相成，相互影响与促进发展。

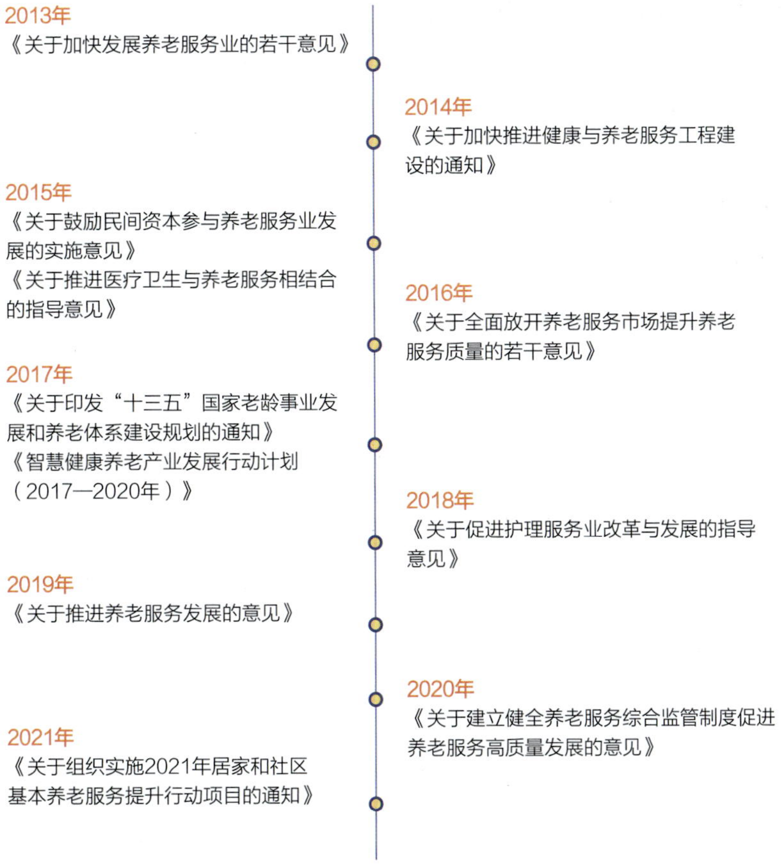

2013年
《关于加快发展养老服务业的若干意见》
2014年
《关于加快推进健康与养老服务工程建设的通知》
2015年
《关于鼓励民间资本参与养老服务业发展的实施意见》
《关于推进医疗卫生与养老服务相结合的指导意见》
2016年
《关于全面放开养老服务市场提升养老服务质量的若干意见》
2017年
《关于印发“十三五”国家老龄事业发展和养老体系建设规划的通知》
《智慧健康养老产业发展行动计划（2017—2020年）》
2018年
《关于促进护理服务业改革与发展的指导意见》
2019年
《关于推进养老服务发展的意见》
2020年
《关于建立健全养老服务综合监管制度促进养老服务高质量发展的意见》
2021年
《关于组织实施2021年居家和社区基本养老服务提升行动项目的通知》

图 4-46　中国养老政策推进过程

家庭
子女
朋友
居家养老
单位
社区
企业
社会
自理
支持居家
循环往复
访问
社区养老
日托
短住
半自理
支持社区
延续入住
护理
临终
机构养老
常住
痴呆
失能

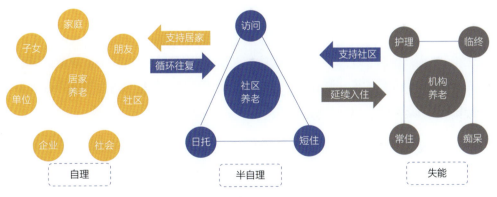

图 4-47　我国主要养老模式介绍

（四）养老服务需求研究设计

按照世界卫生组织规定，60周岁以上的人确定为老年。《中华人民共和国老年人权益保障法》第2条规定老年人的年龄起点标准是60周岁，即凡年满60周岁的中华人民共和国公民都属于老年人。因此本报告中选取的调查对象为年满60周岁的老年人及其监护人。

1. 养老服务需求研究指标体系构建

根据养老服务涉及的物质养老、精神养老和智慧养老的具体内容设计需求评价指标（见图4-48），并且基于老年人的人口学特征、养老消费能力、养老偏好等标签进行分类研究。

图 4-48　养老服务需求评价体系

2. 调查对象的选择和样本抽样设计

通过在一线、新一线、二线、三线城市中选取的12个城市，即北京、上海、武汉、南京、沈阳、济南、昆明、珠海、兰州、铜陵、湘潭、新乡开展调研，调查对象是年龄在60岁及以上的居民及其监护人。调查的方式为现场访谈，其中对行动能力不便的老年人根据其意愿由监护人帮忙填写问卷。

（五）养老服务质量研究调研结果：多元化服务需求，市场发展持续拓宽，区域间有差异

1. 养老服务对象画像分析

对老年人而言，年龄、经济来源、月收入水平、健康状况、居住状况、养老方面支出等因素都会影响其养老服务的需求。老年人与配偶一起居住为主要生活方式，更看重养老服务的质量与品质。

（1）健康状态分析结果

从健康状态来分析，调查对象中以没有慢性病的健康老人为主，占比59.2%。超过半数的调查对象表示正在使用养老服务，目前暂未使用养老服务但未来两年内会选择养老服务的受访者中有3/4为无慢性病的健康老人。

（2）居住状况

养老人群中56.4%的老年人与配偶一起居住。能自理的健康老年人多与配偶一起居住，而多数不能自理或部分自理的半失能老年人与子女居住。

（3）收入支出统计

收入：86.6%的城市、58.6%的城镇养老人群月收入来源以退休工资为主，2000~5000元居多；42.7%农村养老人群收入来源是来自于子女，主要有800元以下、2000~5000元两种。

支出：目前正在与未来使用养老服务的人群月支出以500~1000元为主，上海地区的老年人支出更多，养老支出集中在1000~3000元。

（4）养老服务使用习惯

养老服务质量和品质为老年人选择养老服务的主要关注点，其次是养老服务收费标准。40.5%的老年人会选择使用便携式健康监测设备，其次是健康管理类可穿戴设备，能自理的健康老年人需求较显著；能自理的健康老年人（无慢性病）从未使用过适老化产品的较多。

2. 养老调查对象需求分析

（1）养老方式选择：居家养老方式为首选，昆明、武汉社区养老需求更旺盛

调研数据显示，超六成调查对象会优先考虑选择居家养老方式，其次是农村养老、社区养老方式。从不同城市来看，多数城市的老年人选择居家养老的居多。相比较于健康老年人，有健康隐患和慢性病的老年人更倾向于机构养老（见图4-49和图4-50）。

选择居家养老的老年人对养老服务的偏好：期望自己身体健康，日常生活上能够自给自足，可以参与社会活动和文娱活动，渴望实现自我价值。

选择社区养老的老年人对养老服务的偏好：希望养老设施使用方便，呈现出关爱、尊老、敬老的养老氛围。工作人员服务方式更加人性化，提供必要的上门服务内容。

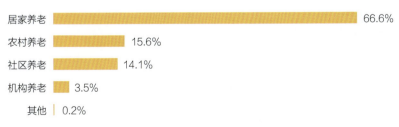

图4-49 调查对象优先考虑的养老方式

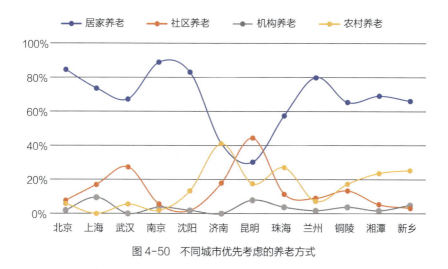

图 4-50 不同城市优先考虑的养老方式

选择农村养老的老年人对养老服务的偏好：热爱自然环境，希望子女有较多的参与程度，提升农村周边的基本医疗条件。

昆明选择社区养老模式的老年人明显高于居家养老。从昆明养老产业发展历程来看，2013年首个"幸福916"数字社区养老示范基地在昆明正式运行，2014年昆明市申报国家养老服务业综合改革试点，全市为老年人服务的社区社会组织已建成一万个，2018年云南首个"智慧社区养老+"试点落户昆明。昆明市对社区居家养老服务的积极探索，已被国家层面认定为社区居家养老的"昆明模式"，可见昆明社区养老服务优势已渗透到当地老年群体，而且老年人对社区养老服务认可度较高。

其次是武汉有近1/4的老年人选择优先考虑社区养老，武汉城市社区养老服务设施基本实现全覆盖。此外，鼓励社会力量参与社区养老建设，最高可补贴15万等一系列措施使社区养老服务深入人心。

（2）依据老年人健康状况，呈现差异化养老服务需求

差异化养老服务需求是指不同健康程度的老年人，由于身体状况、自理能力、行动能力等差异，对养老服务中生活照料、医疗服务、文化娱乐、精神慰藉服务不同方面不同程度的需要。以健康程度为依据，将老年人群划分为健康能自理老年人、慢性病能自理老年人、半失能老年人、失能失智老年人。针对半失能老年人和失能失智老年人的调研通过监护人完成，不同健康状况老年人的养老服务需求见表4-1。

表 4-1 不同健康状况老年人的养老服务需求

健康状况	养老服务需求
健康能自理老年人	渴望尊重与社交活动
慢性病能自理老年人	健康关怀、必要的就医指导

（续）

健康状况	养老服务需求
半失能老年人	家庭成员的尊重与关怀，安全放心的社会服务机构、具有职业素养的养老服务人员共同协助
失能失智老年人	养老服务机构提供专业的生活和医疗护理，同时具备专业的医护人员，并且充分体现人道关怀

（3）养老服务关注点分析：乐意追求高品质养老生活，农村老年人更关注价格

调研数据显示（见图4-51），对于养老服务，老年人多关注服务质量与品质，其次是服务收费标准、服务人员专业性方面。

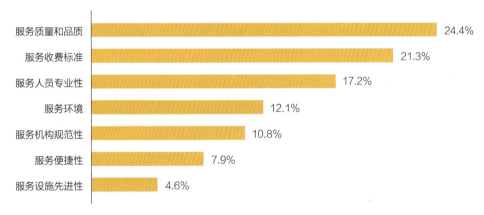

图4-51　养老服务关注因素

从不同区域来看（见图4-52），城市、城镇居民均比较关注养老服务质量和品质，而农村居民更关注养老服务收费标准。

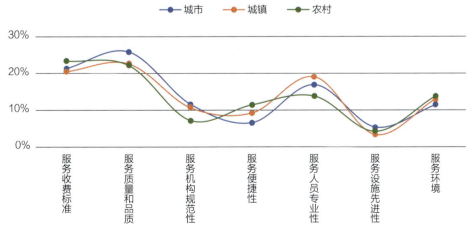

图4-52　不同驻地养老服务关注因素

（4）养老设施关注点分析：老年人对医疗条件的关注度最高，一线城市更显著

调研数据显示（见图4-53），老年人多数比较关注医疗条件，其次是产品质量和养老设施距离。

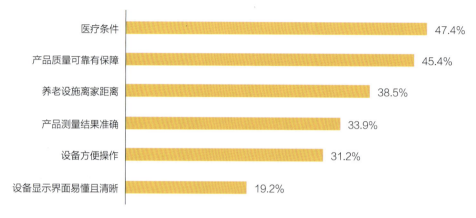

图 4-53　适老化设施及产品的关注度

从不同区域来看（见图4-54），一线城市的老年人对医疗条件的关注度显著高于其他地区，新一线地区的老年人更关注产品质量可靠性，二三线区域的老年人比较关注养老设施离家的距离。

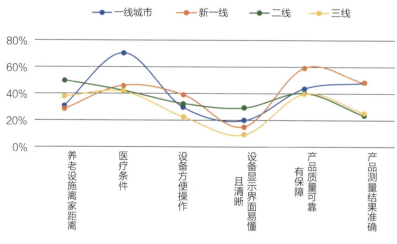

图 4-54　不同地区关注的适老化设施及产品

3. 养老服务质量评价结果

（1）养老服务质量的测评范围（见图4-55）：主要从物质养老、精神养老和智慧养老三个板块出发

物质养老：指在生存上所需物质的保证，包括衣食住行等许多方面。随着我国全面建

成小康社会，老年人的物质生活逐渐得到满足。物质养老主要包括日常照料、医疗护理、紧急救护、法律咨询与援助。

图 4-55　养老服务三个板块介绍

精神养老：随着经济社会的快速发展，传统"物质养老"渐退居其次，"精神养老"的需求不断凸显，丰富多彩的精神文化生活越来越成为老年人生活的主要内容以及对美好生活的追求。精神养老更是一种服务理念，指老年人在晚年要生活得有作为、有欢乐、有意义。

智慧养老：随着人口老龄化加剧，社会养老压力也逐渐加大，为减轻人力、物力的投入压力，智慧养老应运而生。智慧养老运用互联网、物联网、大数据等信息技术，有效提升服务管理效率，补足传统养老服务模式的缺陷，为老年人提供实时、快捷、高效、低成本的物联化、互联化、智能化养老服务。

物质作保，精神引领，智慧升华养老服务内涵。在社会经济快速发展的背景下，老年人的物质生活需要已经得到满足，精神层次的养护成为社会养老服务提升服务层次的关键。此外，随着互联网与传统产业的加速融合，智慧养老的发展也成为加强养老供给侧结构性改革的有力举措。

（2）养老服务质量调研整体结果：物质养老服务体验更好，精神养老需求更迫切

调研数据显示（见图4-56），养老服务各板块表现较好，其中物质类养老服务的紧急救护服务表现最好，其次是日常照料服务。

从需求层面来看，老年人对精神养老服务的需求最高但满意度偏低，其次是对物质养老中的医疗护理服务需求较高，满意度需进一步提升。

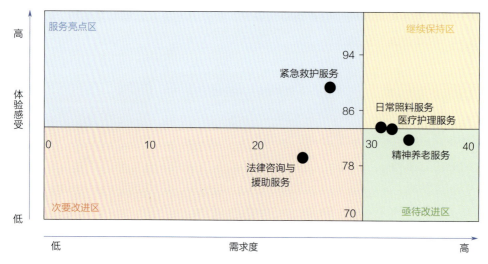

图 4-56　养老服务各板块满意度与需求度

（3）物质养老：政府兜底，为养老发展保驾护航

1）多措并举加强生存型、基本保障型养老服务建设。

民政部办公厅、财政部办公厅联合印发《关于组织实施2021年居家和社区基本养老服务提升行动项目的通知》确定北京市朝阳区等42个地区实施2021年居家和社区基本养老服务提升行动项目。

物质养老服务相关落地措施包括加强养老服务驿站的建设，社区养老服务驿站设置日间照料、呼叫服务、助餐服务、健康指导、文化娱乐、心理慰藉等六类基本服务项目，近年来多项举措的实施促使日常照料相关的服务事项发展相对成熟，比较符合老年人的需求和期待。

2）物质养老区域性结果：紧急救护、法律帮助类服务各地区整体接触率偏低。

从物质养老各服务内容来看，紧急救护、法律咨询与援助服务使用率偏低，多数地区90%以上的老年人未使用过这两类物质类服务。

从不同城市来看（见图4-57），济南物质养老服务使用率均较低，各类物质养老服务未使用率均高于80%；上海、珠海两个城市在日常照料、医疗护理方面的物质养老服务使用率较高。

3）物质养老优劣势分析：助餐、挂号取药等物质养老服务需求较高，服务体验需进一步提升。

从物质养老细分服务来看（见图4-58），老年人对医疗护理服务中的上门护理及陪护、紧急救护，日常照料服务中的日间照料、家庭保洁的满意度较高；其中日常照料服务中的助餐，医疗护理中的挂号取药、用药指导等服务亟待改进提升。

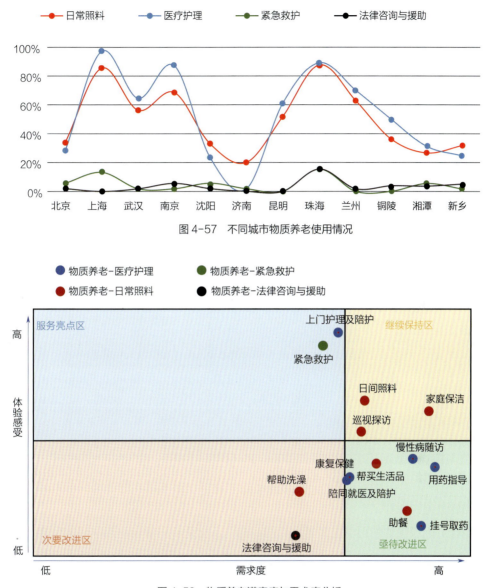

图 4-57 不同城市物质养老使用情况

图 4-58 物质养老满意度与需求度分析

4）物质养老发展趋势：未来养老基础设施保障将持续改善优化，普惠性服务供给加强。

结合调研结果，未来物质养老服务主要提升三方面的建设：建成连锁化、标准化的社区居家养老服务网络，服务事项清单要明确，提供失能照护以及助餐、助浴、助洁、助医、助行等服务，尤其是就医和助餐方面的服务；新建或改扩建公办养老服务机构，提升公办养老服务机构的护理能力和消防安全能力，强化对失能失智特困老年人的兜底保障；扩大普惠性养老服务供给，支持医疗机构开展医养结合服务。

（4）精神养老：从物质到精神文化，"幸福"养老任重而道远

1）树立以人为本理念，加强精神关爱，提升老年人晚年的幸福感。

在物质养老受到政府重视的同时精神养老需求不断凸显，调研数据显示，56.4%的养老人群和子女分开生活，与配偶一起居住，经济上都具有自我养老能力，"有闲一族"日常的休闲娱乐成为社会关注的重点；但目前我国养老服务水平参差不齐，普遍存在"重物质，轻精神"的特点，精神养老服务仍有诸多发展痛点。为提升老年人的生活品质，确保老年人在精神上"老有所乐、老有所安"，国家颁布有关政策大力发展老年教育等精神养老服务，见表4-2。

表 4-2 精神养老相关政策及措施

主要政策	精神养老相关内容
《"十三五"国家老龄事业发展和养老体系建设规划》	将"丰富老年人精神文化生活"单独立章，加强老年人精神关爱
《关于加强农村留守老年人关爱服务工作的意见》	提出推动社会工作专业力量参与留守老年人关爱服务
《"十三五"健康老龄化规划》	提出推动开展老年人心理健康和关怀服务
《关于推进养老服务发展的意见》	在保障基本养老服务基础上，有效满足老年人多样化、多层次养老服务需求，老年人及其子女获得感、幸福感、安全感显著提高
《国家积极应对人口老龄化中长期规划》	建立健全社区教育办学网络，创新发展老年教育，实施发展老年大学行动计划，构建老有所学的终身学习体系

2）精神养老区域性结果：上海、南京、珠海精神养老服务参与度较高，其中文化娱乐活动较普遍。

精神养老服务的使用情况来看（见图4-59），文化娱乐活动使用率普遍偏高，但心里

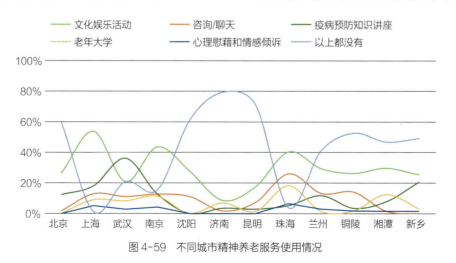

图 4-59 不同城市精神养老服务使用情况

慰藉和情感倾诉类服务接触较少。从不同城市来看，上海、南京、珠海老年人心理慰藉和情感倾诉服务参与度较高，而济南、北京等参与度偏低。

3）精神养老优劣势分析：心理慰藉类服务需加大投入力度，文化娱乐类服务还需进一步提升。

调研结果显示（见图4-60），老年人对老年大学、知识讲座等服务体验认可度较高，心理慰藉类服务体验满意度较低。从需求层面来看，对文化娱乐活动需求最大，但满意度有待进一步提升。

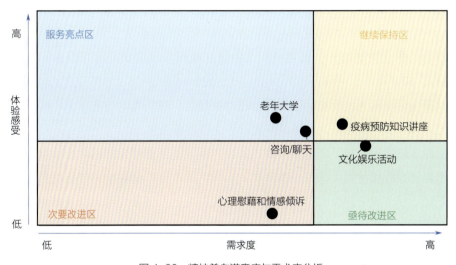

图 4-60　精神养老满意度与需求度分析

4）精神养老发展趋势：未来精神养老的设施更完善、内容更多样、服务更多元。

政策扶植力度逐步加大：制定老年人精神保障的相关政策，引导街道社区在养老服务中更加注重老年人的精神需求，为老年人创造条件走向社会、融入社会，提高老年人的晚年生活品质。

相关设施逐步完善，服务内容更多样化：政府应在社区文化活动场地面积、管理人员等方面加大投入，督促加速制度化建设及实施进程，提供可满足老年人精神文化活动的场地及设施；随着老年人不断出现的新需求，可以组织成立老年人投资理财小组、创造发明小组、旅游小组等。

搭建精神文化生活服务平台：构建成政府服务与民间服务互联、政府服务功能与民间服务功能互补、政府服务力量与民间服务力量互动的公共服务网络。

教育、培训资源不断统筹完善：老年教育更加多元化，利用周边大学资源将老年大学融入大学和社区中，通过举办老年知识讲座或者社区老年人互助学习中心等多种方式来满足老年人的教育需求。

逐步引入社工专业人才：引进专业社工人才，运用个案、小组、社区等专业社会工作方法来开展服务，全面贯彻社会工作尊重、平等、接纳、助人、自助等理念，并设立专门的老年心理服务站和服务热线，提供专门的老年人咨询服务室，解决老年人的心理问题。

（5）智慧养老：新需求定义新产业，智慧养老成为养老服务发展新引擎

1）需求驱动和政策牵引，智慧养老定义养老服务发展新态势。

随着互联网技术的快速发展和普及，把信息技术和智能设备应用于养老行业，在很大程度上能够解决当前专业护理人员供给不足、机构收费过高、独居老年人缺乏照料等问题，极大地拓宽了养老服务范围，并且能大幅度提升老年人生活的便捷化和舒适度。

智慧养老需求快速增长，据第48次《中国互联网络发展状况统计报告》显示，截至2021年6月，50岁及以上网民占比为28.1%，较2020年6月增长5.2个百分点，老年网民在快速增长。在疫情催化下，无论是居家养老还是在社区、机构养老的老年人，线上服务、智能设备的消费需求被快速释放，智慧养老服务优势逐渐凸显。

智慧养老的发展丰富了养老服务模式。2017年，工信部等三部门联合印发的《智慧健康养老产业发展行动计划（2017—2020年）》指出要丰富产品供给，创新服务模式。2019年，国务院印发《国家积极应对人口老龄化中长期规划》强化应对人口老龄化科技创新能力，提高老年服务科技化、信息化水平。

2）智慧养老区域性结果：服务覆盖度不足，城市渗透程度高于农村地区。

智慧养老服务覆盖程度呈三级分化，结果如图4-61所示，其中正在使用智能养老产品的老年人占比34%，看到过没体验过和体验过的老年人占比32%，没在任何渠道听说过的老年人占比34%，近七成老年人未使用过智能养老产品。

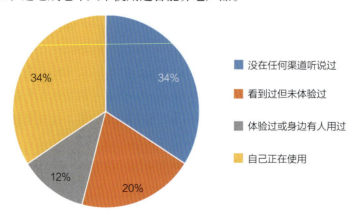

图4-61 智慧养老服务了解程度

从区域层面来看（见图4-62），智慧养老服务在城市的普及率显著高于农村地区，农村地区超半数未听说过智慧养老服务。

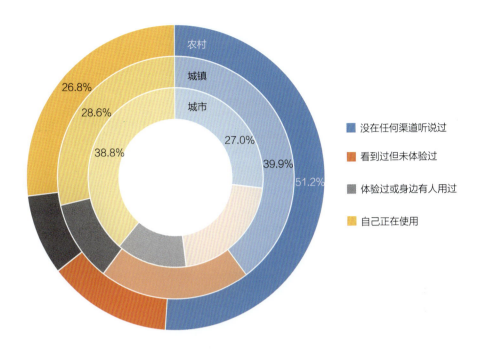

图 4-62 智慧养老服务区域性分析

从不同城市来看（见图4-63），昆明老年人智慧养老服务使用率较高，其次是上海。新乡未在任何渠道听说过智慧养老服务的老年人占比高达80%以上，其次是沈阳。

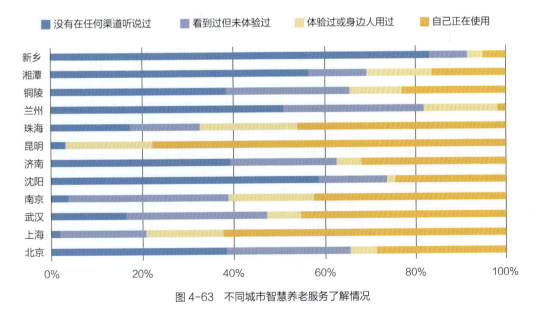

图 4-63 不同城市智慧养老服务了解情况

调研数据显示（见图4-64），适老化普及率仍有较大提升空间，智能监测适老化设备较普遍。四成老年人使用过便携式健康监测设备，但仍有三成老年人从未使用过适老化产品。从不同区域来看(见图4-65),新一线老年人使用便携式健康监测设备的比例较高,一线地区老年人使用智能家居安监设备较普遍,三线地区老年人从未使用过适老化产品的比例最高。

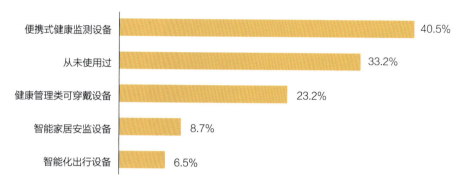

图 4-64　适老化产品使用情况

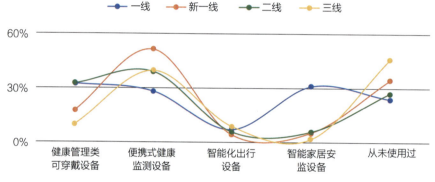

图 4-65　不同地区适老化产品使用情况

3）智慧养老趋势分析：应用场景不断延展，养老服务更接地气、更智慧。

依托互联网平台、手机应用程序等，搭建预防、医疗、康复、护理、安宁疗护等覆盖养老全生命周期的智慧健康服务体系。不断拓展智慧养老场景，推进物联网、大数据、云计算、人工智能、区块链等新一代信息技术在居家、社区、机构等养老场景的集成应用（见图4-66）。丰富养老服务种类，优化养老服务质量，提升养老服务效率。

图 4-66　养老服务对象智慧场景介绍

（六）基于养老服务需求，分析养老服务发展新趋势

1. 养老服务趋势一：科技驱动，精准养老开拓养老服务新模式

精准养老是从年龄结构、文化习俗、经济水平等多方面对老年人进行精准分层，根据城市间、地区间的经济水平和文化差异，制定适合老年人需求的养老服务体系。

在互联网+养老的背景下，智能穿戴设备、传感器、移动互联网等技术使养老服务数据更广泛，养老模式从过去的小数据分析向大数据管理转变，让养老服务变得更"精准"，主要体现在"精准预警""精准关怀""精准医疗"和"精准救护"等多方面，如图4-67所示。

图 4-67　精准养老模式介绍

2. 养老服务趋势二：养老服务体系加快落地，持续深化供给侧结构性改革

当前，我国养老服务发展供需结构不均衡、城乡发展差异依然明显，为满足老年人日益增长、日益丰富的养老服务需求，全国范围内建立养老服务分类发展、分类管理机制，形成基本养老服务与非基本养老服务互为补充、协同发展的新发展格局越来越迫切（见图4-68）。

图 4-68　未来养老服务体系建设的重要维度

近期，全国多地纷纷出台相关规划，尝试搭建养老服务体系建设。

广州市将以健全基本养老服务体系为重点，构建形成全覆盖、多层次、多支撑、多主

体的大城市大养老模式。规划提出17个量化指标，包括2025年实现街镇综合养老服务中心（颐康中心）街镇覆盖率100%、村居颐康服务站村居覆盖率100%、有意愿的老年人家庭适老化改造完成率100%、有意愿的老年人家庭养老床位服务覆盖率100%、星级以上养老机构占养老机构总数的50%等。

到2025年，杭州市全面打造形成综合、整合、融合、可及的"大社区养老"新格局，实现基本养老服务人人享有、人人可及，高水平建成"幸福养老"示范区。高品质、社区化、数字化、国际化的省会城市现代养老服务形象彰显。资金投入方面，稳步增加财政投入，多渠道筹集养老服务业发展资金，支持养老服务业发展。

山东省推动未设立医疗卫生机构的养老机构与周边医疗卫生机构建立协作合作关系，签订合作协议，2025年年底前，实现养老机构医养结合服务覆盖率达到100%。

《合肥市"十四五"养老服务业发展规划（征求意见稿）》提出，到2025年，建成具有合肥特色的居家社区机构相协调、医养康养相结合、智慧养老为辅助、事业产业协同发展、覆盖城乡的养老服务体系。以市场机制为主导、政府规范管理、社会主体积极参与的养老服务业持续健康发展。

《成都市"十四五"养老服务业发展规划（草案）》提出，"十四五"时期，成都将初步形成统一的服务质量标准和评价体系，涌现一批带动力强的龙头企业和大批富有创新活力的中小企业，形成一批养老服务产业集群，培育一批知名品牌。

3. 养老服务趋势三：养老产业向多模式融合方向转变，从基本养老向品质养老跨越

（1）养老服务供给与需求之间的融合

新供给带动新需求，通过培育老年人的消费习惯、提供定制化的产品和服务，引导并扩大养老服务需求。强化新产品研发和新服务方式设计，适应不断变化的需求，将潜在的养老需求显化。积极引入社会企业参与养老服务，有效运用商业模式来实现社会价值与经济价值相统一、股东收益和公益使命兼顾。

（2）养老服务提供主体之间的融合

政府发挥规划引领、政策支持、监管等作用，为市场和社会主体提供更加广阔的发展空间。企业发挥资源配置效率高、适应多层次多样化需求的优势，为老年人提供丰富的产品和服务。社会组织发挥非营利性和扎根基层的优势，为中低收入群体提供其可负担的养老服务。

（3）养老相关产业之间的融合

通过跨业务、跨方式、跨行业的相互融入，盘活新要素，释放新动能。例如，通过

"医"与"养"的融合提高养老机构、基层医疗卫生机构的床位利用率。养老产业不仅是内部各子行业的融合，更是主动与全周期健康、现代金融、先进制造、新型基础设施建设等行业的深度融合，为国民经济整体的双循环、新格局做出重要贡献。

内外双修，银行业引领适老化发展

（一）国家推进适老化工作的背景和现状

适老化是指在住宅、商场、医院、学校等公共建筑中充分考虑到老年人的身体特征及行动特点做出相对应的改造，以适应老年人的使用习惯，缓解老年人因生理机能变化导致的生活不适应，增强老年人生活的安全性和便利性。

1. 政策导向，各地区适老化改造进行时

（1）政策层面大力支持引导

2020年7月，民政部等9部门联合印发《关于加快实施老年人居家适老化改造工程的指导意见》。同年，国务院印发的《关于切实解决老年人运用智能技术困难的实施方案》、工业和信息化部发布的《互联网应用适老化及无障碍改造专项行动方案》将包括互联网在内的信息通信技术适老化纳入重大民生工程和国家重要发展战略。

2021年，中共中央政治局会议强调推动各领域各行业适老化转型升级，切实维护老年人的合法权益。工信部开展为期一年的"互联网应用适老化及无障碍改造专项行动"。

（2）地方层面适老化工作蓬勃开展（见图4-69）

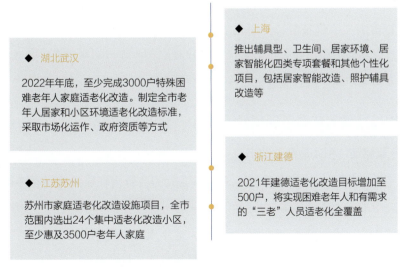

图4-69 地方层面适老化工作开展典型示例

2. 各行业纷纷布局，进军适老化改造新蓝海

（1）建筑地产适老化

为应对人口老龄化，各大地产商开启养老地产模式，计划将适老化设计成为住宅"标配"。在房屋布局、装修、小区规划等方面都有了对应的适老化解决方案，如在社区里采用无障碍、防滑地面，建设多功能活动中心，放大社区标识和通行尺度，增设过道扶手、社交宽椅等；家里精装采用防滑地面且地面无高差，增设马桶扶手、坐式淋浴、阳光宽椅、棋牌空间等，可有效避免老年人被门槛绊倒，老年人即使坐轮椅也方便进出。

（2）家电行业适老化

2021年国家发布了《用于老年人生活辅助的智能家电系统 架构模型》和《适用于老年人的家用电器 通用技术要求》两项适老家电国家标准，对家电产品在产品的稳定性、操作安全性、易用性、评价方案等进行了规范。家电行业中例如创维、长虹等品牌电视，解决了老年人看电视睡着忘关机、手抖容易按错键、老花镜看不到字、耳背听不清声音等问题；再如海尔智家从智慧家庭理念出发，为老年人居家养老提供生活场景解决方案，如洗护场景中洗衣机支持"大屏显、大字号、大图片"，厨房场景中冰箱能一键下单购买食材等。

（3）通信、互联网行业适老化

华为、小米、vivo、OPPO等市场主流手机基本都已具备"老年人模式""长辈模式"功能，可以提供大字体、大音量播放以及"远程协助"等服务，方便老年人看得见、听得清、用得了；12306、腾讯、百度、今日头条等互联网企业纷纷推出适老化服务和产品，包括一键观看、一键报警，开通亲友代支付，以及增强方言识别能力等；链家（贝壳）、美团等具备线下门店和人员覆盖优势的互联网企业则主动开展社区助老项目，帮助社区内老年人学习使用手机，促进智能技术普及应用。

（二）银行业适老化服务现状分析

1. 内外双驱动，引领适老化改造

银行适老化改造除了政策驱动外，还具备强大的自身内在驱动力。在多数国内银行中，百分之三十的客户是老年客户，但可以带来百分之七十的存款占比，尤其在很多下沉城市，银行老年客户比例更高。对于银行而言，老年人有可供开发的巨大潜在价值，各家银行也纷纷逐步尝试从线上、线下进行适老化服务改造（见图4-70）。但行业内尚未形成适老化服务的统一性标准，亟需相对统一的标准进行规范化银行业适老化改造工作。

老年人银行服务痛点	适老化服务改进点
✓ 手机银行和支付APP界面复杂、字小看不清、表述看不懂、操作流程太复杂等	✓ 推出手机银行大字版、语音导航等功能界面，利用视频真人操作、简单易懂的特点，线上视频指导老年人操作
✓ 网点办理业务看不清单据、等待时间长、不能到网点时业务迟迟不能办理等	✓ 提供助老老花镜、轮椅、医疗箱等基础便民用品，还提供专业指导团队，专设无障碍通道、爱心窗口、爱心专区等
✓ 客服电话接通慢、讲解过于专业化、听不懂，理解慢时客服态度较差等	✓ 简化老年人拨打客服电话流程，实现在线一键转人工服务功能
✓ 不会上网、不会使用智能手机的老年人，仍习惯于通过传统的线下渠道获取金融服务	✓ 保留纸质存折、存单等老年人熟悉的服务方式，不强迫老年人使用银行卡，不强制通过自助智能设备办理业务

图 4-70 目前银行业针对服务痛点进行的部分适老化改造工作

2. 示范网点先行，银行软件、硬件齐发力

为积极推动服务质量和效率，有效满足老年客户对金融服务的需求，深入探索银行营业网点的适老化改造，部分银行或地区着力打造"适老化"金融服务特色网点。

（1）建设银行挂牌 6 家全国首批"适老服务示范网点"

为老年人服务提供了"绿色通道"，配备了手写板、移动填单台等多种专属服务器材。针对常规金融和非金融服务、特殊服务情况绘制了不同的"老年客户旅程地图"，要求各岗位员工服务动作放慢、语速适当减缓、多一些温馨笑容，柜台柜员做到声音大一些、提示多一些、服务暖一些。

（2）工商银行老年服务特色网点开业

组织员工开展老年客户服务专题培训，深入研究老年客户心理特点和行为特征，确保老年人享受到优质专属服务。为老年人热情讲解和耐心指导，并精心筛选、推荐安全性、流动性、收益性兼顾的理财产品。

（3）四川省银保监会支持银行保险机构打造适老金融服务示范网点

为老年人打造"银发网点"，通过场景建设，线上线下渠道优化，突出适老服务的方便性、安全性、智慧性、共融性，为老年客户提供更加优质舒心的金融服务。

3. 头部银行基于 BCG 养老客群服务模式构建适老化服务体系

目前，国内大部分银行面向老年用户推出的产品及服务仍停留在比较初级的阶段，部分头部国有银行与股份制银行意识到老年客户的重要性，从各个角度逐渐渗透进老年群体，大力发展养老金融。

各国有、股份制银行以金融与非金融相结合、线上线下多渠道融合、助力公益养老理

念，着力打造一体两翼BCG养老客群综合发展模式㊀。此种模式是基于老年人需求为导向对银行养老服务的线上、线下服务进行改造升级（见图4-71）。

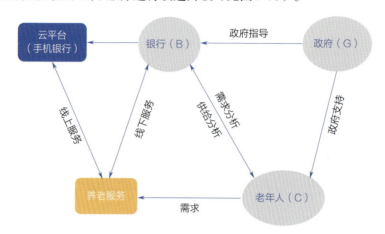

图 4-71　银行业 BCG 养老服务模式

4. 国内大型银行纷纷布局，打造老年客户优质服务品牌

（1）建设银行："安心悠享"

为客户提供养老金融服务、综合康养服务、品质生活服务、适老智能服务等线上线下一体化"金融+养老"新生态综合解决方案（见图4-72）。

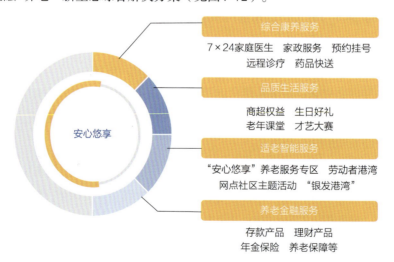

图 4-72　建设银行老年服务举措示例

㊀ 摘自《电脑科技与技术》报刊中的《基于BCG的新型社区智慧养老模式解析》。BCG模式：在社区智慧养老的模式基础上，行业中利用大数据融合技术，分析老年人的医疗数据及行为数据，提出构建出一种基于BCG（Business、Customer、Government）的新型社区智慧养老模式。

(2)工商银行:"工银爱相伴"

立足工行个人金融"贴心工行+"服务板块,围绕老年客户需求,全方位赋能助老服务(见图4-73)。

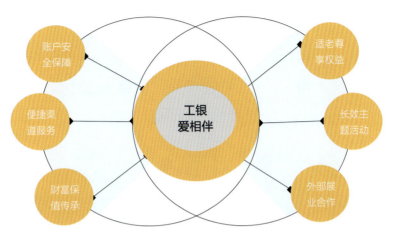

图 4-73　工商银行老年服务举措示例

(3)中国银行:"岁悦长情"

以老年客户切实需求为出发点,通过多元化的产品服务体系和客户权益体系,构建"银发+金融"生态场景,部分实现"量身定制"养老专属服务(见图4-74)。

岁悦长情

- **金融产品服务**:打造"中银长情卡"、大额存单、理财产品、养老年金保险、家族信托五大王牌金融产品

- **惠老活动服务**:投入数亿补贴,推出惠老活动,如结合重阳节热点针对中老年客户打造中行特色的专属节日活动——"中银99银发节"

- **康养综合服务**:提供预约问诊、视频医生、尊享诊疗、养老社区等康养综合服务

- **适老化智能服务**:推出5G智慧养老特色网点,打造线上线下一体式服务体验,为老年客户提供更加便利的专属服务渠道

图 4-74　中国银行老年服务举措示例

(4)中信银行:"幸福年华1+6"

中信银行是国内最早推出老年客群专属服务的商业银行之一,形成了"幸福+"老年

客户服务体系,"幸福年华,温暖相伴"的老年客户服务品牌拥有广泛的影响力和良好的口碑(见图4-75)。

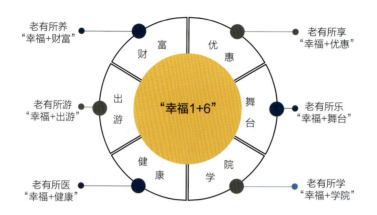

图 4-75 中信银行老年服务举措示例

(三)银行适老化服务调研结果

1. 银行适老化服务调研内容

(1)银行适老化测评体系搭建

按照银行能够与老年人产生交互的服务内容分为线下网点服务、客服电话服务、手机银行服务和银行金融服务四个板块。每个板块结合服务流程、体验触点进行梳理形成银行适老化服务评价指标体系(见图4-76和表4-3)。

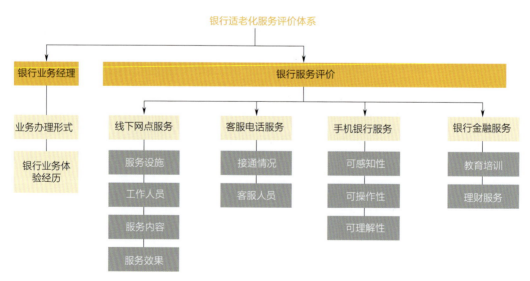

图 4-76 银行适老化服务评价框架

表 4-3 银行适老化服务评价指标体系

四大板块	主要维度	主要内容
营业网点	服务设施	银行业务点内导引标牌的设置（指引清晰、字体足够大能够看清楚）
		无障碍通道的设置
		银行业务点内无障碍卫生间的设置
		银行业务点内方便老年人的配套设施（比如轮椅、老花镜、药箱、血压计等）
		银行业务点内配备必要的医疗急救设施
		老年人办理业务专属窗口（爱心窗口）
		老年人专用等候区域的设置
	工作人员	具有服务意识，主动向老年人提供必要的协助
		服务态度良好，对老年人有耐心
		服务人员表达清晰明确，能够放慢语速与老年人沟通交流
	服务内容	问询服务及时有效响应
		银行业务点内提供必要的人工引导服务
		办理自助业务时有工作人员协助办理
		健康码检查的便利性
		工作人员教会使用服务终端或 APP
	服务效果	在每月社保金发放，电费、有线电视费缴纳的相关时间段，银行会提供人性化的操作为老年人提供服务
		监护人协助老年人办理业务的方便性
		感受到银行业务点为老年人提供便利服务的程度
客服服务	接通情况	人工接通的方便性
		等待时长、转接次数
	客服人员	客服人员解决问题的能力
		客服人员的沟通态度
手机银行 APP	可感知性	一键点击进入老年人专享窗口
		APP 操作界面设计清楚，字体大小满足老年人的使用
		手机银行的功能图标大并且显著，能很容易找到所需要的服务
		智能语音导航功能协作使用，并且能识别方言
		验证码填写时方便老年人使用
	可操作性	APP 界面上的功能模块触屏时方便操作，操作简单
		在进行下一个业务环节前，有充足的时间完成操作（比如输入密码、验证码等）

（续）

四大板块	主要维度	主要内容
手机银行APP	可理解性	APP界面上的内容易于理解，并有相应的解释说明
		对于比较长的内容有文本语音朗读和畅听的功能帮助老年人阅读
		重要事宜会以醒目的方式进行提醒
金融服务	教育培训	有渠道让老年人了解金融服务的风险，提供相关的介绍和教育培训
		对老年人开展理财知识的培训
	理财服务	根据不同年龄、风险偏好等特征设计养老金融产品
		上门提供金融服务
		互联网/手机金融理财产品

（2）调查对象选取

参与此次适老化服务调研的主要对象为最近半年曾经有过银行业务办理体验的60岁及以上老年人及其监护人。

涉及调查的银行包括工商银行、建设银行、农业银行、邮政储蓄、交通银行、中国银行等国有银行及平安银行、华夏银行、招商银行、光大银行、民生银行等股份制银行。

2. 银行适老化整体测评结果

（1）银行服务老年用户画像分析，银行服务使用习惯分析（见图4-77）

使用纸质存折和存单等老年人熟悉的较为传统的服务方式仍然有较高的比例，占所有调研对象的28.2%。超过80%的老年人选择去银行大厅办理相关业务。通过手机APP办理

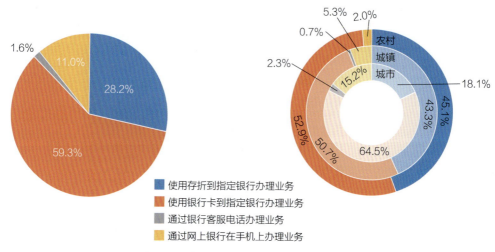

图4-77 老年人办理银行业务方式的分布情况

业务的老年人仅占到11%，尤其是生活在非城市区域的老年人使用手机APP办理银行业务的比例尚不及5%，这与老年人的使用习惯、认知、手机APP操作的熟练度有一定关联。从调研结果来看，老年人仍然习惯使用存折和银行卡到营业网点办理业务，因此网点服务的改善必然是适老化工作的首要任务。同时，可以在老年人现场办理业务的环节积极向老年人普及手机APP的使用及操作，增加老年人接触手机APP的机会。

（2）整体表现：整体服务水平满意度偏低，金融服务亟待提升

银行适老化服务的四个板块中，老年人对线下网点服务满意度相对最高，对金融服务的满意程度相对较低（见图4-78）。

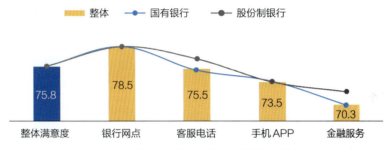

图 4-78　银行适老化各板块服务满意度（分）

从不同类型银行来看，国有银行与股份制银行在适老化服务水平上大致相当，其中股份制银行在客服电话服务、金融服务方面的表现较国有银行有一定的优势。

3. 银行服务四大板块调研结果

（1）银行网点板块测评结果

1）整体结果：工作人员适老化服务水平突出，股份制银行服务效果高于国有银行。

从银行网点板块包含的工作人员、服务内容、服务效果、服务设施四个维度来看，银行工作人员适老化服务水平明显高于其他服务维度，其中工作人员服务态度好、对老年人有耐心、表达清晰明确等方面的评价较高，服务设施等硬件条件评价状况不及其他维度，如图4-79所示。

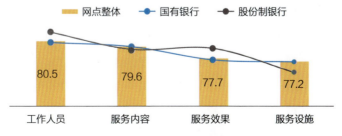

图 4-79　银行网点服务各板块服务水平（分）

从两类银行的评价结果来看,股份制银行的工作人员和服务效果相较于国有银行有一定的优势,但是服务设施评价国有银行优于股份制银行。

2)银行网点四个维度评价得分情况如图4-80所示。

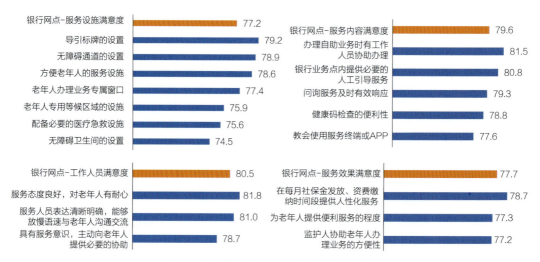

图4-80 银行网点四个维度评价得分情况

服务设施维度:银行业务点内导引标牌的设置评价比较突出,指引较为清晰,而且指引字体足够方便老年人看清楚。老年人对于无障碍卫生间设置的评价较低。

服务内容维度:办理自助业务时工作人员可以较好地协助老年人办理,并且能提供必要的人工引导服务。老年人对于服务终端和手机APP使用方面希望有更多的协助,目前对于这方面内容评价较低。

工作人员维度:服务态度良好,对老年人有耐心,表达清晰明确,能够放慢语速与老年人沟通交流,均是比较有优势的内容。今后还应加强工作人员主动服务的意识。

服务效果维度:每月社保金发放、电费缴纳等高峰时间段,会提供人性化的操作服务,老年人的感受相对较好。对于老年人来说办理各种证明相对困难,因此对于银行要求提供公证性材料或其他证明材料要求的评价较低。

3)各家银行评价结果对比情况:中国银行整体表现较好,各家银行在网点工作人员方面差异较大(见图4-81)。

对比各家国有银行,老年人对中国银行的网点服务整体满意度较高,在服务设施、服务内容、服务效果均表现较好,工作人员表现略差。

各家银行在工作人员方面的表现差异较大,其中交通银行和招商银行对于工作人员的评价最为突出,邮政储蓄的表现相对较弱。

在服务设施、服务内容、服务效果方面的表现略有差异,中国银行表现较突出,建设银行在服务设施和服务效果方面均表现一般。

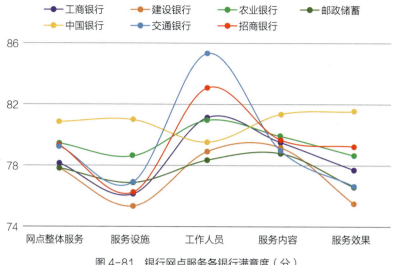

图 4-81　银行网点服务各银行满意度（分）

（2）客服电话板块测评结果

1）股份制银行优势明显，电话接通情况有待提升。

从客服电话层面来看（见图4-82和图4-83），股份制银行的适老化服务水平明显高于国有银行，其中客服人员服务方面差异最大。老年人认为银行电话客服的服务态度较好，客服电话的接通情况有待进一步提升。

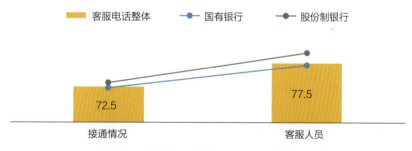

图 4-82　客服电话服务各板块服务水平（分）

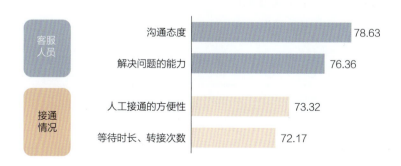

图 4-83　客服人员和接通情况评价（分）

2）各家银行评价结果对比情况：中国银行的客服电话整体水平较高，各方面服务优势显著（见图4-84）。

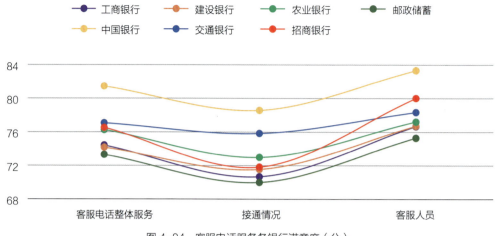

图 4-84　客服电话服务各银行满意度（分）

对比各家国有银行，中国银行各方面表现明显优于其他银行，整体满意度得分在81.7分，客服人员满意度得分为83.3分；邮政储蓄的整体表现有待提升，整体满意度得分为73.3分。

（3）手机APP板块测评结果

1）各方面体验基本满足需求，但仍有较大提升空间。

对于网上银行和APP使用相对来说老年人接触较少、尚未特别成熟的业务板块，不仅了解了老年人的评价情况，还对老年人对手机APP各个触点的使用需求进行了了解。

从APP使用的可操作性、可感知性和可理解性分别进行了探索分析（见图4-85），各方面评价均比较一般，相对来说可操作性好于可理解性和可感知性。

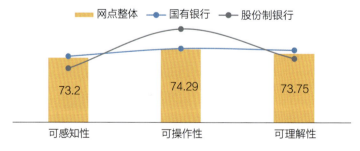

图 4-85　手机 APP 服务各维度服务水平（分）

手机APP多数服务像字体设计、功能模块和图标设置、服务内容展示等已满足老年人需求，但仍有较大提升空间（见图4-86）。手机APP可感知性中的验证码填写方面急需提升服务体验,其次是语音导航功能、一键进入专享窗口服务,以及可理解性中的文本朗读功能均需进一步改进提升。

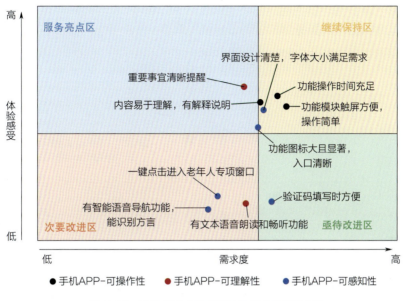

图 4-86　手机 APP 板块满意度与需求度矩阵分析

2)各银行结果:招商银行的可操作性表现突出,但可感知性和可理解性亟待提升(见图4-87)。

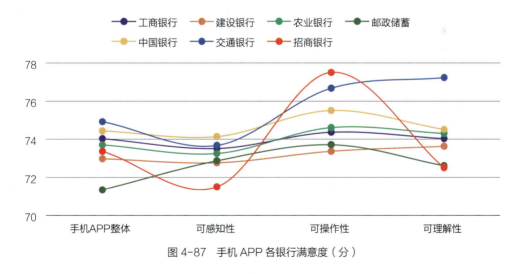

图 4-87　手机 APP 各银行满意度(分)

交通银行整体表现较好,各家银行在手机APP可操作性方面的表现差异较明显。招商银行表现最好,其次是交通银行。

邮政储蓄的整体表现明显低于其他银行,在手机APP可理解性方面表现较低。

（4）金融服务板块测评结果

1）整体满意度偏低，丰富老年人金融服务培训为主要提升点。

从金融服务层面来看各类银行的水平相当，对于金融服务相关教育培训的满意度相对较好；结合老年人的金融服务需求，各银行机构需进一步提升上门提供金融服务的水平，并拓宽相应理财产品的多样化程度（见图4-88）。

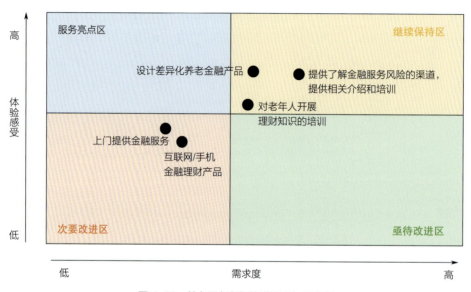

图4-88　养老服务各板块满意度与需求度

2）各银行结果：理财知识相关培训、上门提供金融服务方面各银行间差异较大。

股份制银行的服务对象对于金融服务的评价好于国有银行（见图4-89）。招商银行整体表现较好，但各方面服务表现无明显突出优势；邮政储蓄银行整体表现较落后于其他银行，但根据不同年龄、风险偏好等特征设计养老金融产品方面较为符合老年人的需求，如图4-90所示。

从金融服务各细项服务表现来看，理财知识相关培训、上门提供金融服务方面各银行的差异较显著。

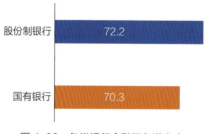

图4-89　各类银行金融服务满意度

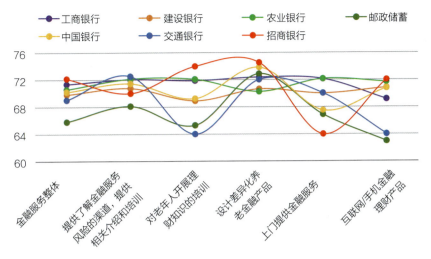

图 4-90　金融服务各银行满意度

（四）银行适老化发展趋势

1. 未来趋势：长远布局为主，老年客户服务体系化、品牌化，线上线下融合，延展增值服务

目前多数银行适老化改造以基本需求为主，但银行具有天然的线下网点优势，尊重老年群体消费习惯，保留传统服务模式，可将线上线下服务相结合，坚持传统服务与智能化服务并行，可以给老年用户带来更具灵活性的服务。

除线上手机/网上银行适老化改造外，线下网点也应聚焦老年客户金融需求和服务场景，立足银行网点特色，在网点环境、硬件设施、服务流程等方面进行适老化创新改造。此外，银行也要结合自身特色延展其他金融服务，如通过教老年人使用手机、开通老年人专属客服线、金融知识宣传教育、上门金融服务等，也是适老化改造的一部分，既能提升老年人的金融服务体验感，又利于机构增加用户黏性，挖掘老年客户的潜在价值。

2. 以老年群体需求为本，坚持"需求牵引供给"的原则，提升老年群体接受银行服务的便利性

在金融服务适老化的形式功能上，各银行单位已取得了成效，未来在服务维护和APP应用等方面需要切实关注老年人的关键性需求，提升银行工作人员主动服务的意识，逐渐打消老年人担心个人隐私和信息安全泄露的顾虑。还要打破老年群体的数字化鸿沟，不仅要为他们提供更多的使用手机银行服务的机会，减少业务办理限制，也要从手机APP的获取到首次使用、办理各项业务时与老年人充分互动，进而提升老年人金融服务的可获得性和便利性。

3. 集服务、产品、教育于一身，打造个人养老服务品牌

未来银行业适老化的发展改造不能局限于改造线上线下的金融服务，还要包含老年金融产品、老年金融知识普及的内容。以为老年客户提供全生命周期的服务为出发点，结合旅游、医养、社区等各方资源+金融场景切入，聚焦涉及老年人金融服务的高频事项和服务场景，形成老年客户服务闭环，营造"适老型"金融服务环境，打造线上线下一体化、贴合老年人需求的金融服务。

4. 强化社会责任意识，解决痛点难点问题

未来银行加强与社保局、医保局等相关部门的协调，尽量减少无效跑腿，建立有效的沟通渠道，提高办事效率。向有特殊困难的老年人提供上门服务的选择，优化特殊群体特殊场景的服务水准，用标准的保障机制持续为老年客户群体提供人性化与个性化的服务。

各金融机构围绕老龄群体的需求，提供更安心、贴心和暖心的服务，不断增强老年群体在日常金融服务过程中的安全感、便利性和幸福感。银行业作为先头兵，应树立、营造弘扬尊老、敬老、爱老、助老、护老的良好氛围和社会风尚。

第二篇 数字经济篇

第五章 报告总论

一、主要发现和研究结论

数字经济对消费者影响巨大，商业模式以算法的形式出现，一般公众难以准确认知；头部平台企业对平台内中小企业的压力会传导到消费者；在数字经济时代下，企业管理面临的共同问题是缺乏有效的技术手段。数字时代要实现高质量和可持续发展，需要着眼于国家整体所处发展阶段，将消费者幸福感与企业数字化发展结合起来，不断完善新业态新模式的配套监管制度，使绿色、共享的数字生活理念深入人心，并向常态化、制度化、科学化的方向不断迈进，成为整个社会的共识。

本研究基于消费者与企业视角下经济结构转型中数字经济发展推动经济增长的理论基础，通过对需求侧与供给侧两方面的数字经济发展过程研究，解析消费者与企业的数字经济发展对国家经济发展增长的现实意义。受新冠肺炎疫情"黑天鹅"效应，中国经济的发展进入了新的阶段，疫情对于经济的影响与冲击是阶段性与暂时性的，中国经济的增长发展长期向好的基本面是不会有所改变的。但经济增长的评价不能只局限于增长速度，更应该聚焦于经济增长质量。数字经济在推动经济增长的同时伴随着供需两侧的转型与调整。

（一）数字经济服务消费者需求与企业数字化建设供给之间的研究结论

2021年7月国家互联网信息办发布《数字中国发展报告（2020年）》（下称《报告》），《报告》主要提出"紧紧抓住信息革命的历史机遇，将建设数字中国作为新时代国家信息化发展的总体战略，有力推进核心技术、产业生态、数字经济、数字社会、数字政府建设，深入开展数字领域国际合作，充分利用数字技术抗击新冠疫情、助力脱贫攻坚、保障社会运行，让人民群众在信息化发展中有更多获得感幸福感安全感，为实现脱贫攻坚圆满收官，开启全面建设社会主义现代化国家新征程，向第二个百年奋斗目标进军提供强大数字动力。"中国经济已处于发展模式转型和新旧动能转换的关键阶段。以人工智能、区块链、云计算、大数据等底层数字技术驱动的、以数字经济蓬勃兴起为主要内容的第四次工业革命，为中国经济"变道超车"提供了重要机遇。

1. 企业数字化转型使供给更加满足消费者需求

传统经济形态中供给侧与需求侧是相互独立分离，需求理论就是对这一现象的展示。随着经济发展，工业的快速发展使得商品稀有度被降低，用户便希望实现按需购买，而数字经济的发展正是满足了这一要求。同时，数字化技术的成熟，大型企业转型，通过大数据、人工智能等技术使得企业能够精确地了解到用户需求，并且通过数字化的管理手段能够快速地实现用户需求。本次研究中发现消费者对于生活需求的要求明显提高，而企业的数字化转型提高生产效率，有助于提升企业的供给能力，也更好地迎合了消费者对于个性化需求的实现。

2. 需求侧加速推动供给侧企业数字化转型

数字经济不论在需求侧刺激消费，还是供给侧促进增长，数字经济均具有特殊作用，需要充分发挥其价值。数字经济的表现就是消费者的需求升级，不再满足单一的标准化商品，而是希望在商品设计中注入自我独有观念和个性，并且更加注重产品及配套服务质量。从需求方面，加速推动消费模式与商业模式的线上线下融合发展，推动消费结构的均衡发展，从需求侧刺激供给侧的数字化转型。

（二）数字经济服务消费者满意度研究结论

1. 数字经济消费者满意度研究现状

数字经济服务在消费者满意度层面做出的努力成效显著，未来仍应持续关注消费者满意度，不仅要做到让消费者敢于参与到数字经济服务中来，且消费者的参与深度、参与力度及参与广度应更上一层楼。2021年度的数字经济服务质量消费者满意度的调研结果主要概括为以下几点。

1）数字经济服务消费者满意度稳步提升，但还有上升空间。

2）2021年度数字经济服务质量消费者满意度调查结果显示，竞争性与共享性得分明显高于参与性和保护性得分，且竞争性得分排名超过共享性得分，排在第一位。

3）2021年度数字经济服务消费者满意度调研地区为北京、上海、广州、杭州、南宁、贵阳、郑州及长沙等16个城市，综合得分排名第一的为北京，广州、杭州及上海等城市的综合得分相对突出，值得一提的是西安排名处在第五位，较之前有明显上升。

4）2021年度数字经济服务消费者满意度调研所选择的在线教育、网约车出行、互联网医疗及线上办公等16个业态中，在线教育、即时通信和网约车出行综合排名处于前三位，而短视频平台、住宿共享和线上直播的综合得分排名不容乐观，排名靠后。

5）数字经济服务消费者满意度存在区域差异，主要表现为北京、上海等超大城市满意度得分高于南宁、贵阳等经济不够发达的城市，广州等东南沿海城市高于济南等中西部内陆地区。

2. 数字经济消费者满意度薄弱环节分析

我国数字经济服务质量总体上处于发展优良状态，但如何保证数字经济持续高质量发展仍是需要重点关注的内容，是我们不得不思考的问题。当前鉴于我国数字经济发展存在区域发展不平衡、部分地区数字经济基础建设方面滞后、一些地区专业人才缺口大、持续创新动力不足、服务信任程度有待加强、存在数字安全隐患和行业垄断问题等现实问题，课题组展开了相应研究，调研结果如下。

技术创新通常集中于少数发达地区，使得数字经济满意度的区域差异明显。 技术创新对知识和技术的流转有较高要求，创新活动在少数发达地区展开有益于提高创新的效率。对于区域内企业，一是在相互模仿学习中提升，通过借鉴竞争对手的产品工艺、商业模式，推进生产、经营模式的创新；二是在供需对接中提升，产业链内高生产率企业通过供需对接将好的经验、方法、标准向低生产率企业传输，带动低生产率企业创新活动；三是在技术迁移中提升，将原本运用在特定行业的技术手段运用在新的领域，拓展出新的技术应用场景和商业模式。调研结果显示，北京、上海、杭州等技术领先的城市，其总体满意度得分高于技术相对落后的西安、哈尔滨等城市。

生产要素向高回报率地区汇聚，造成数字经济服务满意度区域不平衡。 数字经济发展与区块链、物联网、大数据、人工智能等高新技术和产业联系紧密。这些产业往往存在较高的市场进入门槛，不论是前期的厂房建设、产品设计，还是后期的市场推广、客户服务，都需要巨量的资金和人力支持。生产要素流动遵循市场规律，由于资本逐利的本质属性，数字经济的生产要素自发向高回报率地区转移，发达地区因此获得了更多的要素供给。落后地区资本、人才等要素相对匮乏，要素市场建设不完善，要素配置和使用效率偏低，导致新兴产业发展得不到足够支持，数字经济发展缓慢。调查结果显示，杭州等数字经济起步较早的城市，由于要素配置相对完善，数字经济服务满意度高于其他起步较晚的城市。

新兴产业的发展有赖于庞大而高效的市场。 数字经济新技术、新模式、新业态的形成和发展，需要一个能消化大量产品和服务，并对供给侧的改善和优化做出反馈的成熟市场作为基础支撑。发达地区市场优势明显，一是市场体量大，对产品和服务需求巨大，有助于弥补ICT（信息与通信技术）企业巨大的前期投入，推动生产过程的标准化、规模化；二是市场内供需相符，发达地区产业技术基础较好，数字化转型难度低，企业数字化转型需求旺盛，能较好地匹配当地ICT企业供给；三是市场成熟度高，供需双方的精准对接和高效互动反馈，助推企业研发创新和产品升级，加快了数字技术的普及和成熟。结合2019年、2020年及2021年的调查结果，我们发现，上海、广州等东南沿海城市的数字经济服务满意度高于中西部城市，造成这种差异的主要原因是中西部地区开放程度低于东南沿海城市，数字经济市场不够庞大。

落后地区产业数字化转型基础薄弱。 落后地区产业数字化转型进程缓慢，不仅源于客观基础薄弱，也在于主观认知和行动力匮乏。从客观角度看，落后地区中小企业占比偏高、企业自动化程度不足，存在数字化转型难度大、收益低等问题，企业有一定的畏难情绪；此外，中小企业融通发展水平较低，创新要素资源自由流动受限，外部龙头和资本对中小企业转型支持不足。从主观角度看，政府和企业负责人对数字化转型认知不足，没有准确把握科技发展规律，没有积极寻找适宜于当地的转型模式和转型路径，存在行动力不足和生搬硬套发达地区经验等问题，导致转型升级滞后和转型效果不佳。结合2019年和2020年及2021年的调查结果，课题组发现中西部落后地区由于数字经济基础薄弱，转型缓慢，造成其三年来一直处于中下游，故而数字经济服务质量的提高有赖于数字化转型效率。

落后地区数字经济发展缺乏软环境。 软环境建设是数字经济发展中的基础性工程，涵盖包括了与数字经济发展相关的政策、法规、市场和人文等环境。落后地区软环境建设存在一系列突出问题。一是认识观念落后，对世界性数字经济发展浪潮学习了解不足，缺乏发展的紧迫感和责任感。二是人才激励机制不健全，人才进不来、留不下，懂编程、懂管理、懂生产的复合型人才严重不足，数字经济发展缺乏人才支撑。三是工作机制不完善，数字经济发展涉及多个政府主管部门，部门间权责不清、分工不明，导致数字经济发展推进工作滞后。四是区域数字经济发展顶层设计滞后，地方政府各自为政，重复建设现象突出，缺乏从全局把握区域数字经济发展方向。结合2019年、2020年及2021年的调查结果，中西部城市由于地理位置等原因，极度缺乏数字型人才，造成软实力不强，从而落后于东南沿海城市。

（三）企业数字化建设研究结论

随着信息技术的演进升级，企业也将随之演进。在产业层面，我国经济将向数字产业化、产业数字化演进；企业层面也将向企业数字化转型。而在转型过程中企业如何与原有的生产、管理技术、客户服务质量、信息安全保护深度融合将会成为企业数字化转型的重中之重。企业数字经济化建设程度的研究则是通过建立符合科学规律的测度体系在企业数字经济化过程中对企业起到参考的价值，能够了解目前行业、企业规模等不同维度下同类型企业的发展情况。

1. 企业数字经济建设程度研究现状

高质量发展背景下，数字经济成为驱动经济社会发展核心动能。国内外关于数字经济指标评价体系的研究，基本上由政府机构或相关科研机构承担，研究的视角也各有不同。

由于整个数字经济体系包含的框架太大，尚未有一个完整的指标体系来衡量数字经济发展现状。从整体看，国内数字经济的指标评价体系大多由科研机构承担，具体的视角也不尽相同，但关于数字化治理方向的指标却鲜有研究涉及。在整个研究过程中发现如下特点。

企业数字化转型发展战略初现。企业数字化转型拥有良好的时代背景以及政策支持，企业数字经济化转型要依靠政府政策和企业内动力共同推动，才能"小步快跑"地完成企业数字经济化转型，才能够更好地支撑经济高质量发展。本次研究在企业内部管理维度可以感知到企业内部管理层对于企业数字化转型的重视及促进程度。平均每个行业中的企业都会将数字化转型纳入到企业内部发展战略及发展规划中，对于企业数字经济化转型有了深入长远的规划。

数字技术赋能实体经济提质增效。数实融合，产销精准匹配，数字技术与实体经济深度融合，将提升全要素生产率，推动制造业、服务业全方位、全角度、全链条转型升级。制造业数字化转型持续深化，企业"上云用数赋智"水平不断提升。使中国在数字经济领域的优势可以快速渗透到实体经济的各个环节，加快产业数字化转型可以更进一步提高中国数字经济在国内生产总值中的比重，甚至超过发达国家的水平，并且实体经济也会实现提质增效发展。

数字人才建设受重视。提高全民全社会数字素养和技能，夯实我国数字经济发展社会基础。数字经济的创新驱动实质是人才驱动，人才短缺是制约数字经济发展的重要因素之一。与2020年相比，2021年企业在数字化人才需求上有了极大提升，并且在人才支出等方面都进行了战略规划。在数字化技术人员紧缺的背景下，超过半数以上的企业为适应数字化转型需要，已针对企业特点开始制定对应的人才培养方案，企业的数字人才意识逐渐强化。

技术研发活动支出增长。2021年企业更加深入地开展各类研发活动。研发经费支出强度达到24.32%。企业都逐渐意识到，在数字化、智能化技术突飞猛进的时代背景下，不断创新研发才是企业生存发展的根本，即使是在受疫情影响、营业收入有所下降的情况下，企业对研发的投入仍持续增加。

各行业数字融合纵深推进，头部平台向社会化基础设施发展。2021年选取的企业所在行业更加广泛，较2020年增加7个行业。随着产业数字化成为发展大趋势，数字化服务行业需求市场将非常广阔。在监管进一步完善的背景下，金融业、服务业、电力热力燃气及水生产和供应业等企业凭借良好的实力积累，进一步加大数字建设。

数字化转型是中小企业发展的必然趋势。2021年12月工信部会同国家发改委、科技部、财政部等十九部门联合印发《"十四五"促进中小企业发展规划》指出鼓励中小企业参与新一代信息技术集成创新和融合应用，推动中小企业运用数字化手段。数字化转型的重要性正在被企业广泛接受，尽管中型企业普遍收入不高，但企业整体对数字化转型的态度十分积极。企业已经制定了专门的数字化转型战略。但是中小型、微型企业由于转型人才欠缺、数据采集基础薄弱和技术应用水平较低,多数企业转型意图不够,需要政策支持。

2. 数字经济服务中企业薄弱环节分析

人工智能、物联网、数字支付、云计算等数字技术正在潜移默化地影响着人们的生活方式,也对行业进行重塑,新技术的出现催生了新的商业模式和新的业态,改变了消费者的消费习惯,也对企业的经营提出了新的挑战。这也导致了数字化转型成为当下潮流的词汇。但是对于大多数企业而言数字化转型并非一帆风顺,在研究中发现目前企业在数字化转型建设中存在以下需要改进的环节。

战略与执行协同不到位。 通过对企业内部调研发现目前多数企业都将数字化转型纳入到企业内部的战略规划中,并且有专门的人员或部门负责企业数字化转型的过程,但是企业战略和人员执行之间未同步,缺少数字化人员,企业内部执行团队对战略目标不清楚,战略和执行没有产生传递和意见反馈闭环控制。

传统的ERP、OA、CRM、财务软件等内部管理软件落后。 传统的ERP、OA、CRM和财务管理系统软件,更新换代较困难,产品的更新换代需要花费较大时间及成本,其次,各个内部管理软件平台的信息系统同时运行,系统数据相互独立、隔离,无法实现数据共享,由此产生"数据孤岛"。随着企业数字化建设进入到新阶段,企业对于内外部数据信息的发展需求不断上升,例如产业链上下游信息等,而目前企业内部管理软件无法将内部数据与外部数据资源进行整合,实现行业信息与企业内部信息共享交互。

信息保护问题有待解决。 研究发现信息保护问题是企业在数字化转型中面临的主要问题。主要原因在于数字化转型后企业数据集中化程度不高,造成数据安全性得不到保障,数据非法访问风险加剧。数字化转型的主要特点就是上云系统,加快企业内部效率。本次研究可以看出企业在内部信息保护维度得分较低。

二、数字经济下消费者保护及企业数字化建设政策建议

(一)数字经济下消费者保护政策建议

健全数字消费标准管理体系。 调研结果显示数字经济服务的保护性指标得分相对较低,排在四大维度的最后面,针对这一问题,课题组认为首先要健全数字消费标准管理体系。以数字信息为核心内容的新一轮技术革命的到来,将会对人们的生产和生活产生重大的影响。为了搭上这趟新科技革命的列车,应大力发展数字生产力,丰富数字产品和服务,制定支撑数字消费的产品和服务标准。国家层面需要进一步加强数字化技术方面的投

入，构建高质量的数字信息基础设施，形成有利于新兴消费业态的监管方式。此外，新的商业模式在各个层面挑战现有的政策框架：竞争政策、消费者隐私保护、税收和知识产权保护等。但是，现有的许多研究都把重点放在制定和执行相应法律法规的必要性上。如果法律法规没有相辅相成的发展，如监管以及帮助实施这些监管的技能和机构的改进，数字技术带来的加速增长机会可能会被意想不到的风险所取代。只有健全数字消费标准管理体系，数字经济服务的保护性得分才会取得大幅提升。

加快健全基础设施建设，加大安全保障。 数字经济服务共享度指标仅次于竞争性指标得分，排在第二位，整体上不错，但还有提升空间。各级地方政府应加快健全基础设施建设，加大安全保障。健全数字经济基础设施建设，提高在人工智能以及大数据等各个方面的投入，推动数字经济进一步发展，加快网络消费的转型和升级。除此之外，还要做好政策方面的引导，确保消费者、经营者以及平台间能够公平合理共享数据，使消费者的消费安全得到有效的保证。

加大立法保护，避免虚假宣传。 政府部门要加强在立法方面的保护措施，完善对虚假营销以及虚假广告配套的立法体系。同时，还要健全监督管理体系，从源头上杜绝虚假宣传。消费者要有自我保护意识，做到心中有数、不被各种虚假信息所欺骗，要进行理智消费，保证自己的切实利益。除此之外，还要提高主观能动性，提高理性消费思维，实现"为自己消费"，保证有需求才会购买，有需求才会消费。防止出现"买而不用"以及资源浪费的情况，推动消费和生产间良性互动。

（二）数字经济下企业数字化建设政策建议

近年来，企业数字化转型已经成为社会生活的热点，但是企业数字化转型的成功率仅为20%。即使是精通数字技术的行业，例如高科技、媒体和电信，数字化转型的成功率也不超过26%，因此企业要想转型成功就必须将数字化转型作为一个系统性的工程去构建，企业数字化转型的最终目标是要形成一个完整的数字生态体系。构建数字文化和思维认知对转型成功会起到至关重要的作用。其次企业数字化转型离不开资金、人才、技术、管理四个核心要素的支持，因此企业内部应该设立与数字化转型相适应的技术战略、管理机制、人才方案和投资计划，有助于企业进行全面深入的数字化前期改造，为企业数字化转型奠定坚实基础，为企业未来的创新发展注入新动能。

提高企业数字化转型意识，重塑企业发展思维。 数字化转型要作为一个系统性的工程，构建数字文化和思维认知对转型成功会起到至关重要的作用。一方面，企业需要尝试建立一些短期数字化战略目标；另一方面，企业管理层也需要积极主动去了解数字化发展趋势及一些新兴技术与企业业务结合的可能性。管理层要重视数字经济技术在商业模式上的应用，同时也要能够预想未来转型中所遇到的困难和调整。其次，要将企业数字化认知提高到公司战略层面的高度，融入日常各项工作实践中，并用正确的战略规划，积极的创新和不断的尝试精神，在潜移默化中影响和带动员工的思想和行为的转变。

树立长期目标，制定合理的数字化战略规划。加快传统产业升级是建设现代化产业体系的重要内容，是提升数字生产力、激活发展新动能、建设现代化经济体系的有效抓手。数字化转型是一项需要循序渐进的长期变革的过程，不是一个短期项目或计划，需要充分调动全员参与。需要有强有力的高层领导，同时必须与有时间规定的数字转型战略相结合。企业应该首先清楚地知道数字化转型的最终状态，同时特别注意客户的痛点和体验。

注重数据要素积累和数字系统建设，提升企业整体协同水平。新兴技术的使用与拓展离不开数据要素的积累。数字经济的基本要素数据资源对企业的数字化转型同样不可或缺。要全面深化大中小企业数字化改造升级，鼓励企业打造一体化数字平台，提升企业内部和产业链上下游协同效率。实施中小企业数字化赋能专项行动，支持中小企业由点及面向全业务流程数字化转型延伸拓展。企业应通过各种方式积极开展数据建设工作，如自建数据库或采用云服务等，进而深度挖掘数据价值，从更广阔的范围内合理合规地收集信息，为消费者提供更加优质的体验式消费，形成完整的数字化生态体系，并最终进入良性的自我优化循环阶段。高效率流程和自动化数据信息流转，也让企业管理层级更为扁平化。管理人员能够更快地掌握到全局数据，提升管理方法效率。

数字化人才体系，构建出科学合理的人才方案。数字化转型是一个复杂且需要长期探索的过程，需要企业内部团队使用科学的方法工具，具备优秀的数字化人才以及企业数字化转型的商业化逻辑。在这样的背景下，领导能力数字化，数字化应用专业化，数字化人才多样化将会是企业数字化转型中必不可少的环节。因此企业一方面应该培养海量的技术技能型人才，引导职业教育更好地服务制造强国和数字中国建设；另一方面应建立合理的数字化人才培养体系，做到专事专人，着力培养更多创新研发与高层次应用型专业人才，推进数字经济和前沿数字科技创新相关学科建设，只有这样才能更高效率地完成企业数字化转型并且能够与需求端用户的实际需求相结合。企业是数字经济发展的实体，也是培养数字化人才的主体，因此企业需要优化综合型数字化人才的开发投入机制和选拔培养体系。

第六章 研究概述

一、研究背景和创新

（一）研究背景

"十三五"时期，我国深入实施数字经济发展战略，数字经济对经济社会的引领带动作用日益凸显，特别是新冠肺炎疫情期间展现出强大的发展活力和优势，新业态新模式快速发展，数字经济为经济社会持续健康发展提供了强大动力，拓宽了居民的消费渠道，改变了居民的消费模式和消费习惯，在一定程度上缩小了城乡居民消费差距，展现出其对打通国内大循环、拉动内需、促进消费的重要意义。2020年，我国数字经济规模增长至39.2万亿元，较2019年增加3.3万亿元，实现9.7%的增长，高于同期GDP名义6.7%的增速，核心产业增加值占国内生产总值（GDP）比重达7.8%。移动支付广泛普及，在线学习、远程会议、网络购物、视频直播等生产生活新方式加速推广，互联网平台日益壮大。2022年1月，国务院印发《"十四五"数字经济发展规划》（下称《规划》），《规划》明确提出发展目标，到2025年，数字经济核心产业增加值占国内生产总值比重从2020年的7.8%增长到10%。数字经济已成为世界各国抢抓发展新机遇、塑造国际竞争新优势的焦点，我国数字经济面临着变革的深入发展，迈向深化应用、规范发展、普惠共享的新阶段。

《规划》明确了中国数字经济发展的基本原则、发展目标。提出了进一步构建数字经济服务高质量发展新格局，对智能制造、数字治理、数据要素市场化配置等数字经济发展重点领域的试点要求。从"十四五"数字经济发展主要指标可以看到各项指标显著增长，这意味着电信和网络硬件企业、基础电信服务商、大数据云计算企业、软件包括工业软件平台及企业、电商类企业等都将从中受益。在这样的背景下，利用数字技术和平台优势，深耕供应链上下游，更好地匹配供需两端的关系，对于企业与消费者有极其重要的意义。商家的服务质量将是未来企业间比拼的重点。

现阶段，我国处于调整产业结构的关键时期，为适应经济发展新常态的要求，必须要加快调整产业结构的步伐，进而实现产业结构转型升级的目标。我国数字经济虽已初具规模且增速显著，但也存在数字基础设施建设不充分、数字人才体系不健全、数字经济区域发展不平衡、消费者权益面临重大威胁等问题。只有全方位、多维度推动数字经济发展，才能充分发挥数字经济作为高质量发展新引擎的重要作用。作为一种新的经济形式，从消费者和企业角度出发，研究数字经济服务质量对数字经济发展具有重要的现实意义。数字经济时代更需要做好消费者的"守门人"，要制定相关法律，有关部门加强执法，针对数字经济行业的乱象大力整治，提高消费者服务质量满意度水平，促使数字经济社会有序发展。如何监管服务、如何补贴数字基础设施，甚至企业应该生产什么样的数字产品，这些问题的答案将取决于我们如何理解数字经济服务的真正价值。

在当前大环境下，从消费者及企业的角度来评价数字经济服务质量是不可或缺的，这样不仅能够评价我国在发展数字经济方面的表现，同时能够更好地挖掘数字经济服务中存在的问题，从而更好地为消费者和企业服务，为数字经济技术、产品或服务质量的提升带来更重要的现实意义和应用价值。

（二）研究创新

2019年，数字经济课题组就中国数字经济服务质量满意度开展了摸底调研。以新业态、新技术以及新兴服务业作为重要的切入点，厘清高质量发展背景下数字经济服务在不同阶段的主要特征，探索提升数字经济服务质量的理论和现实依据，推动中国数字经济服务高质量发展。

2019年本课题的重点研究内容与主要成果主要有四点：首先，本课题从数字经济服务这一全新的角度去研究消费者满意度，为企业开展数字化转型助力高质量发展提供需求侧参考。数字经济是以数字化的知识和信息作为生产要素，可广泛应用于不同的行业企业，相应产生数字经济服务。可以说数字经济服务的研究与以往针对某一个行业领域消费者满意度的研究不同，行业覆盖面更广泛，因此研究结果可以在更大范围为开展数字化转型的企业提供指导，同时为政府指导数字经济发展从需求侧提供决策参考。其次，本课题从消费者角度出发，立足需求侧研究数字经济发展现状。目前对于数字经济的评价，大都是基于宏观层面统计数字经济的规模体量，或者对不同地区间的数字经济发展情况进行对比。数字经济的推动首先来自消费者，本研究课题从经济发展的微观角度即消费者角度出发，对数字经济服务质量满意度开展调查，评价消费者对数字经济产品或服务的真实感受，能够更好地挖掘数字经济服务中存在的问题，从而更好地为消费者服务，为数字经济技术、产品或服务质量的提升带来更重要的现实意义和应用价值。再次，本课题厘清了数字经济与消费者满意度和高质量服务之间的关系。通过界定数字经济服务质量的理论内涵，探索数字经济助力高质量发展的可行路径。最后，本课题首次构建出数字经济服务质量满意度评价指标体系，指标体系共分为三级，包括竞争、参与、保护、共享4个一级指标，13个二级指标，24个三级指标，并以最终得分来衡量城市及业态等维度在数字经济发展方面的排名情况。厘清数字经济与高质量发展和消费者满意度之间的关系，把界定的数字经济服务的基本特征、内涵以及发展态势结合在一起,设计数字经济服务质量满意度指标体系。指标体系全面衡量了数字经济服务活动全过程,具有科学性、全面性和可对比性。

2020年课题组持续开展了调研工作,与2019年相比,研究方法更加科学精进,研究内容更加全面深入,研究成果相对丰富并具有一定的创新性。

2020年的创新内容体现在以下三个方面。首先,进一步厘清并完善了需求侧数字经济服务质量满意度评价指标体系。其次,数字经济在消费端市场爆发的巨大潜能已经开始不断向流通端和制造端垂直渗透,传统企业面临的是一个不跟进则被抛弃的大势。但对于传统企业来说,数字化建设之路并非一帆风顺,企业多年来形成的固有的组织架构和信息处理方式等问题在企业信息化、数字化的路上设置了重重阻碍,因此,本课题从企业角度出发,摸底调研企业数字化建设现状。最后,本课题首次构建出企业数字经济建设程度评价指标体系。通过对企业数字经济建设程度的理论界定,真正客观地去衡量数字经济到底产生了什么价值,对企业有何种帮助。

2021年,课题组与时俱进,持续关注"十四五"时期我国数字经济战略规划,数字经济正走在深化应用、规范发展、普惠共享发展的新阶段。通过解读《"十四五"数字经济发展规划》,我们了解到,"十四五"以来,各级政府部门更加注重创新,增强数字经济创新力和竞争力,更加注重协调,推动数字经济包容平衡发展,更加注重绿色,推动数字经济可持续发展,更加注重开放,营造数字经济良好生态。

2021年的项目创新体现在以下两个方面。一方面是梳理并完善企业数字化建设程度评价指标体系,指标体系共分为两级,包括管理、竞争、参与、保护4个一级指标,20个二级指标。扩大了企业数字经济服务业态调研覆盖面。另一方面是关注数字经济下消费者与企业的关系研究。对于消费者而言,个人隐私,消费者权益保护需求与企业大数据分析,人工智能、客户画像精准识别如何平衡等问题是我们研究的重点。根本目的是通过研究掌握企业在数字化建设中的发展瓶颈,以便探索如何发挥数字经济的链接效应和数字化赋能,激活整个产业,最终推动实体经济高质量发展。同时,消费者可以在数字经济发展中有更强的获得感和幸福感。

二、数据基础

(一)数据范围

1. 数字经济服务中消费者的数据范围

消费者层面,结合《数字中国指数报告(2019)》《中国"互联网+"指数报告(2018)》《中国城市数字经济指数白皮书(2018)》《中国城市数字经济指数白皮书(2019)》"2019新一线城市排名"(第一财经)和《经济社会发展统计图表:第七次全国人口普查超大、特大城市人口基本情况》等报告，选取了北京、上海、深圳、广州、杭州、成都、苏州、重庆、武汉、西安、贵阳、南宁、哈尔滨、济南、郑州及长沙16个互联网产业发展迅猛和城区人口超500万人的特大、超大城市。为了保证调查的有效性和可比性，根据不同城市人口规模占调查城市总人口比例确定各城市样本量，从而使所有城市以相同的概率入样本，同时按照抽样误差和设计效应对部分城市的样本量进行调整。城市选择上较2020年新增了郑州、济南、长沙三大城市，使得本年度调研的地区范围覆盖面更广，包含了东、中、西的典型城市，进而使结论更加可靠，更加可信。

在业态的选取方面，涉及了人们日常生活、消费范围较广的网络购物、餐饮外卖、共享单车、在线教育、移动支付、即时通信、网络社交媒体、网约车出行、知识付费、互联网医疗、影视听娱乐、线上办公、线上直播、短视频平台、共享住宿、旅游平台及其他17项常见业态作为重点进行调查。

2. 数字经济服务中企业的数据范围

2021年度企业的调查抽样在原则上与2020年保持了一致，使得数据具有可比性和延续性，此外结合2021年度企业发展，国家政策以及专家组意见对调查对象进行优化和调整。本次调查满足两个原则：一是要形成多行业的深入分析，因而样本要对国内主要行业均有体现，要反映多行业内企业的数字化转型建设程度状况；二是以数字化转型中的行业或符合国家数字经济建设且发展迅猛的行业为研究对象，而非单一行业或业态，探究企业数字化转型进程及与消费者数字经济服务满意度之间的关系。基于以上内容，本研究主要研究行业为信息传输、软件和信息技术服务业，制造业，批发和零售业，卫生和社会服务，住宿和餐饮业，教育，金融业，电力、热力、燃气及水生产和供应业，文化、体育和娱乐业，居民服务、维修和其他服务业，建筑业，交通运输、仓储和邮政业，房地产业等主要的13个行业。

（二）数据延续性

1. 数字经济服务中消费者的数据延续性

通过延续性的数据可以进行消费者连续性研究，从而达到动态研究消费者数字经济服务质量满意度的变化和消费需求。为保证调查数据的延续性，便于后续进行年度对比，2021年度研究体系沿用了2019年和2020年的框架指标，与往年相比，研究依然从竞争、共享、参与、保护四个维度展开，新增了对主要使用业态的选择以及关于智慧政务部分的研究。

2. 数字经济服务中企业的数据延续性

2020年为企业数字化建设程度研究的元年，在研究深度和构建的指标体系上还存在优化的空间。2021年在研究中保留了企业管理、创新竞争、信息保护3个一级指标，企业管理的二级指标中保留了数字化程度、推动方式两项；创新竞争的二级指标中保留了投入程度；信息保护的二级指标中保留了隐私保护程度。

（三）数据可比性

1. 数字经济服务中消费者的数据可比性

2021年度的数字经济服务质量中的消费者满意度数据与2019年、2020年相比具有可比性。

第一，研究对象的一致性。自2019年至2021年度，始终围绕着数字经济服务质量中的消费者为研究对象，这一点从未改变。所以，研究对象的数据具有一致性。

第二，时间属性的一致性。每年度开展一次调查，时间步长均为1周年，故而与2019、2020年相比，数据结果具有一致的时间属性。

第三，定义和计算方法的一致性。抽样思路与方法一致，2021年进一步优化。指标的定义和计算方法保持一致，未出现偏差，从这点上讲，与2019年、2020年数据是可以进行比较的。

第四，所构建的消费者满意度指标体系总体与往年保持一致。

结合以上四点，2021年度的数字经济服务质量中的消费者满意度数据与2019年、2020年相比具有可比性。

2. 数字经济服务中企业的数据可比性

在2020年研究的指标基础上，2021年企业数字化建设程度研究进行了部分指标的扩展和延伸，确保了数据可比的同时，也满足了对比指标同质。其次在指标内部对比时满足指标口径范围相同，指标计算方法一样，指标计量单位等要求，确保各项指标间具有可比性。2020年及2021年企业数字化建设程度研究均从指标总体研究和各分项指标研究入手，在研究中主要深入了解了各分项指标在不同行业和不同企业中的数据变化情况。通过对这两年企业数字化建设指标的研究可以体现出我国企业数字化转型的变化，并且通过对所在行业和企业性质的对比了解企业在近两年对于数字化转型认知的变化及重视程度。其次通过对比，也为不同行业不同性质企业的数字化转型提供研究依据。

三、体系优化

（一）指标体系构建的优化

1. 企业管理指标选取的优化

2020年在对企业数字化建设程度研究中发现，企业管理指标的二级指标得分差异化较大，二级指标选择对于企业数字化内部发展的讨论存在进一步优化的空间。2021年在企业管理指标下新增加了数字化发展、数字化发展规划、数字化规章制度，调整了人才培养指标的一级指标目录。新增数字化发展和数字化规划指标主要用于对企业内部数字化建设意愿的考察。

2020年研究发现，企业在数字化建设中，企业领导管理观念、管理思想、管理体制仍停留在原来的水平，因此2021年度增加了数字化发展和数字化规划指标，有利于进一步了解企业内部管理层对企业数字化建设的重视程度。

2. 创新竞争指标选取的优化

2020年研究中对于创新竞争维度仅考察了企业的投入程度及创新效果，但对于企业在数字化创新竞争中自身的建设、人才的储存等均未深度分析。从"十四五"规划可以看出企业的数字化建设取决于企业是否有充足的数字化人才和完善的基础设施，因此2021年研究加入了人才需求、人才支出、基础设施三个指标，并且将原企业管理中人才培养指标重新规划至创新竞争指标之中。通过对企业人才需求、人才培养、人才支出和基础设施指标的研究，能够了解企业数字化转型的建设程度及转型后的企业发展程度。

其次创新竞争的目的是服务于市场需求，服务于消费者，因此在2021年的创新竞争指标中加入了服务质量的研究。通过企业内部对于服务质量的得分情况结合消费者在实际的数字经济场景下的满意度来验证企业数字化转型与市场的契合程度，企业的数字化转型是否形成一个生态体系。

3. 信息保护指标选取的优化

信息保护维度指数，是反映企业数字化建设中信息安全保护的研究项，2020年研究中主要考虑了企业对用户的个人信息保护程度，但是对于企业在整体的服务中间的其他安全问题及信息问题是没有进行深度研究分析，2021年我国发布了《中华人民共和国个人信息保护法》《中华人民共和国数据安全法》等有关消费者及个人信息保护的法律法规。2021年信息保护指标中加入交易安全、安全程度、数据隐私三个指标，通过对企业在交易中对于用户的交易安全及数据保护的研究来查看企业在面对消费者数字化消费时企业自身信息保护的能力及程度。

2021年在信息保护研究中还新增加售后保障和信息披露两个关注消费者或企业合作伙伴在交易后信息保护的研究指标。企业在交易前和交易中关于安全、隐私保护等具有常规化的政策要求，但是在消费者或企业合作伙伴交易后的信息保护研究却存在一定缺失，并且研究较少。结合2020年研究中反馈的企业隐私保护的问题以及2020年出现的消费者售后维权信息被暴露、企业信息披露不及时等问题，2021年在信息保护研究中加入了企业售后保障和信息披露两个二级指标，旨在通过企业内部对其售后保障和信息披露的调研得分来研究企业在数字化转型中对于信息保护的重视程度及建设程度。

（二）调查对象的选择和样本抽样设计优化

1. 消费者调查对象的选择和样本抽样设计优化

2021年度的抽样总体上按两个原则来实施：一是要了解全国大范围的数字经济服务质量消费者满意情况，反映全国的总体状况；二是要能够涵盖一些典型城市，尽量满足各区域皆有代表样本。因而城市和业态的选择需要具有代表性。按照以上原则，2021年度的城市样本按以下步骤来确定。

1）为了满足大城市区域宏观数字经济服务消费者满意度排名的需要，选择了北京、上海、深圳、广州、杭州、成都、苏州、重庆、武汉、西安、贵阳、南宁、哈尔滨、济南、郑州及长沙16个互联网产业发展迅猛的城市进行。

选择北京作为调查试点城市的原因在于，北京是我国的首都，是全国政治中心、文化中心、国际交往中心、科技创新中心，数字经济服务发展水平较高。北京市具备多项数字经济发展领先优势，且北京数字经济结构持续优化。《北京数字经济研究报告（2021年）》称，北京市研发投入位列全国第一，高端研发资源、学术科研环境、创新企业表现突出。北京作为全球十大科技创新中心之一，国家高新技术企业达到2.9万家，独角兽企业达到93家。《北京数字经济研究报告（2021年）》显示，北京互联网产业综合实力强大，中国市值前30的互联网企业中有11家位于北京，包括美团、京东、百度、字节跳动等头部企业。电子信息制造业拥有部分领军企业，包括京东方、联想、小米、中芯国际等全国领先企业。

选择成都作为调查试点城市的原因在于，成都正主动顺应发展潮流，让数字化、网络化、智能化为经济社会发展增添动力，将数字成都建设推向新的高度，数字技术与实体经济深度融合的场景已然遍布成都。通过"数字产业化"和"产业数字化"双轮驱动，成都不断赋能传统产业转型升级，催生新产业、新业态、新模式，壮大经济发展新引擎。成都市正加快布局完善5G网络、下一代互联网、物联网等新一代信息基础设施，着力打造"芯屏端软智网"全产业链。如今，以"芯屏端软智网"为核心的成都数字经济产业体系已初具规模，形成了集成电路、新型显示、网络视听、高端软件等具有全国影响力的特色优势行业。数据显示，成都数字经济规模达8800亿元，占GDP比重49.72%。而据《中国城市数字经济指数蓝皮书（2021）》显示，成都城市数字经济指数排名位居全国第四。

选择广州作为调查试点城市的原因在于，当前，广州正处在发展数字经济风口期。《广州数字经济发展报告（2021）》表示，广州可抓住世界、国家数字经济发展机遇，力争在发展中扮演重要角色。粤港澳大湾区作为全国数字经济综合实力最强的区域，区域数字产业链协作和产业集群化发展趋势将越来越明显。广州作为粤港澳大湾区的中心城市，可依托自身优势在粤港澳大湾区数字经济大市场中找到更多发展潜能和发展空间。此外，广州充分依托各大创新平台和重大工程项目，持续引进高层次顶尖人才，推动广州数字经济服务更好地发展。

选择贵阳作为调查试点城市的原因在于，2020年贵阳市数字经济增加值达1649亿元，占GDP比重38.2%，与全国平均水平基本持平，大数据与实体经济深度融合发展水平指数达51.1，高出全省平均水平10个点，比2017年提升了8.6个点，全市数字产业化快速发展，产业数字化成效显著，数字经济日益成为推动城市经济和社会发展变革的新动能。据统计，2020年，贵阳市数字产业化规模为380亿元，占数字经济增加值比重23.0%。其中，软件和信息技术服务营业收入达122.08亿元，同比增长53.5%，成为数字产业化主要增长来源。2021年1~7月，软件和信息技术服务营业收入超过135亿元，同比增长114%以上，继续支撑数字产业化快速发展，并成为产业数字化发展的重要基础条件。数字赋能推动传统产业转型升级，贵阳数字产业化的快速发展，带动并推动了产业数字化。

选择哈尔滨作为调查试点城市的原因在于，哈尔滨是中国东北北部最大的政治、经济、文化中心，是国家重要的工业基地，为科技发展奠定了一定的基础。2021年，哈尔滨市创建了哈尔滨数字经济创新发展试验区，依托哈尔滨新区"中国云谷"和"云飞扬"产业园，争创国家大数据综合试验区和大数据中心国家枢纽节点，打造国家级软件名城、云计算中心和人工智能试验区。搭建了数字经济创新平台，积极参与国家信息技术应用创新工程，支持哈工大、哈商大等建设数字经济研究院。鼓励做大做强数字经济产业，完善数字经济产业链、供应链，壮大信息技术软硬件产业，加快发展量子通信、区块链、航天航空等未来产业。实施新基建计划。加快推进5G、大数据中心、工业互联等基础设施建设，实现基础通信一网化、应用上云一体化、数据资源共享，为数字经济的高质量发展创造了先决条件。

选择杭州作为调查试点城市的原因在于，杭州有阿里巴巴旗下的支付宝、网商银行、淘宝和天猫等数字经济服务品牌，是中国全面发展数字经济最早的城市，而且也是开展智慧城市最早的城市。今天的杭州，超过95%的超市、便利店，超过98%的出租车，超过80%的餐饮门店支持移动支付，城区所有公交地铁实现扫码支付。移动支付普及率、服务覆盖率领先全国，是全球最大的移动支付之城。目前，杭州集聚全国超1/3的电商平台，实现全国85%的网络零售、70%的网络跨境贸易以及60%的B2B交易。联动推进的全国首个跨境电商综合试验区和全球首个eWTP实验区，带动8000多家企业参与跨境电商。电子商务、云计算、数字安防……杭州不仅有具备全球影响力的数字经济高新产业集群，还有站上新经济、新产业、新技术、新模式发展高地的数字经济龙头企业。在电子商务、互联网金融、共享经济等领域不断涌现出新业态、新模式，引领并带动了全国数字经济发展。

选择南宁作为调查试点城市的原因在于，2019年"新西部陆海走廊"诞生，南宁成为连接四川和重庆腹地与东盟外线的桥头堡，是自由贸易的新渠道，经济得到了有效的发展。南宁市紧紧围绕"数字广西""数字南宁"建设总目标，以中国—东盟信息港南宁核心基地为主线，统筹推进首府数字经济、数字政府、智慧城市建设发展，成效逐步显现。累计筹建数字经济类项目达103个，打造了"爱南宁"APP，让一码通城成为可能，更是让幸福生活变得触手可及。

选择上海作为调查试点城市的原因在于，为满足上海国际经济中心、金融中心、贸易中心、航运中心和科技创新中心的建设，上海在国内较早建设了大数据和云计算中心。《2021上海市数字经济发展研究报告》显示，2019年数字经济对经济增长的贡献率为67.7%，是驱动我国经济增长的核心关键力量。数字经济在上海占主导地位，GDP占比已超过50%，大量高新企业和新基建相关企业为上海数字经济发展提供了支持和保障。从数字产业化发展来看，上海市数字产业化增加值超过1000亿元，且与地区产业结构密切相关。从产业数字化发展来看，上海市产业数字化增加值规模超过1万亿元，产业数字化占GDP比重最高，超过40%，已成为上海市驱动数字经济发展的主引擎，在数字经济产业融合方面，除"互联网+农业"之外，其他领域数字经济均得到了良好发展。

选择深圳作为调查试点城市的原因在于，深圳作为我国"最互联网的城市"，坐拥腾讯、华为等科技与数字经济巨头企业，数字经济已成为深圳引领区域经济发展的重要推动力。近年来深圳市以数字产业化和产业数字化为主线，加快打造数字经济创新发展试验区，取得了显著成效。根据国家统计局统计口径，2020年，深圳市数字经济核心产业增加值达到8446.6亿元，占全市GDP比重30.5%，总量和比重都位居全国第一。与此同时，深圳数字基础设施建设加快发展。2020年，深圳市建成5G基站4.76万个，率先实现全国乃至全球城市5G信号的全覆盖。公共场所免费WLAN覆盖率超90%，成为中国最互联网城市。物联感知网初具规模，实现NB-IoT网络市区重点区域感知设备初步覆盖，并在全国率先开展全市范围的多功能智能杆部署。

选择苏州作为调查试点城市的原因在于，苏州是江苏省经济最发达、现代化程度最高的城市之一，是拥有3万多亿元工业总产值的现代化工业城市。截至2020年底，江苏省已累计开通5G基站7.1万个，排名全国第二，其中移动5G基站有3.7万个。全省手机用户在江苏省使用5G的数量达到1778万。5G网络已经覆盖各县（市、区）城区、重点中心镇及产业园区，地铁、高速公路以及机场、车站等交通枢纽也实现了5G网络全覆盖。2020年苏州市数字经济指数得分78.8分，达到数字经济新一线城市水平；数字经济规模为9827亿元，位列全国第五。

选择武汉作为调查试点城市的原因在于，武汉是我国中部地区的中心城市，全国重要的工业基地、科教基地和综合交通枢纽城市。2018年，武汉数字经济增加值达5772.06亿元，占GDP比重为38.9%，位列中部第一。2019年，武汉地区生产总值增长7.4%，其中数字经济占比达到40%。武汉具备数字经济发展的有利条件,拥有一批数字经济领域的创新平台、核心技术、关键企业和产业集群,涌现出了一批新模式新业态,并深刻影响着武汉高质量发展、高品质生活、高效能治理的各个领域。作为国家级智慧城市试点之一,武汉在医疗、教育、社保领域内的数字化应用相当普遍,此外以电子政务形式服务于政府、企业、社区和居民生活的智慧社区也给民众生活带来极大的便利。疫情冲击下,加速了数字经济与传统产业的融合创新,武汉催生出众多新业态和新商业模式,为行业发展、经济增长提供新的推动力量。

选择西安作为调查试点城市的原因在于,西安是著名历史古都城市,是西部经济中心、丝路科创中心、对外交往中心、丝路文化高地、内陆开放高地。西安的高等教育、人才和科研等优势在全国仅次于北京、上海,具有较好的人才优势。近年来,西安抢抓机遇,把发展数字经济作为推动高质量发展的战略选择,深入推动数字产业化和产业数字化,推进新型基础设施建设,深化与数字经济领军企业战略合作,广泛集聚数据、人才、技术、资金等高端资源要素,在数字技术创新应用、高端装备制造业转型、智慧城市发展、数字政府建设、消费业态升级等方面塑造新格局,取得新气象,为谱写西安新时代追赶超越新篇章注入蓬勃动力。

选择重庆作为调查试点城市的原因在于,重庆是我国中西部地区唯一直辖市,是著名的消费城市,国家中心城市。2018年至2020年,重庆市数字经济分别增长13.7%、15.9%、18.3%,增速逐年走高,数字经济规模达到6387亿元。2021年上半年,重庆市高技术制造业和战略性新兴制造业增加值同比分别增长31.9%和30.1%,新兴产品增势强劲;新增1.6万家企业"上云上平台",全国15个工业互联网"双跨"平台中已有11个布局重庆,全市"上云上平台"企业达8.7万户。重庆,正站在数字经济的潮头,乘风破浪。

选择郑州作为调查试点城市的原因在于,郑州是华夏文明的发源地,国家级历史文化名城。又处在得天独厚的地理位置,依据河南省发改委和中国信息通信研究院联合发布的《河南省数字经济发展报告(2021)》,2020年郑州市数字经济总量接近5000亿元,占GDP比重超过41.4%。2020年全市战略性新兴产业比重38.8%、提高8.1个百分点;新增"接链"企业2837家,"上云企业"达到3.2万家。此外,总投资846.7亿元的79个新基建重点项目开建,新华三智慧计算终端全球总部基地、中国长城(郑州)自主创新基地等重大项目开工建设,鲲鹏生态软件小镇初具规模。5G基站实现市区、县城全覆盖。城市大脑一、二期建成投用,智慧交通、智慧城管、智慧医疗等14个领域118个应用场景上线运行,成为全国场景应用最多的数字化运营城市。

选择济南作为调查试点城市的原因在于,济南是中国东部沿海经济大省——山东省的省会,是国务院公布的国家历史文化名城之一,是全省政治、经济、文化、科技、教育和金融中心,是国家批准的沿海开放城市和副省级城市,是"全国城市综合实力50强"

和"全国投资硬环境40优"的城市之一。近年来，济南市坚持智慧城市与产业发展一体推进，完善提升城市生活"一屏感知"、政务服务"一网通办"、城市运行"一网统管"和产业发展"一网通览"四大智慧应用赋能体系，加快城市数字化、网络化、智慧化转型升级步伐，着力提高城市治理体系和治理能力现代化水平，持续提升智慧泉城的美誉度和知名度，数字经济发展排名靠前。

选择长沙作为调查试点城市的原因在于，长沙作为湖南省省会城市，享受着得天独厚的政策条件。2020年长沙组建了市级新型智慧城市建设运营专业国有公司——长沙数智科技集团有限公司，搭建了供需枢纽和信息平台——"数字星城"生态共建联盟，成员企业已超600家；先后成立了长沙市新型智慧城市建设研究会、专家库等智库机构，一个"政产学研用"多方联动、协调发展的数字经济生态体系正在成型，数字化、智慧化水平相对较高。

2）本次调查的重点为消费者对数字经济服务质量的满意度情况，故选取了网络购物、餐饮外卖、共享单车、在线教育、移动支付、即时通信、网络社交媒体、网约车出行、知识付费、互联网医疗、影视听娱乐、线上办公、线上直播、短视频平台、共享住宿、旅游平台其他等17项常见业态进行调查。其中，根据消费者对"近三个月最常使用的数字经济服务"的选择，发现网络购物、移动支付、餐饮外卖、共享单车、短视频平台、即时通信、网络社交媒体、在线教育等8个业态最受消费者青睐，八者总共的入选比例达72%左右。因此，最终确定8个与消费者生活密切相关的业态进行量化评价分析。

网络购物是最早的数字经济服务之一，在中国消费者的支持下，中国网络购物的市场规模快速增长、创新成果迅速普及，带动了中国互联网企业及其商业模式竞争力进一步增强。此外，近几年新兴的"网络直播购物"新形式，更为网络购物的发展注入活力。截至2021年6月，我国网民规模达10.11亿人，较2020年12月增长2175万人，互联网普及率达71.6%。其中，我国网络购物用户规模达8.12亿人，较2020年12月增长2965万人，占网民整体的80.3%。网络零售成为消费新引擎，2021年上半年，全国网上零售额61133亿元，同比增长23.2%。其中，实物商品网上零售额50263亿元，增长18.7%。自2013年起，我国已连续八年成为全球最大的网络零售市场。随着以国内大循环为主体、国内国际双循环的发展格局加快形成，网络零售不断培育消费市场新动能，通过助力消费"质""量"双升级，推动消费"双循环"。

移动支付的崛起，得益于我国消费者对移动支付的认可，是最具有典型特征的数字经济服务。中国支付清算协会的统计数据显示，2018年商业银行移动支付交易笔数605亿笔，交易规模277万亿元；非银支付机构移动支付笔数4723亿笔，交易规模168万亿元。移动支付行业发展非常迅速，市场规模迅速扩大。移动支付的快速发展，提高了支付结算速度和实体经济资金使用效率，在促进传统产业升级的同时，也培育了共享经济等新的数字经济增长点，促进数字经济与实体产业实现融合发展。

数字经济助力餐饮业重塑底气，2020年新冠肺炎疫情使餐饮消费市场受到严重冲击。国家统计局数据显示，2020年全年全国餐饮收入39527亿元，同比下降16.6%。分季度看，2020年春节至3月份，全国七成以上餐饮企业营收下降90%以上。2020年二季度营业额平均恢复至2019年同期的60%。三季度比二季度增长44%，恢复至2019年同期的97%。2020年10月份餐饮收入首次转正，增长0.8%。疫情倒逼餐饮企业加速数字化、线上化，而数字化能力更强的连锁餐饮企业则显示出了更强的恢复能力。经历了2020年，数字化、线上化让不少餐饮企业拥有了抵御风险的能力。而在当前疫情形势复杂性和严峻性尚存的背景下，餐饮企业也都有了更充分的准备和计划。在严峻的经营形势下，数字化转型成为餐饮企业的"救命稻草"，拓展外卖业务满足居家消费需求、借力本地生活平台深耕私域流量、加速零售化进程打造"第二曲线"……在数字化基因的注入下，餐饮业从被重创到得以重塑，消费回补筹码更多、底气更足。

共享单车依托数字经济发展，以其无桩、智能、支付便捷等优势在我国各大中小城市快速发展，逐步取代传统定桩公共自行车，成为城市综合交通系统的重要组成部分。共享单车对城市交通的主要影响有两个方面：一是城市绿色出行的重要组成部分，有利于节能环保；二是优化城市公共交通出行链，形成步行短距离接驳、共享单车中等距离接驳、地面公交长距离接驳的居民出行方式，是一种绿色高质量的数字经济服务业态。

短视频平台是依托互联网蓬勃兴起的一种新型业态，2021年，移动数字经济发展迅速、用户消费习惯变迁……商业社会正在快速发生变化。互联网的发展将人们的注意力转移到线上，线下的市井商业也随之转移到网络中，当场景跨越空间和地理，虚拟和现实发生交替，短视频平台正在成为极为贴近市井生态的线上场所：在丰富多元的内容场景中，有娱乐、有消费、有信任，也有烟火气，线上市井越来越热闹。《2021中国网络视听发展研究报告》显示，截至2020年12月，我国网络视听用户规模达9.44亿人，较2020年6月增长4321万人，网民使用率为95.4%。我国短视频用户达8.73亿人，用户平均每天花2小时看短视频。短视频、直播作为新兴的信息传播方式，与电商、旅游等产业融合，传播场景持续扩展，已逐渐成为其他应用的基础功能，带动自身产业发展。

新社交时代的来临，如今，我们的星球每时每刻都在跳动着数以万亿计的数字社交信号，用状态更新、新闻故事、推特（Twitter）、捅一捅（Poke）、帖子、推荐、广告、通知、分享、签到以及来自社交网络好友、新闻媒体、广告商和群体的评价等信息流轰炸着我们。这些信号通过脸书（Facebook）、色拉布（Snapchat）、照片墙（Instagram）、油管（YouTube）和推特等平台传递到我们永远在线的移动设备上，并通过旨在优化连接，加速互动，并通过量身定制的内容流最大化参与度的算法发送到我们的社交网络。同时，网络社交媒体推动了企业信息的透明化，提升了产品质量，丰富了个人生活，是人们日常生活不可或缺的一部分，也是数字经济发展的关键一环。

在线教育业态是在2020年疫情期间取得长足发展的业态，在线教育培训行业同时成为最受资本青睐的产业之一。受新冠肺炎疫情的影响和市场需求的大幅增加，在线教育在2020年以成倍的速度进行发展。根据网经社统计数据显示，2013—2020年，中国在线教育领域投融资总数量达到1021起，投融资总金额高达1313亿元。在在线教育背景下，网络具备了三大新型能力：一是人成为网络中的内生要素，同时是内容的生产者与消费者，在教育层面引发出相互学习；二是异构网络，利用互联网增加学习娱乐性、激发学习主动性；三是数字化能力，网络能够支持泛在连接，产生海量的关系数据，进一步开发中国的教育红利、智慧红利。正所谓"数字经济新业态与在线教育新未来"，数字经济与在线教育在发展过程中相互促进，共同助力中国互联网经济的发展。

2. 企业调查对象的选择和样本抽样设计优化

本次调查结合《关于加快推进国有企业数字化转型工作的通知》《关于深化"互联网+先进制造业"发展工业互联网的指导意见》《"十三五"国家信息化规划》和《国家信息化发展战略纲要》等初步拟选信息传输软件和信息技术服务业、教育、金融业、电力热力燃气及水生产和供应业、文化体育和娱乐业、制造业、批发和零售业等13个数字经济化转型中的行业或符合国家数字经济建设且发展迅猛的行业进行。

选择信息传输、软件和信息技术服务业作为调查研究行业的原因在于，信息传输、软件和信息技术服务业是数字经济发展的基础，是数字中国建设、制造强国的关键支撑，该行业数字化建设对于现代化体系建设具有重要意义。其次，在《"十四五"数字经济发展规划》中对于"大力推进产业数字化转型"要求全面整合企业内部信息系统，强化全流程数据贯通，加快全价值链业务协同，形成数据驱动的智能决策能力，提升企业整体运行效率和产业链上下游协同效率。而信息传输、软件和信息技术服务行业的数字化建设发展有利于各行业的数字化基础建设，为数字经济发展提供基础。

选择教育作为调查研究行业的原因在于，教育行业的数字化转型相对具有独特性，长期以来，多数教育机构更依赖传统的线下获客线下教学或线上获客线下教学的模式，由此形成惯性，并没有太多动力走向数字之路，但是疫情导致教育行业数字化转型已经不再是行业的可选项目，而是必需项目，不仅仅是教育行业对大部分企业来说数字化已经是实现"再增长"的标配。因此通过对教育行业的研究，能够了解目前教育行业的数字化转型所遇到的问题。

选择金融业作为调查研究行业的原因在于，"我们需要银行业，但是我们将不需要银行"，比尔·盖茨在20多年前的这句预言在疫情期间得到了较多的印证，2020年的疫情对全球金融行业影响持续深远，整个经济的数字化转型会加快推动、呼唤金融行业的转型，而中国金融业能不能抢占世界金融的制高点也将取决于金融业的数字化转型结果，因此对于金融行业的数字化转型建设研究有利于更进一步地了解传统企业在转型中遇到的问题。

选择电力、热力、燃气及水生产和供应业作为调查研究行业的原因在于，在以往的数字化研究中，研究重点主要聚焦于和互联网相关或主要生产行业，但是对于居民生活的基础配套企业所在行业的数字化研究较少。而在2020年初的疫情中可以看出基础设施行业的数字化建设对于居民正常生活有着重要的影响，在推进"新基建"，推进数字化转型中也要充分考虑配套设施所在行业的数字化建设程度。因此在本次研究中加入了对于电力、热力、燃气及水生产和供应业数字化转型的研究。

选择文化、体育和娱乐业作为调查研究行业的原因在于，2020年新冠肺炎疫情以来，电影院多次关停、剧场演出关闭等使得传统演艺行业受到了严重打击，而2020年中国在线音乐演出市场规模迅猛发展，观看的用户规模已经超过8000万，并且在2020年3月印发的《关于促进消费扩容提质加快形成强大国内市场的实施意见》中明确要求重点推进文旅休闲消费提质升级。

选择制造业作为调查研究行业的原因在于，制造业企业所处发展阶段参差不齐，其数字化转型既包括处于较低发展阶段的企业提高信息化水平，也包括处于较高发展阶段的企业实现数字化，在国家政策、资金支持下制造业数字化转型已经取得了一定成效，但是目前制造业的数字化建设还存在着技术基础与信息基础设施相对薄弱、数据共享水平低、数据安全保护问题需要进一步加强等问题，这些问题阻碍了制造业深入数字化转型的道路。其次，近两年全球主要工业国家陆续推出了新的经济发展计划，开始注重互联网经济和数字化技术对经济发展的影响，数字化成为全球制造业企业的发展趋势，因此通过对制造业数字化转型建设程度研究，有利于了解目前制造业数字化转型遇到的问题，为制造业数字化转型提供优化方向。

选择批发和零售业作为调查研究行业的原因在于，疫情使得线下商业受到影响，批发和零售业线下商业的主要主体需要重新审视数字化建设，数字化不再只是一个锦上添花的附属品。批发和零售业已经进入存量零和竞争状态，精细化运营是大势所趋，快速响应市场需求，提升核心竞争力，是批发和零售业公司需要认真思考的问题，因此企业数字化转型程度将直接影响到企业在之后的竞争中能否脱颖而出。

选择住宿和餐饮业作为调查研究行业的原因在于，住宿和餐饮业作为受疫情影响最严重的行业之一，在近两年的发展受到了极大影响，但与此同时疫情也加快了住宿餐饮行业数字化、绿色化和多业态化的进程。住宿餐饮业企业在疫情后期增加了线上客房预售、食材零售、直播带货、运维私域流量、社群营销、无接触服务等多种数字化服务尝试。通过这些数字化服务，住宿和餐饮业进一步地发展了自身的业务经营范围及经营稳定度。

选择房地产业作为调查研究行业的原因在于，国内房地产业的数字化转型在疫情之前是要远远落后于国内其他行业数字化建设的，主要原因在于房地产业涉及的产业链极其复杂和烦琐、产业链上企业多、交易过程复杂、交易金额巨大、地域属性强等特性。但是随着疫情爆发，行业头部企业经营状况不佳，房地产业的数字化转型成为未来企业是否能够继续生存的重中之重。通过对房地产业的数字化转型建设程度研究，可以为房地产业的企业数字化转型提供思路。

选择交通运输、仓储和邮政业作为调查研究行业的原因在于该行业对消费者的生活已经产生了极大的影响，从市场情况、市场规模、服务情况等各个方面渗入消费者生活的方方面面，因此该行业中相关企业数字化程度与消费者的数字化体验间接产生了影响。例如交通运输、仓储和邮政业引入ERP、OA等系统，优化了信息化管理施工环节，提高了行业效率，实现了交通运输仓储和邮政行业科技体验的普遍化，因此该行业的相关企业有必要进一步优化数字化建设，提升数字化程度，更好地服务于消费者。

选择居民服务、维修和其他服务业作为调查研究行业的原因在于我国经济发展的阶段性转变，对于服务业发展而言将会拥有新的发展机遇，其中产业融合、技术创新和数字经济发展、消费结构升级都是中国服务业增长的主要动力。因此，随着科技进步，克服技术壁垒，提高企业数字化程度，使服务业与其他产业深度融合，也是重中之重，

选择建筑业作为调查研究行业的原因在于，随着宏观经济环境的变化和互联网技术的不断发展，市场逐渐趋于饱和，建筑业的发展开始由增量竞争向存量竞争转换，而数字化转型则是企业立于不败之地的根本解决之路。建筑业已经变成存量市场的时间点，数字化已经迫在眉睫，成为建筑企业争夺存量蛋糕，寻找新的发展驱动力的重要方向之一。

选择卫生和社会服务业作为调查研究行业的原因在于重大公共卫生事件对经济社会的冲击具有长久的影响，在抗击新冠肺炎疫情中，数字技术、数字产业和数字服务发挥了重要作用，患者诊疗、疫情地图、人群追踪、分类管理等，数字技术帮助高效、精准地做好防护与指导，在此次疫情数字技术表现亮眼。因此，数字化技术进一步发展十分重要。

（三）统计方法优化

消费者数字经济服务质量满意度综合评价方法的确定

消费者数字经济服务质量满意度综合评价方法的确定与2020年一致，此处不做过多赘述。企业数字化建设程度综合评价方法的确定如下。

（1）权重确定

为得出企业数字化建设程度指数得分，需要通过对企业管理、创新竞争、参与维度、信息保护四个观测维度进行加权计算。因此需要算出四个观测维度的计算权重，本研究采用了主观赋权中的德尔菲法和层次分析法来确定四个观测维度的计算权重，采用客观赋权中的熵值法来确定二级指标的计算权重。打分的专家由质量综合管理部门的管理者、对外

经济贸易大学、首都经济贸易大学、中央财经大学、中国消费者协会、中国质量协会、中国移动通信有限公司、华为技术有限公司、腾讯科技有限公司、阿里云等相关研究领域的多位专家组成。通过各位专家打分，经过具体计算，企业管理、创新竞争、参与维度、信息保护四个观测维度的计算权重分别为0.22、0.38、0.07、0.33，见表6-1。

表6-1　数字化建设程度观测维度的计算权重

观测维度	计算权重
企业管理	0.22
创新竞争	0.38
参与维度	0.07
信息保护	0.33

（2）企业数字化建设程度指数计算方法

第一步：计算各观测维度二级指标权重及得分

企业管理指数=$\frac{1}{N}\sum_{j=1}^{N}$企业管理$_j$，创新竞争指数=$\frac{1}{N}\sum_{j=1}^{N}$创新竞争$_j$，参与维度指数=$\frac{1}{N}\sum_{j=1}^{N}$参与维度$_j$，信息保护指数=$\frac{1}{N}\sum_{j=1}^{N}$信息保护$_j$，其中$N$为各维度调查样本数。

第二步：计算企业数字经济建设程度指数

企业数字经济建设程度指数=企业管理指数×0.22+创新竞争指数×0.38+参与维度指数×0.07+信息保护指数×0.33（其中企业管理、创新竞争、参与维度、信息保护均为百分制，满分为100）

（3）计分方法

本次调查的单个问题均采取李克特量表进行打分，在调查结束后进行了数据制度变换，把原始得分映射到"初始最低分—100分"区间。50为企业数字化建设程度强弱的临界点，表示企业数字化建设呈一般状态。在企业数字化建设程度及各维度分析层面，本研究所采用的数据分值范围见表6-2。

表6-2　企业数字化建设程度观测指标层级划分

分值区间	等级层次
0~25	差
26~50	较差
51~60	及格
61~79	较好
80~100	好

四、2021年度数字经济服务质量调研样本结构

（一）消费者样本量与分布

1. 消费者调查样本量

本次调查共计回收5207个成功访问的样本，复核后剔除453个不合格样本，最终有效样本数为4754个，废卷率为8.70%。对于原始数据，项目组成员对甄别问卷部分进行数据清洗，将无效答案问卷、答案逻辑有误的问卷剔除，并对文本题目的答案一一进行人工核对与分类，最终完成全部的数据清洗，见表6-3。

表6-3 清洗前后样本量

城市	清洗前样本量	清洗后样本量	废卷率
北京	360	327	9.17%
成都	347	324	6.63%
广州	340	319	6.18%
贵阳	293	234	20.14%
哈尔滨	304	278	8.55%
杭州	310	291	6.13%
南宁	293	267	8.87%
上海	361	333	7.76%
深圳	340	315	7.35%
苏州	325	295	9.23%
武汉	332	293	11.75%
西安	320	292	8.75%
重庆	375	343	8.53%
郑州	314	294	6.37%
长沙	310	278	10.32%
济南	283	271	4.24%
总计	5207	4754	8.70%

2. 消费者调查样本的分布

经数据清洗和整理后，对数字经济服务的调查群体做进一步分析，发现：数字经济服务质量满意度调查的受访者群体较为年轻，大多在21~30岁，女性居多，教育程度较

高，多为本科及以上学历，拥有中高等的收入和消费支出水平，数字经济服务消费支出水平较高。

（1）年龄分布

受访者年龄大多在21~40岁，总占比达66.64%；其中26~30岁区间所占比例最高，为30.16%。这部分群体思维较活跃，使用互联网频率较高，更易接受数字经济这种消费模式，且对数字经济模式有较高的需求。受访者年龄分布如图6-1所示。

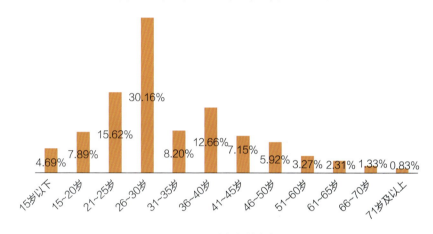

图6-1 受访者年龄分布

（2）性别分布

受访者中女性比例高于男性比例，但总体比例较为均衡，所收集的数据能够较好地涵盖性别特征。受访者性别分布如图6-2所示。

（3）婚姻状况分布

受访者中已婚比例高于未婚比例。受访者婚姻状况分布如图6-3所示。

图6-2 受访者性别分布　　图6-3 受访者婚姻状况分布

（4）教育程度分布

从受访者教育程度上看，学历在大专及以上的受访者占比为66.75%，其中本科及以上占主体，为48.94%。这部分群体文化程度较高，视野更宽广，对互联网等产品使用频率、使用需求较高。受访者教育程度分布如图6-4所示。

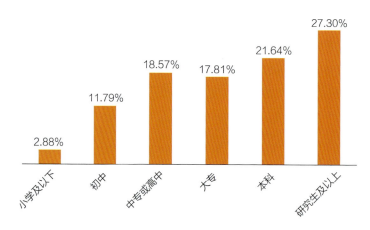

图6-4 受访者教育程度分布

（5）月平均收入分布

有22.15%的受访者无月收入，这是由学生身份的受访者比例较大所致。在有收入的群体中，受访者月平均收入大多在3k~20k（1k=1000元人民币），其中8k~10k区间所占比例最多，为18.06%。这部分群体生活水平较高，有一定经济实力进行数字经济服务的消费。受访者月平均收入分布如图6-5所示。

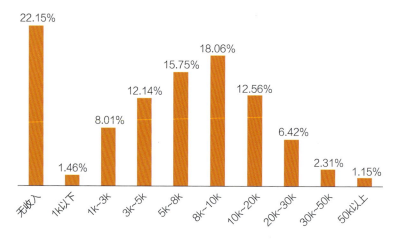

图6-5 受访者月平均收入分布

（6）月平均消费支出分布

受访者月平均消费支出大多在1k~8k，其中3k~5k区间所占比例最多，为24.70%。受访者月平均消费支出分布如图6-6所示。

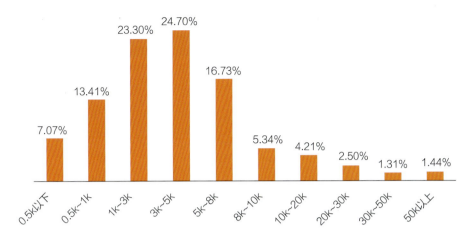

图6-6 受访者月平均消费支出分布

（7）数字经济月平均消费支出分布

受访者最近三个月在数字经济服务上的月平均消费支出大多在0.1k~5k，总比例为77.20%。其中0.1k~0.5k区间所占比例最多，为27.22%。结合受访者月平均消费支出，可以看出，数字经济服务消费在受访者的全部消费中占有较大比例。受访者数字经济服务月平均消费支出分布如图6-7所示。

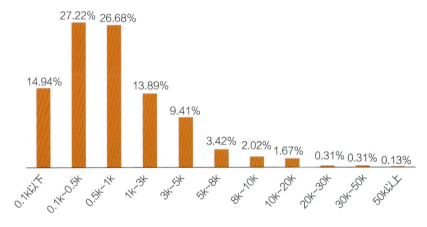

图6-7 受访者数字经济服务月平均消费支出分布

3. 消费者数据信度检验

信度（Reliability）即可靠性，它是指采用同样的方法对同一对象重复测量时所得结果的一致性程度。目前，国内外采用问卷进行的调查，通常是对问卷的内部一致性信度进行分析，其中克隆巴赫系数（α）的应用最为广泛。对消费者数字经济服务满意度清洗后的数据进行信度检验的结果如下，得到的克隆巴赫系数为0.814，说明调查的结果具有较高的可靠性（见表6-4）。消费者数据KMO检验结果见表6-5。

表 6-4　消费者数据克隆巴赫系数的度量标准

克隆巴赫系数 α	内部一致性
α ≥ 0.9	非常好
0.8 ≤ α < 0.9	较好
0.7 ≤ α < 0.8	可接受
0.6 ≤ α < 0.7	存在质疑
0.5 ≤ α < 0.6	较差
α < 0.5	不可接受

表 6-5　消费者数据 KMO 检验结果

KMO抽样充足性检验值		0.989
Bartlett球形检验	Approx.>Chi-Square	481943.705
	Df	3741
	Sig.	0.000

（二）企业样本量与分布

1. 企业调查样本量

本次调查共计回收1074个成功访问的样本，复核后剔除31个不合格样本，最终有效样本数为1043个，废卷率为2.89%。对原始数据中甄别问卷部分进行数据清洗，将无效答案问卷、答案逻辑有误的问卷剔除，并对文本题目的答案一一进行人工核对与分类，最终完成全部的数据清洗，见表6-6。

表 6-6　清洗前后样本量

所属行业	清洗前样本量	清洗后样本量	废卷率
信息传输、软件和信息技术服务业	370	365	1.35%
制造业	263	261	0.76%
批发和零售业	113	103	8.85%
卫生和社会服务	44	41	6.82%
住宿和餐饮业	37	36	2.70%
教育	36	36	0.00%
金融业	34	34	0.00%
电力、热力、燃气及水生产和供应业	31	29	6.45%
文化、体育和娱乐业	30	27	10.00%
居民服务、维修和其他服务业	26	25	3.85%

（续）

所属行业	清洗前样本量	清洗后样本量	废卷率
建筑业	25	24	4.00%
交通运输、仓储和邮政业	24	23	4.17%
房地产业	13	13	0.00%
其他	28	26	7.14%

2. 企业调查样本的分布

（1）被访者职位分布

受访者职位是部门负责人的比例最高，为42%。这部分群体是企业项目落地的实际推动者，更能了解企业数字经济建设中所遇到的问题及企业正在建设的方向。受访者职位分布如图6-8所示。

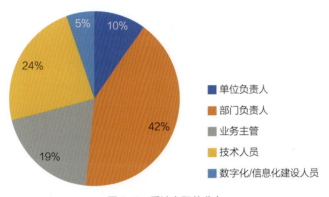

图6-8 受访者职位分布

（2）企业所在行业分布

受访者行业分布中信息传输、软件和信息技术服务业的占比为35%，所占比例最高。随着数字技术接连兴起，数字化转型成为新一轮科技革命和产业变革的主旋律。我国高度重视数字机遇，而信息服务业是数字化转型中的重要推手，因此通过对信息传输、软件和信息技术服务业的调研，能更清楚地了解企业数字化建设程度。受访者行业分布如图6-9所示。

（3）企业规模分布

受访者企业规模分布中，中型企业的占比为51.20%，所占比例最高，小型企业占比为20.61%，大型企业占比为17.93%。通过对不同类型企业调研能更加了解企业的数字化建设程度以及所遇到的问题。企业规模分布如图6-10所示。

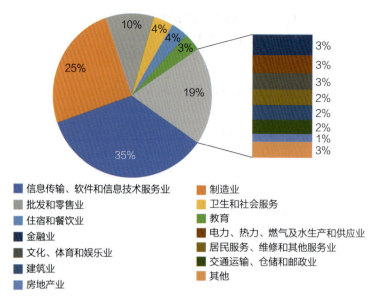

图 6-9　受访者行业分布

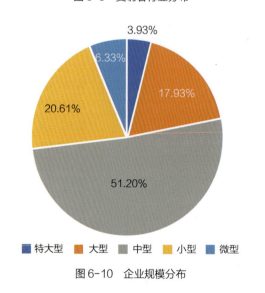

图 6-10　企业规模分布

3. 企业数据信度检验

对企业调研数据进行清洗后，信度检验的结果如下，得到的克隆巴赫系数为0.913（见表6-7），说明调查的结果具有较高的可靠性。企业数据检验结果见表6-8。

表 6-7　企业数据克隆巴赫系数的度量标准

可靠性统计	
克隆巴赫系数	基于标准化项的克隆巴赫系数
0.913	0.799

对企业数据清洗后进行结构效度检验的结果如下,KMO值为0.820,Bartlett球形检验的Sig.值小于0.05,说明该问卷的调查结构具有良好的结构效度。

表6-8 企业数据KMO检验结果

KMO和巴特利特检验		
KMO取样适切性量数		0.820
Bartlett球形检验	Approx. Chi-Square	11004.079
	Df	66
	Sig.	0.000

第七章 数字经济服务质量总体指数与关键指标统计结果

一、消费者满意度总体指数与关键指标统计结果

（一）总体指数统计结果

2021年数字经济服务质量满意度总体表现良好（79.66），总体表现较2019年与2020年的结果均更优，这表明我国数字经济获得更长远更规范的发展，其他各维度指数不尽相同，虽有差异，但大多维度指数在80左右。数字经济服务质量满意度指数包含竞争指数、参与指数、保护指数、共享指数4个一级指标，以上4个一级指标得分按照从高到低排序为：竞争指数、共享指数、保护指数、参与指数。竞争维度得分最高（82.38），高于总体表现（79.66），且高于2019年（75.17）和2020年（79.55）的竞争维度指数。竞争指数表明数字经济服务在外部环境的竞争中不断发展自身优势，用以体现不同城市、不同业态的数字经济服务综合竞争力。其次是共享指数（78.56），共享指数反映最终实现可供广大消费者共享的高质量的数字经济成果，共享维度得分低于2019年（80.60）和2020年（82.10），这可能是受日益增大的数字鸿沟影响。在4个一级指标中，参与维度与保护维度指数得分相对靠后，但二者均高于2020年的指数得分。2021年的参与维度指数（77.84）高于2020年的参与维度指数（74.92）。2021年的保护维度指数（78.54）同样高于2020年的保护维度指数（73.31）。这说明数字经济服务质量满意度的短板主要来自于消费者参与不足、消费者保护机制不够完善，但二者与2020年相比均有所提高，是对数字经济获得高质量发展的进一步证明。

对于二级指标，总体上看，竞争维度下业态管理的得分最高为82.96，其次是基础设施（82.93），再次是技术与创新（82.85），而后是人力资本（82.83），最后为费用管理（74.22）。这一结论充分说明了在数字经济大力发展的同时，首先要做好的是业态管理，其次基础设施建设，再次是技术与创新。不难看出，业态管理、基础设施建设及技术与创新是未来社会数字经济体能否行稳致远的关键法宝。在上述三者具备的情况下，应注重人才投资与引进。共享维度下二级指标得分最高为生活需求（83.84），说明消费者对于数字经济服务所带来的生活方便、高效快捷和生活中幸福感的提升有较高的认可度，且

会向周边人推荐。保护维度下二级指标隐私性的得分虽然仍是最低为73.33，但该得分远高于2020年的65.52，表明消费者对数字经济下隐私性保护的认可。保护维度得分最高的二级指标是自我意识（83.13），表明数字经济服务形式可以较好地实现消费者的自我意识，包括自我选择、消费知情等。保护维度下的二级指标安全性得分为80.79，信任度得分为78.79，两者得分都高于2020年，反映了数字经济在其发展进程不断提高了消费者对数字消费的安全感。参与维度下的深度、广度、力度3个二级指标中，按照得分高低排序为：广度（84.12）、深度（77.13）、力度（74.92）。这体现了数字经济已经涉及我们生活的方方面面，我们日常生活中的衣食住行均已离不开数字经济，未来社会智慧城市甚至智慧社区都将进一步增加数字经济的应用广度、深度和力度。但数字经济的发展深度、力度与广度相比还有差距，还有很大的进步空间，在未来的数字经济发展过程中，我们应大力发展其深度与应用力度，从以上两点着手，打造一批数字化、智慧化的新型城市。

需要特别关注的是，共享维度下的生活需求与普及程度2个二级指标的表现相差较大，生活需求（83.84）远高于普及程度（67.60），出现这种情况应该有多方面的原因。其一，数字经济的覆盖范围日益广泛，融入人们生活的方方面面，这必然会带来生活需求指数的增大；其二，受访人群的爱好等偏差，会造成数字经济发展的传播效果欠佳；其三，地区数字经济的发展不均衡不协调对数字经济造成壁垒等。在未来的数字经济发展过程中，应以"十四五"规划为指引，缩小数字鸿沟，打破数字经济壁垒，大力提升数字经济的普及程度，尤其是共享维度下的三级指标发展水平（65.00）方面要成为促进数字经济服务共享的着力点，即需要着力推动地区经济发展水平，以经济社会大环境的可持续发展来带动数字经济服务的高质量共享。数字经济服务满意度指数及各级指标得分见表7-1。

表7-1 数字经济服务满意度指数及各级指标得分

总指数	一级指标	一级指标得分	二级指标	二级指标得分	三级指标	三级指标得分
79.66	竞争	82.38	基础设施	82.93	网络覆盖	83.53
					宽带速率	82.72
					消费设施	79.18
			业态管理	82.96	服务数量	83.05
					服务质量	82.66
			技术与创新	82.85	研发支出	82.85
			人力资本	82.83	人员素质	82.83
			费用管理	74.22	额外费用	72.16
					费用收取	82.48

(续)

总指数	一级指标	一级指标得分	二级指标	二级指标得分	三级指标	三级指标得分
79.66	参与	77.84	深度	77.13	使用数量	75.47
					评论留言	81.39
			广度	84.12	促进就业	84.12
			力度	74.92	使用频率	75.56
					使用年限	72.34
	保护	78.54	安全性	80.79	交易安全	83.39
					法律保障	73.77
			隐私性	73.33	个人隐私	73.33
			信任度	78.79	维权渠道	76.94
					维权效率	76.87
					售后保障	82.74
					信任程度	83.58
			自我意识	83.13	自主选择	83.56
					消费知情	82.34
					服务感知	83.63
					价格感知	83.33
					信息全面	82.48
	共享	78.56	生活需求	83.84	生活方便	83.71
					高效快捷	83.96
					生活幸福	84.26
			普及程度	67.60	发展水平	65.00
					传播效果	82.33

（二）不同区域统计结果

通过对不同城市的数字经济服务质量满意度指数进行比较，得到各城市的排名（见图7-1）。北京（80.50）、广州（80.00）、杭州（79.64）、上海（79.47）处于数字经济服务质量满意度的第一梯队，消费者对当地数字经济服务的总体满意程度较高，具有良好的数字经济服务发展基础。西安（79.45）、哈尔滨（79.38）、苏州（79.24）三座城市处于第二梯队，重庆（78.98）、成都（78.79）、深圳（78.71）、武汉（78.59）、济南（78.39）五座城市排在第三梯队，郑州（77.97）、南宁（77.89）、贵阳（77.60）、长沙（75.79）排在第四梯队。这些城市在数字经济服务质量满意度得分上各有千秋，例如苏州在数字经济服务保护指数上排名第一。济南在数字经济服务共享指数上排名第一。

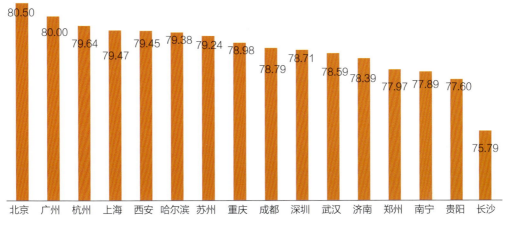

图 7-1 不同城市数字经济服务质量满意度指数

从所调查城市的地理分布来看，杭州、上海、苏州处于长三角地区，得益于数字经济起步较早，数字经济基础设施完善，重视数字经济生态圈建设，重视"以人为本、信息共享"的数字化治理模式，是我国数字经济服务质量满意度得分较高的地区。2020年，由于新冠肺炎疫情的影响，武汉地区大多线下消费、办公活动转移至线上，摆脱空间限制的数字经济领域消费模式尽显优势。数字经济利用其灵活性及技术驱动力，为疫情期间商户开张难、经营难问题提供了解决新思路，为居民日常生活、办公、教育提供了便利。广州、深圳所在的珠三角地区，经济活跃、技术扎实，互联网企业数量多、规模大、底子厚，在数字经济发展水平方面占据优势。近几年，成都、重庆在双城"共建国家数字经济创新发展试验区"的引领下，在研发支出、人口素质等方面有了一定的进步，但由于底子薄、发展时间较短，成都、重庆的数字经济"双城记"仍有较长的路要走。贵阳、西安、南宁、哈尔滨所在的经济发展较落后的地区，由于与数字经济发达地区存在地理距离的鸿沟，在宽带速率、网络覆盖、服务数量、传播效果等方面还存在差距，竞争和共享水平相对较差。不同城市数字经济服务满意度指数及四项分指数排名见表7-2。

表 7-2 不同城市数字经济服务满意度指数及四项分指数排名

城市	总满意度	竞争	参与	保护	共享
北京	1	11	1	2	6
广州	2	8	4	9	7
杭州	3	9	8	5	8

（续）

城市	总满意度	竞争	参与	保护	共享
上海	4	10	3	6	9
西安	5	4	16	4	10
哈尔滨	6	12	10	3	4
苏州	7	2	2	1	16
重庆	8	5	5	10	12
成都	9	6	6	14	11
深圳	10	7	7	13	13
武汉	11	13	11	8	5
济南	12	14	13	15	1
郑州	13	15	12	12	3
南宁	14	16	15	7	2
贵阳	15	1	14	11	14
长沙	16	3	9	16	15

在数字经济服务质量满意度总得分上，处于第二梯队的西安（79.45）、哈尔滨（79.38）、苏州（79.24）等城市与处在第一梯队的北京（80.50）、广州（80.00）、杭州（79.64）、上海（79.47）四个城市相比，主要差距体现在数字经济服务的参与性得分（平均差距为2.97）和竞争性得分（平均差距为1.41），而2020年参与性得分平均差距为5.49，竞争性得分平均差距为1.47，这反映了数字经济在不同城市的发展差距正在不断缩小，数字经济的发展在一定程度上提高了消费者的参与度。第二梯队的城市应着重在数字经济服务的基础设施建设方面下功夫，深化网络、基础设备、服务质量等的建设，以此来发展消费者使用数字经济服务的深度、广度、力度，形成有自身城市特色的数字经济服务发展模式。同时，处于第二、三梯队的西安、哈尔滨、苏州、武汉、深圳、济南、成都、重庆八个城市需加强数字经济服务的共享性，提高数字经济服务的普及能力，进一步满足消费者的生活需求。

重庆（78.98）、成都（78.79）、深圳（78.71）、武汉（78.59）、济南（78.39）五座城市排在第三梯队上，郑州（77.97）、南宁（77.89）、贵阳（77.60）、长沙（75.79）排在第四梯队，与第一、二梯队的北京、上海、杭州、广州等城市相比较而言，仍存在一定差距，特别是在保护得分和共享得分方面差距明显。经分析导致这种情况的原因主要有两方面：一方面由于贵阳、南宁、哈尔滨、西安四个城市处于我国的内陆和经济欠发达地区，城市综合竞争力较第一梯队和第二梯队的城市低，消费体量和消费者需求相对薄弱，但此次调查结果显示,西安的数字经济服务质量满意度得分较前两年有很大的变化,名次往前跨越明显,追根溯源,课题组认为2021年全运会在西安举办极大地带动了数字经济的发展,还有一个显而易见的原因是线上办公、线上教育等需求倒逼数字经济市场的发展,从而使得西安的数字经济满意度得分进步明显;另一方面,处于第四梯队四个城市的数字经济服务起步较晚,缺乏大型数字经济服务平台和超大型互联网企业的落地,对数字经济的保护未形成有效的体制机制。第三、四梯队城市缩小与第一、第二梯队城市的差距需进一步深化数字经济的售后服务,加大对消费者的保护力度,提高数字经济服务满足消费者生活需求的能力。

(三)关键业态统计结果

在2021年度数字经济服务满意度调查中,共涉及在线教育、网约车出行、餐饮外卖、共享单车等16项业态。其中,在线教育、即时通信、网约车出行、互联网医疗、餐饮外卖、共享单车、网络社交媒体和移动支付是我们日常生活中涉及范围最广、参与群体较多的八大业态,且上述八大业态在本次调研中,总指标得分排名处于前八位。因此,我们将在线教育、即时通信、网约车出行、互联网医疗、餐饮外卖、共享单车、网络社交媒体和移动支付作为八大关键业态进行分析。

通过对关键业态的数字经济服务质量满意度指数进行比较,得到各业态的排名(见图7-2)。不同业态的数字经济服务质量满意度总体得分均在75分以上,其中在线教育(81.79)和即时通信(81.68)的满意度指数最高;网约车出行(81.24)、互联网医疗(81.09)、餐饮外卖(80.83)、共享单车(79.90)、网络社交媒体(79.88)的满意度指数分列第三到七位;得分较低的是移动支付(79.78)。不同业态的数字经济服务质量满意度差距不大且各有亮点,整体上仍有较大发展空间。

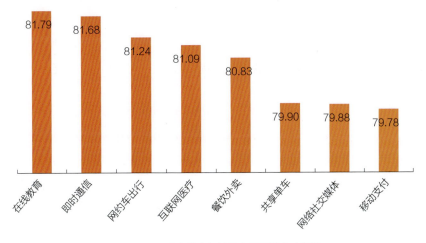

图 7-2 不同业态数字经济服务质量满意度指数

排在第一位的是在线教育。数据显示，中国职业技能教育市场保持增长势头，2020年中国职业技能教育市场规模达到1415亿元，较2019年增长7.4%。随着经济恢复和对职业教育利好的政策出台，预计2021年市场规模将达到1719亿元。视频作为在线教育课程的重要载体，在发展过程中形成了录播和直播两种主要的形式。5G技术能够提高网络的速度和稳定性，5G技术在在线教育直播课的应用提高了直播的稳定性和即时性，营造沉浸式教学体验，提高了教师学员间的互动效率。未来5G技术与VR、AR、全息投影等技术的结合将更进一步提高直播课程的教学效果，加快中国在线教育市场的发展。

排在第二位的是即时通信。微博、论坛、微信、社交网站为代表的网络社交媒体都在不断地创新发展，从文字信息，到图像、声音，再到视频，给用户的直观感受逐渐变强，提升了用户使用的便捷性与趣味性。

排在第三位的是网约车出行。当下网约车平台不断涌现，并且服务质量相比传统出租车更有优势，因此越来越多的人在出门时会选择网约车这一通行方式，网约车用户规模不断扩大。中国互联网络信息中心发布的《中国互联网络发展状况统计报告》显示，截至2020年12月，我国网约车用户规模达3.65亿，较2020年3月增长298万，占网民整体的36.9%。数据显示，2019年全国网约车交易规模突破3000亿元，已进入高速发展阶段。受疫情影响，2020年网约车交易规模将有所下降，2021年有所回升，到2022年交易规模将保持增长，有望突破4000亿元。

排在第四位的是互联网医疗。"互联网+医疗"是以互联网为载体，借助移动通信技术、云计算、物联网、大数据等信息技术，与传统医疗健康服务深度融合而成的一种新型医疗健康服务体系。它打破医疗资源分布的时间和空间局限，可为患者提供便捷、高效的医疗服务。互联网医院是"互联网+医疗"与传统医院改革有机结合后产生的，依托实体医院，运用互联网技术提供安全适宜的医疗服务。

排在第五位的是餐饮外卖。由于外卖的便利性，以及"宅文化"的流行，我国外卖行业相关企业注册量由2015年的0.43万家上升至2019年的4.71万家。受疫情影响，餐饮企业纷纷转向网上平台，2020年我国外卖行业新注册相关企业共77.57万家，同比猛增1546.92%，其中个体工商户占比93.9%。但外卖行业仍然存在平台管理缺失、商家粗放经营、责任不分明等突出问题，食品安全、商品损坏、配送超时的现象时常发生，影响了外卖行业满意度指数的得分。

排在第六位的是共享单车。据交通运输部以及国家信息中心发布数据测算，2020年中国两轮共享出行用户规模达到2.87亿人，同比上升10.8%。前瞻认为，2019年后，行业无序竞争所带来的负面影响逐渐消退，存量消费者用户体验回升提升了用户用车次数及频率，同时新增消费者的进入也不再是基于各类促销以及尝鲜，而是更多的处于理性消费需求的考虑。在健康稳定的竞争格局里，依然留存下来的用户是真正的用户，未来行业市场规模仍将稳步提升。结合调查结果，课题组认为共享单车的公共停放点不足、解锁定位等相关技术尚不完善，导致单车乱停乱放、扰乱交通秩序等安全性问题并影响了其排名。

排在第七位的是网络社交媒体。根据CNNIC数据显示，2020年我国手机网民规模已经达到9.86亿人，占网民比例高达99.7%。截至2021年6月，中国手机网民规模达到10.07亿人，较2020年12月增长2092万人，网民使用手机上网的比例为99.6%，与2020年12月基本持平。手机网民规模的增长以及占比的提升推动了我国移动社交行业的快速发展。但网络社交媒体也有其弊病，社交软件中最大的弊端就是安全感和舒适度，这一弊病出现的主要原因就是大部分社交软件没有门槛，进来的人鱼龙混杂，所以安全系数也就下降了，导致网络社交媒体满意度指数不高。

排在最后的是移动支付。移动支付被誉为中国的"新四大发明"之一（其余三个是电商、高铁和共享单车），移动支付是指使用普通手机或者智能手机完成支付或者确认支付，非现金、支票或者银行卡支付，因其具有便捷性、安全性、环保性等特性而深受广大消费者青睐。使用移动支付，消费者同样有信息泄露的顾虑，使用移动支付，平台会掌握消费者的个人信息，如果管理不当或是有黑客通过非法途径以此获取个人信息，造成信息泄露，不法分子掌握了个人信息对用户可能造成严重后果，这正是造成移动支付排名相对靠后的原因。

从八个关键业态来看，数字经济服务质量满意度得分中竞争性得分是最高的，综合得分虽各有差异，但不同业态的得分均在80分以上，其次是共享性得均在77分以上，参与性和保护性方面的服务质量满意度相对较低。上述结论反映了数字经济发展过程中，竞争与共享是相辅相成的，不论是从消费者角度还是从企业角度来说，数字经济的发展过程中需要行业竞争和个体竞争，有竞争才有共享。参与性不够广，保护性指标得分不够高，是需要关注的，在未来的数字经济发展过程中，我们应该从参与性和保护性两方面入手。从数字经济服务不同业态的调查结果分析可知，在线教育与即时通信在竞争、参与、保护、共享四个维度上排名均靠前，得分上均具有明显优势。住宿共享与线上直播的参与性排名分列第1第2位，但在保护、共享维度的得分排名处于末端。线上办公、知识付费、影视听娱乐、网络购物等业态在四大维度上得分均未表现出任何优势，未来仍需进一步发展。不同业态数字经济服务满意度及四项分指数排名见表7–3。

表 7-3　不同业态数字经济服务满意度及四项分指数排名

业态	总满意度	竞争	参与	保护	共享
在线教育	1	2	3	1	1
即时通信	2	1	4	2	2
网约车出行	3	3	8	4	3
互联网医疗	4	5	11	3	4
餐饮外卖	5	4	5	5	5
共享单车	6	11	16	6	6
网络社交媒体	7	7	10	8	7
移动支付	8	9	14	7	8
网络购物	9	12	13	9	9
线上办公	10	14	12	13	10
知识付费	11	13	9	10	11
影视听娱乐	12	16	15	12	12
旅游平台	13	10	6	11	13
短视频平台	14	15	7	14	14
住宿共享	15	8	1	16	15
线上直播	16	6	2	15	16

（四）四大维度统计结果

1. 竞争维度

数字经济服务竞争指数，表明数字经济服务要在外部环境的竞争中不断发展自身优势，包括基础设施指数、业态管理指数、技术与创新指数、人力资本指数、费用管理指数5个二级指标，用以反映目标地区的网络覆盖、宽带速率、消费设施、服务数量、服务质量、研发支出、人员素质、额外费用、费用收取等数字经济服务质量相关领域的发展水平。

（1）整体发展水平

就竞争维度整体而言，费用管理二级指标的得分较低为74.22，加大对费用制定、费用收取的关注是提升数字经济服务竞争能力的关键。此外，加大从业人员各方面的素质和技能也是今后数字经济服务质量改进的着力点。需肯定的是，消费者对当前数字经济服务的业态管理水平（82.96）、技术与创新水平（82.85）较为认可，我国在数字经济发展方面，新技术、新产品、新业态层出不穷，实现了数字技术与应用从跟跑向并跑和部分领跑迈进的新格局，因此消费者在服务数量、服务质量和技术水平方面有较高的满意度。此外，随着我国5G技术应用的推广和基站数量的不断增多，数字经济发展的基础设施不断完善，网络覆盖率较高，自主消费设施较便捷等，使得消费者对业态管理水平（82.96）有最高的满意度。数字经济服务竞争指数得分情况见表7-4。

表7-4　数字经济服务竞争指数得分情况

一级指标	一级指标得分	二级指标	二级指标得分	三级指标	三级指标得分
竞争	82.38	基础设施	82.93	网络覆盖	83.53
				宽带速率	82.72
				消费设施	79.18
		业态管理	82.96	服务数量	83.05
				服务质量	82.66
		技术与创新	82.85	研发支出	82.85
		人力资本	82.83	人员素质	82.83
		费用管理	74.22	额外费用	72.16
				费用收取	82.48

（2）城市间比较

在数字经济服务质量竞争指数得分的排名中，贵阳、苏州、长沙、西安处于第一梯队，得分超过84.00；重庆、成都、深圳、广州、杭州、上海、北京处于第二梯队，得分超过80.00；哈尔滨、武汉、济南、郑州、南宁处于第三梯队。第一梯队中，四个城市在业态管理、技术与创新、人力资本方面的表现均衡，而基础设施、费用管理方面的满意度得分较低，且同其他四个指标的分值差距明显。第二梯队中，成都、深圳在基础设施方面的表现较优，重庆在技术与创新方面表现更好，广州、杭州、上海在五个方面的表现相对均衡。第三梯队中，除了武汉在人力资本方面的满意度得分相对稍高，各城市在其他方面的表现均相差无几。

贵阳在数字经济服务质量竞争指数排名中处于领先地位，总得分为87.27。其中技术与创新指数（88.24）、人力资本指数（88.24）和费用管理指数（87.21）的得分均位于首位，基础设施指数（85.68）和业态管理指数（88.97）的得分均位居第二。

苏州在数字经济服务质量竞争指数排名中处于第二位，总得分为86.80。在基础设施指数（86.11）中排名第一，在技术与创新指数（87.50）、人力资本指数（86.36）、费用管理指数（85.23）得分中排名第二，业态管理指数（88.11）排名第三。

长沙在数字经济服务质量竞争指数排名中处于第三位,总得分为84.44。在基础设施指数(84.00)、业态管理指数(84.52)表现较好,技术与创新指数(85.62)、人力资本指数(84.42)、费用管理指数(84.42)得分分列第三。

对数字经济服务质量竞争指数得分的分析发现,处于第二梯队的重庆、成都、深圳、广州、杭州、上海、北京七个城市与处于第一梯队的贵阳、苏州、长沙、西安相比,主要差距体现在基础设施得分和费用管理得分上。处于第二梯队的城市应当着重加强数字经济服务的基础设施建设水平,提升网络覆盖率和宽带速率,做好数字经济服务的价格制定和费用管理工作,建立良好的费用管理秩序。

处于第三梯队的哈尔滨、武汉、济南、郑州、南宁五个城市与处于第一梯队和第二梯队的城市相比,在业态管理得分和技术与创新得分方面差距明显,应当着重加强数字经济服务的业态管理水平,提高数字经济服务数量和质量,加快技术与创新的步伐,培育更多的互联网独角兽企业,增强城市创新能力。不同城市数字经济服务质量竞争指数得分情况见表7-5,竞争指数下不同城市各二级指标表现如图7-3所示。

表7-5 不同城市数字经济服务质量竞争指数得分情况

城市	竞争	基础设施	业态管理	技术与创新	人力资本	费用管理
贵阳	87.27	85.68	88.97	88.24	88.24	87.21
苏州	86.80	86.11	88.11	87.50	86.36	85.23
长沙	84.44	84.00	84.52	85.62	84.42	84.42
西安	84.30	83.25	90.40	83.69	83.64	75.72
重庆	83.25	84.28	83.83	84.85	83.24	68.03
成都	83.25	84.47	83.75	83.66	84.16	70.17
深圳	83.24	84.66	84.42	83.19	83.82	68.96
广州	83.01	83.39	83.15	82.77	83.71	79.83
杭州	82.65	83.83	83.38	83.44	82.66	69.08
上海	82.21	82.54	83.46	82.37	83.21	73.73
北京	80.29	84.39	66.83	83.04	83.25	79.00
哈尔滨	79.28	78.24	80.91	79.89	78.80	79.51
武汉	78.48	79.83	74.35	79.17	81.25	75.00
济南	78.15	81.13	76.56	77.34	77.34	67.34
郑州	76.87	78.10	80.05	75.00	76.04	67.29
南宁	75.49	76.10	77.32	73.96	77.08	68.96

第七章 数字经济服务质量总体指数与关键指标统计结果

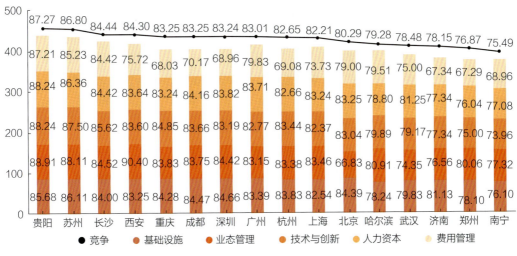

图 7-3 竞争指数下不同城市各二级指标表现

（3）业态间比较

从总体上看，不同业态数字经济服务质量竞争指数平均得分为81.93，在总体满意度指数得分中排名第一。不同业态数字经济服务竞争指数在基础设施指数（平均得分为82.59）和业态管理指数（平均得分为82.45）方面的得分较高，在费用管理指数（平均得分为73.73）方面的得分较低。

在线教育在不同业态数字经济服务质量竞争指数排名中处于领先地位，总得分为83.52。在基础设施指数（83.87）、业态管理指数（84.17）、人力资本指数（83.52）指数得分中排名第一，在费用管理指数（78.43）得分中排名第二，在技术与创新指数（83.66）得分中排名第三。在线教育主要需在技术与创新方面进一步改进。

即时通信在不同业态数字经济服务质量竞争指数排名中排名第二，总得分为83.34。在费用管理指数（78.59）、技术与创新指数（83.76）得分中排名第一，在基础设施指数（83.52）、业态管理指数（83.82）、人力资本指数（83.48）得分中排名第二。即时通信在费用管理、技术与创新方面表现较好，在基础设施、业态管理、人力资本方面需进一步改进。

网约车出行在不同业态数字经济服务质量竞争指数排名中排名第三，总得分为83.07。在技术与创新指数（83.75）得分中排名第二，基础设施指数（83.23）、业态管理指数（83.56）和人力资本指数（83.30）得分分列第三，在费用管理指数（77.30）得分中均排名第四。

互联网医疗在不同业态数字经济服务质量竞争指数排名中排名第四，总得分为82.62。在基础设施指数（83.04）、业态管理指数（83.26）、技术与创新（83.02）和人力资本指数（82.75）得分中处于领先，在费用管理方面较弱，需要进一步加强改革的步伐，促进管理水平和自主创新能力的提高。

餐饮外卖在不同业态数字经济服务质量竞争指数排名中排名第五，总得分为82.49，在人力资本指数（82.22）和费用管理指数（77.83）中处于中上水平；在基础设施方面得分处于中等水平，需要进一步完善基础设施、消费设施的建设，为消费者提供更好的使用体验。

短视频平台在不同业态数字经济服务质量竞争指数排名中排名第六，总得分为82.06。在基础设施指数（83.23）、业态管理指数（82.77）、技术与创新指数（82.27）中表现较好；在费用管理方面得分较弱。短视频平台需要制定严格的管理、准入准则，淘汰内容、质量低下的视频，提升治理能力。不同业态数字经济服务质量竞争指数得分情况见表7-6，竞争指数下不同业态各二级指标表现如图7-4所示。

表7-6 不同业态数字经济服务质量竞争指数得分情况

业态	竞争	基础设施	业态管理	技术与创新	人力资本	费用管理
即时通信	83.34	83.52	83.82	83.76	83.48	78.59
在线教育	83.52	83.87	84.17	83.66	83.52	78.43
网约车出行	83.07	83.23	83.56	83.75	83.30	77.30
餐饮外卖	82.49	82.76	83.05	82.86	82.22	77.83
互联网医疗	82.62	83.04	83.26	83.02	82.75	75.92
住宿共享	81.44	81.79	81.73	82.03	82.14	74.66
网络社交媒体	81.95	82.47	82.60	82.54	82.06	73.83
旅游平台	81.58	81.98	81.92	82.31	82.21	73.82
移动支付	81.35	81.99	81.69	81.84	81.95	72.98
知识付费	81.17	82.11	81.60	81.84	81.15	70.68
共享单车	81.34	82.46	81.82	81.32	81.02	72.86
网络购物	80.84	81.67	81.18	81.34	81.02	71.73
线上办公	81.51	82.54	82.10	81.59	82.02	71.37
影视听娱乐	80.95	81.95	81.45	81.31	81.70	69.79
线上直播	81.72	82.78	82.57	81.91	82.27	70.08
短视频平台	82.06	83.23	82.77	82.27	82.75	69.80

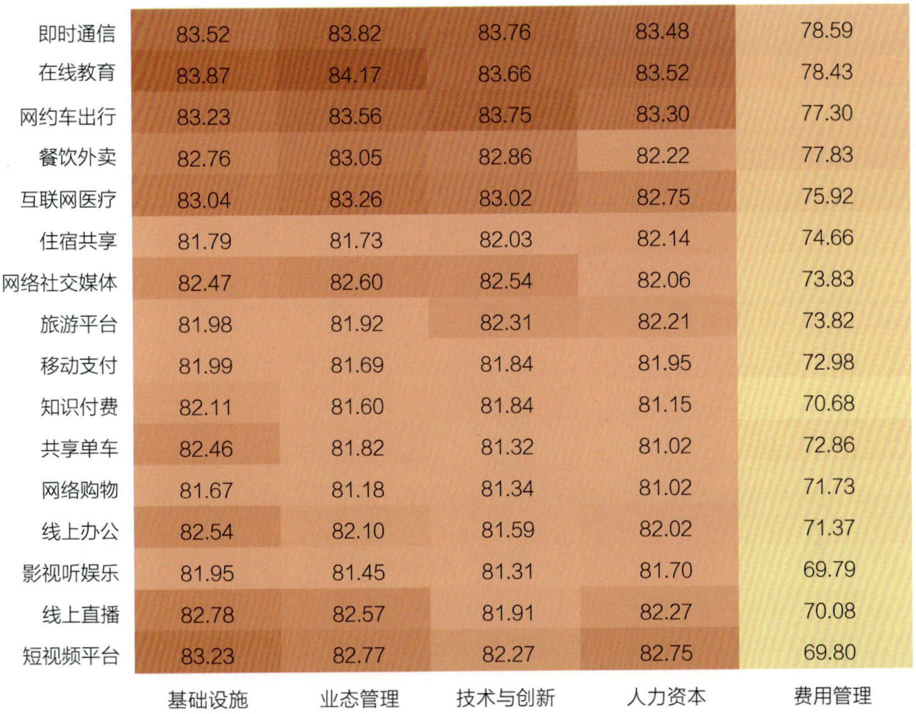

	基础设施	业态管理	技术与创新	人力资本	费用管理
即时通信	83.52	83.82	83.76	83.48	78.59
在线教育	83.87	84.17	83.66	83.52	78.43
网约车出行	83.23	83.56	83.75	83.30	77.30
餐饮外卖	82.76	83.05	82.86	82.22	77.83
互联网医疗	83.04	83.26	83.02	82.75	75.92
住宿共享	81.79	81.73	82.03	82.14	74.66
网络社交媒体	82.47	82.60	82.54	82.06	73.83
旅游平台	81.98	81.92	82.31	82.21	73.82
移动支付	81.99	81.69	81.84	81.95	72.98
知识付费	82.11	81.60	81.84	81.15	70.68
共享单车	82.46	81.82	81.32	81.02	72.86
网络购物	81.67	81.18	81.34	81.02	71.73
线上办公	82.54	82.10	81.59	82.02	71.37
影视听娱乐	81.95	81.45	81.31	81.70	69.79
线上直播	82.78	82.57	81.91	82.27	70.08
短视频平台	83.23	82.77	82.27	82.75	69.80

图 7-4 竞争指数下不同业态各二级指标表现

2. 参与维度

数字经济服务参与指数，表明竞争的基础上要进一步激发消费者在数字经济中参与的深度、广度和力度，包括参与深度指数、参与广度指数、参与力度指数三个二级指标。通过调查目标地区数字经济服务使用数量、评论留言、使用频率、使用年限及其对个人就业的拉动程度，反映数字经济服务参与度的情况。

（1）整体发展水平

就参与维度整体而言，参与广度方面表现良好（84.12），说明数字经济本身拉动就业的作用显著，尤其是服务也是吸纳就业的主要力量。参与深度指数（77.13）和力度指数（74.92）的表现不尽人意：参与力度中使用年限方面得分最低，为72.34。说明大多数消费者使用数字经济服务的年限并不长，对自己常用的数字经济服务未形成"忠诚度"，这也与数字经济服务的发展年限较短，新型数字经济服务层出不穷有关，相关数字经济服务供给方应提供更为优质的数字经济服务，提升使用者的参与黏性。数字经济服务参与指数得分情况见表7-7。

表 7-7 数字经济服务参与指数得分情况

一级指标	一级指标得分	二级指标	二级指标得分	三级指标	三级指标得分
参与	77.84	深度	77.13	使用数量	75.47
				评论留言	81.39
		广度	84.12	促进就业	84.12
		力度	74.92	使用频率	75.56
				使用年限	72.34

（2）城市间比较

数字经济服务参与指数得分的排名如下：北京、苏州、上海、广州、重庆、成都、深圳、杭州、长沙、哈尔滨、武汉、郑州、济南、贵阳、南宁、西安。北京、苏州、上海、广州、重庆、成都、深圳处于第一梯队，得分均超过79.00；杭州、长沙、哈尔滨处于第二梯队，得分超过76.00；武汉、郑州、济南、贵阳、南宁、西安处于第三梯队，与第一、二梯队相比，差距较为明显。

北京在数字经济服务质量参与指数排名中处于领先地位，总得分为82.00。其中，参与深度指数（78.33）的得分排名处于上游；参与广度指数（84.18）和参与力度指数（75.48）的得分均处于中游。综合来看，北京市数字经济服务的参与深度发展良好，但参与力度、广度的提升空间较大。

苏州在数字经济服务质量参与指数排名中处于第二位，总得分为80.00。其中参与力度指数（81.59）得分排名第一，参与广度指数（87.50）得分排名第二；但参与深度指数（78.05）得分排名第八，处于中游。综合来看，苏州数字经济服务的参与力度、广度发展良好，但参与深度的提升空间较大。

上海在数字经济服务质量参与指数排名中处于第三位，总得分为79.67。其中参与深度指数（79.65）得分排名第一；参与广度指数和参与力度指数排在中上游。上海是国际化大都市，数字经济起步早，发展快，故而数字经济服务的参与深度发展势头很好，但参与广度和参与力度还有待进一步加强。

广州在数字经济服务质量参与指数排名中处于第四位，总得分为79.32。其中参与深度指数（78.81）得分排名第二；而参与广度和参与力度排名中游。这主要是因为广州是沿海开放城市，交通便利，开放程度高于其他城市，数字经济起步较早，发展较快，智能化水平较高，为数字经济的发展夯实了有力基础。

苏州的参与力度的满意度最高，上海的参与深度的满意度最高，贵阳的参与广度满意度得分最高。西安在参与深度上表现不足，贵阳在参与力度上表现不佳，郑州在参与广度上表现不佳，需进一步开发挖掘其数字经济建设。不同城市数字经济服务参与指数得分情况见表7-8，参与指数下不同城市各二级指标表现如图7-5所示。

表 7-8　不同城市数字经济服务参与指数得分情况

城市	参与	深度	广度	力度
北京	82.00	78.33	84.18	75.48
苏州	80.00	78.05	87.50	81.59
上海	79.67	79.65	83.41	76.05
广州	79.32	78.81	84.32	76.66
重庆	79.31	78.80	85.74	75.28
成都	79.27	78.47	85.68	76.59
深圳	79.08	78.72	83.33	76.50
杭州	78.90	78.28	84.37	76.28
长沙	78.04	77.44	86.30	72.60
哈尔滨	76.06	75.49	81.52	73.26
武汉	75.93	75.08	81.25	74.58
郑州	75.43	74.46	77.08	78.33
济南	75.32	74.16	77.34	78.75
贵阳	74.78	72.74	89.71	69.41
南宁	74.09	73.13	79.17	73.54
西安	72.00	68.50	84.70	75.67

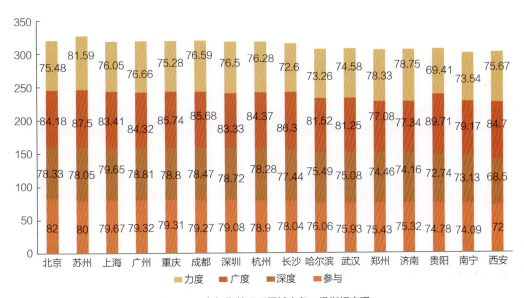

图 7-5　参与指数下不同城市各二级指标表现

（3）业态间比较

从总体上看，不同业态数字经济服务参与指数平均得分为79.83，2020年该指标得分仅为74.78，由此可见，在不同业态间，数字经济服务参与指数得分有所提升。2021年度的数字经济服务指数在竞争、参与、保护、共享四个维度上按照高低排名依次是：竞争、共享、保护、参与。由此可知，不同业态在四大维度上的排名以竞争为首，其次是共享性指标，保护性指标和参与性指标相对靠后。具体到参与指数，这里按照参与广度、参与深度、参与力度三个维度从高到低依次排序的方式来反映不同业态的参与指数得分情况。

从参与广度指标得分来看，即时通信排名第一，在线教育次之，而后是互联网医疗，在调研的16个业态中，影视听娱乐、短视频平台的参与广度指标得分较低。16个业态在参与广度指标上的得分参差不齐，但差异不大，排名第一的即时通信的参与广度指标得分85.29，参与广度指标得分最低的影视听娱乐得分为82.94，二者相差2.35。从上面的数值排名情况不难看出，16个业态间参与广度得分最小的数值都接近83.00，说明我国数字经济服务质量在业态间的参与广度已经取得长足发展。

从参与深度指标得分来看，住宿共享排名第一，旅游平台次之，而后是餐饮外卖。在调研的16个业态中，短视频平台的参与深度指标得分最低。16个业态在参与深度指标上的得分虽有差异，但差异甚微。排名第一的与排名最后的差距仅为1.56，故而得出16个业态间的参与深度指标并无明显差异的结论。

从参与力度指标得分来看，旅游平台排名第一，线上办公次之，而后是线上直播。在调研的16个业态中，餐饮外卖、在线教育的参与力度指标得分是最低的。16个业态在参与力度指标上的得分具有一定的差异，排名第一的旅游平台的参与力度指标得分77.67，参与力度指标得分最低的餐饮外卖得分为74.46，二者相差2.81。从上面的数值排名情况不难看出，16个业态间参与力度得分处于74~78分之间不足80分，说明我国数字经济服务质量在业态间的参与力度方面还有提升空间。不同业态数字经济服务质量参与指数得分情况见表7-9，参与指数下不同业态各二级指标表现如图7-6所示。

表7-9 不同业态数字经济服务质量参与指数得分情况

业态	参与	深度	广度	力度
旅游平台	78.65	77.67	84.21	77.67
住宿共享	78.40	77.69	83.80	76.33
在线教育	77.93	77.09	85.28	74.50
即时通信	77.86	76.90	85.29	74.87
餐饮外卖	77.81	77.10	84.43	74.46
知识付费	77.78	76.85	83.51	76.38

（续）

业态	参与	深度	广度	力度
线上直播	77.74	76.77	83.18	76.86
网约车出行	77.62	76.71	84.80	74.68
线上办公	77.62	76.51	83.38	76.99
网络社交媒体	77.56	76.47	84.14	76.03
互联网医疗	77.35	76.26	84.85	74.90
影视听娱乐	77.34	76.44	82.94	75.94
网络购物	77.30	76.55	83.34	74.71
移动支付	77.27	76.33	83.58	75.35
短视频平台	77.22	76.13	83.07	76.43
共享单车	77.14	76.21	83.43	75.20

业态	深度	广度	力度
旅游平台	77.67	84.21	77.67
住宿共享	77.69	83.80	76.33
在线教育	77.09	85.28	74.50
即时通信	76.90	85.29	74.87
餐饮外卖	77.10	84.43	74.46
知识付费	76.85	83.51	76.38
线上直播	76.77	83.18	76.86
网约车出行	76.71	84.80	74.68
线上办公	76.51	83.38	76.99
网络社交媒体	76.47	84.14	76.03
互联网医疗	76.26	84.85	74.90
影视听娱乐	76.44	82.94	75.94
网络购物	76.55	83.34	74.71
移动支付	76.33	83.58	75.35
短视频平台	76.13	83.07	76.43
共享单车	76.21	83.43	75.20

图 7-6　参与指数下不同业态各二级指标表现

3. 保护维度

数字经济服务保护指数，表明高质量的数字经济服务还需要不断营造和完善有利的保护环境，包括安全性指数、隐私性指数、信任度指数和自我意识指数四个二级指标。通过调查目标城市的数字经济服务交易安全状况、法律保障状况、个人隐私保护、消费维权状况、售后保障状况、信任程度状况，以及消费者对数字经济服务的自主选择、消费知情、服务感知、价格感知、信息全面等状况，衡量消费者在数字经济中的权益是否得到保护。

（1）整体发展水平

就保护维度整体而言，各二级指标、三级指标得分存在一定的波动性，分数在65~80分区间内波动。其中个人隐私指数（73.33）、法律保障指数（73.77）的得分低于75分，这也是数字经济服务保护指数得分较低的关键原因。数字经济的迅速发展为消费者提供了方便、快捷的服务，但同时也加剧了消费者个人信息泄露的风险，技术水平低下、技术滥用、监管不足、法律法规不健全等原因均对消费者个人信息的保护造成威胁。此外，数字经济服务中消费维权也面临多重挑战，售后猫腻、消费套路、侵害隐私、带货乱象、霸王条款、炒作价格等损害消费者权益的情况时有发生，给消费维权带来大量的挑战。数字经济服务质量保护指数得分情况见表7-10。

表7-10　数字经济服务质量保护指数得分情况

一级指标	一级指标得分	二级指标	二级指标得分	三级指标	三级指标得分
保护	78.54	安全性	80.79	交易安全	83.39
				法律保障	73.77
		隐私性	73.33	个人隐私	73.33
		信任度	78.79	维权渠道	76.94
				维权效率	76.87
				售后保障	82.74
				信任程度	83.58
		自我意识	83.13	自主选择	83.56
				消费知情	82.34
				服务感知	83.63
				价格感知	83.33
				信息全面	82.48

（2）城市间比较

从保护维度下的安全性指标得分来看，苏州排名第一，杭州次之，而后是上海、广州等地，长沙、贵阳、济南等城市安全性得分排名靠后。当今在数字化的消费环境下，消费者的自我保护意识、安全感知意识越来越强烈，谨防上当受骗的最好办法就是消费者的谨慎心理。苏州之所以排名第一，说明苏州在数字经济的发展过程中已逐渐完善数字经济的法律法规体系，消费者对数字化的消费方式较其他地方而言有较多的安全感。在调研的16个城市中，苏州的安全性指标得分是最高的。16个城市在安全性指标上的得分有很大差异，体现了数字经济发展在地区间不协调的事实。

从保护维度下的信任度指标得分来看，杭州排名第一，广州次之，而后是西安、成都、重庆、深圳等地，济南、哈尔滨等城市信任度得分排名相对靠后。杭州的信任度指数为83.30，比济南（73.93）高接近10分，体现了数字经济服务在建立消费者信任度方面的发展参差不齐。课题组认为，在数字空间、网络社交、电子政务、电子商务和线上金融等活动都必须建立在身份证明的基础之上，所以证明"我是我"不仅是维护网络空间秩序的需要，也是数字经济和数字社会运行的基础。由此，数字社会需要塑造新型身份——数字身份。数字身份不仅包含现实生活中的身份信息，还涉及个人在数字空间的行为信息。只有这样，才可能建立更加牢固的消费信任关系。

从保护维度下的隐私性指标得分来看，贵阳排名第一，苏州次之，而后是长沙、哈尔滨、南宁、武汉等地，深圳、广州、上海、杭州、成都等相对发达的城市其隐私性得分排名反而靠后。课题组认为，生活在大数据时代，数字经济发展更加繁荣的地方，消费者的隐私更容易被泄露，从而造成消费者对数字经济服务保护维度下的隐私性指数偏低的现象。贵阳之所以排名第一，说明贵阳市在数字经济的发展过程中更注重保护消费者隐私，消费者对自己的隐私能够保密具有一定的信心。不同城市数字经济服务质量保护指数得分情况见表7-11，保护指数下不同城市各二级指标表现如图7-7所示。

表7-11　不同城市数字经济服务质量保护指数得分情况

城市	保护	安全性	隐私性	信任度	自我意识
苏州	84.67	85.53	85.23	78.56	85.53
北京	80.13	80.27	67.72	78.23	83.00
哈尔滨	78.93	80.61	77.17	75.13	80.14
西安	78.70	80.14	74.21	80.94	82.87
杭州	78.05	82.76	66.64	83.30	83.51
上海	77.70	82.74	67.36	78.75	82.88
南宁	77.29	78.80	75.00	76.57	77.44
武汉	77.26	79.00	75.00	75.35	77.44
广州	77.24	81.21	67.02	81.73	83.70
重庆	76.45	80.41	66.14	79.78	84.78
贵阳	76.03	67.45	86.03	78.50	87.32
郑州	76.01	78.24	71.88	75.80	77.64

（续）

城市	保护	安全性	隐私性	信任度	自我意识
深圳	75.76	79.35	65.83	79.78	83.94
成都	75.72	79.45	65.35	79.81	84.58
济南	74.23	75.78	71.09	73.93	76.42
长沙	74.06	65.79	83.56	77.92	83.63

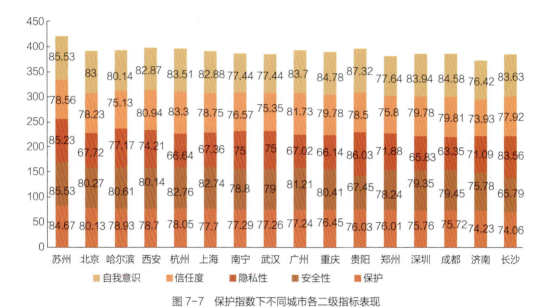

图 7-7 保护指数下不同城市各二级指标表现

（3）业态间比较

从总体上看，不同业态数字经济服务保护指数平均得分为78.20，2020年该数值为73.15，数字经济服务保护指数平均得分与2020年相比有明显提升。在总体满意度指数得分中排名第三，低于竞争指数和共享指数，高于参与指数得分。具体到保护指数，不同业态数字经济服务保护指数在安全性、信任度和自我意识方面的得分较高，隐私性方面的总体得分较低。调查发现，消费者认为数字经济服务在交易安全、法律保障以及消费者对服务的自主选择、服务感知方面值得肯定，但是对个人隐私的保护方面疑虑较大。

从保护维度下的安全性指标得分来看，即时通信排名第一，在线教育次之，而后是互联网医疗、网约车出行、餐饮外卖等业态，而旅游平台、短视频平台和线上直播等业态的安全性指标排名却相对靠后。计算出排名第一和排名倒数第一者在保护维度下的安全性指数上的差距为3.78，这一差距并不小。近几年数字经济服务迅速发展，即时通信的功能日益丰富，逐渐集成了电子邮件、博客、音乐、电视、游戏和搜索等多种功能。即时通信不再是一个单纯的聊天工具，它已经发展成集交流、资讯、娱乐、搜索、电子商务、办公协作和企业客户服务等为一体的综合化信息平台。这些即时通信软件更新升级较快，且大都免费，一人一号登录，不收取费用，且可以对工作内容进行保密监督，是非常可靠的，故而其安全性很高。与此相反的是线上直播，如今，很多网络主播为了博取关注，往往会选择直播一些不良、高危险的内容，致使其安全性指标得分较低。

从保护维度下的隐私性指标得分来看，在线教育排名第一，互联网医疗次之，而后是即时通信、网约车出行、餐饮外卖等业态，而线上直播和旅游平台等业态的隐私性指标排名却相对靠后。计算出排名第一和排名倒数第一者在保护维度下的隐私性指数上的差距为10.33，这一数值并不让人觉得意外，也并不难理解。在文化多元发展的今天，人们越来越重视享受，旅游作为娱乐的一种，备受青年一代的推崇，但旅游平台和住宿共享因利益捆绑泄露顾客隐私的问题时有发生。

从保护维度下的信任度指标得分来看，即时通信排名第一，住宿共享次之，而后是互联网医疗、网络社交媒体、网约车出行、在线教育、知识付费、线上办公、移动支付等业态，而影视听娱乐、网络购物、短视频平台、线上直播信任度指标排名却相对靠后。计算出排名第一和排名倒数第一者在保护维度下的信任度指数上的差距为1.21，表明在16大业态中，信任度指数差异并不大，但各业态的信任度指数都在77~79分之间，还有很大的发展空间。

研究发现，消费者在数字经济服务过程中，对16大业态的自我意识均较高，自我意识指标得分均在80分以上。其中，即时通信排在第一位，在线教育次之；短视频平台排名处于倒数第一位，但其自我意识指标得分仍在81分以上，计算消费者在自我意识维度的16大业态极差为3.11，在业态发展中，是需要付出努力的。影视听娱乐和短视频平台等业态仍有较大上升空间。不同业态数字经济服务质量保护指数得分情况见表7-12，保护指数下不同业态各二级指标表现如图7-8所示。

表7-12 不同业态数字经济服务质量保护指数得分情况

业态	保护	安全性	隐私性	信任度	自我意识
在线教育	81.10	82.74	78.58	78.24	83.86
即时通信	81.03	82.75	78.03	78.70	84.27
互联网医疗	80.63	82.08	78.25	78.42	83.23
网约车出行	80.29	81.94	77.28	78.40	83.45
餐饮外卖	79.58	81.58	75.74	78.01	83.14
共享单车	78.68	80.57	74.88	77.94	81.72
移动支付	78.22	80.41	73.57	78.10	81.77

（续）

业态	保护	安全性	隐私性	信任度	自我意识
网络社交媒体	78.06	80.42	72.72	78.42	82.27
网络购物	77.55	79.96	72.20	77.76	81.76
线上办公	77.55	79.86	72.15	78.23	81.88
知识付费	76.82	79.56	70.28	78.24	81.63
短视频平台	76.70	79.02	71.09	77.77	81.16
影视听娱乐	76.34	79.13	69.77	77.49	81.28
线上直播	76.28	79.13	69.32	77.78	81.77
住宿共享	76.22	79.42	68.25	78.54	82.15
旅游平台	76.12	78.97	68.90	77.95	82.10

业态	安全性	隐私性	信任度	自我意识
在线教育	82.74	78.58	78.24	83.86
即时通信	82.75	78.03	78.70	84.27
互联网医疗	82.08	78.25	78.42	83.23
网约车出行	81.94	77.28	78.40	83.45
餐饮外卖	81.58	75.74	78.01	83.14
共享单车	80.57	74.88	77.94	81.72
移动支付	80.41	73.57	78.10	81.77
网络社交媒体	80.42	72.72	78.42	82.27
网络购物	79.96	72.20	77.76	81.76
线上办公	79.86	72.15	78.23	81.88
知识付费	79.56	70.28	78.24	81.63
短视频平台	79.02	71.09	77.77	81.16
影视听娱乐	79.13	69.77	77.49	81.28
线上直播	79.13	69.32	77.78	81.77
住宿共享	79.42	68.25	78.54	82.15
旅游平台	78.97	68.90	77.95	82.10

图 7-8　保护指数下不同业态各二级指标表现

4. 共享维度

数字经济服务共享指数，旨在反映最终实现可供广大消费者共享的高质量的数字经济成果，包括生活需求指标、普及程度指标2个二级指标，通过调查目标城市的数字经济生活方便性、高效快捷性、生活幸福状况，以及数字经济服务发展水平状况、传播效果来衡量数字经济发展的共享特征。

（1）整体发展水平

就共享维度而言，生活需求指数（83.84）和普及程度指数（67.60）均表现乐观，特别是在生活需求层面，消费者对当地数字经济整体生活幸福（84.26）的认知和感受是相对可观的。然而，普及程度层面中数字经济服务发展水平的表现相对不佳（65.00），说明数字经济服务的发展状况仍需支持。从消费层面上看，数字经济服务为消费者提供了更加便捷、舒适的消费体验，提升了消费者的生活幸福感，引领我国消费结构转型升级，但数字经济服务的发展方向、模式还有较大的提升空间，以助推数字经济服务的深度共享。数字经济服务质量共享指数得分情况见表7-13。

表7-13　数字经济服务质量共享指数得分情况

一级指标	一级指标得分	二级指标	二级指标得分	三级指标	三级指标得分
共享	78.56	生活需求	83.84	生活方便	83.71
				高效快捷	83.96
				生活幸福	84.26
		普及程度	67.60	发展水平	65.00
				传播效果	82.33

（2）城市间比较

济南、南宁、郑州、哈尔滨、武汉处于第一梯队，得分超过81.00；北京、广州、杭州、上海、西安、成都、重庆、深圳处于第二梯队，得分超过75.00；贵阳、长沙、苏州处于第三梯队，苏州的指数得分最低，与第一、二梯队相比，差距较为明显。对数字经济服务质量共享指数得分的分析发现，处于第二梯队的北京、广州、杭州、上海、西安、成都、重庆、深圳与处于第一梯队的济南、南宁、郑州、哈尔滨、武汉相比，主要差距体现在普及程度得分上。通过调查发现，消费者对数字经济发展的主观感受上反映出第二梯队的城市数字经济服务总体发展水平较第一梯队还存在差距。处于第三梯队的贵阳、长沙、苏州与第一、二梯队城市相比，差距体现在生活需求得分上，三梯队城市需完善城市数字经济服务的基础建设，为消费者提供更便捷、高效的数字经济服务，以此提升消费者生活幸福感和满意度。

济南在数字经济服务质量共享指数排名中处于领先地位，总得分为85.11，其中普及程度指数得分为83.01，生活需求指数得分为86.13，均排名第一。综合来看，济南数字经济服务共享状况良好。

南宁在数字经济服务质量共享指数排名中处于第二位，总得分为83.08，其中生活需求指数得分为85.33，排名第二；普及程度指数得分为78.39，排名第五。总体来看，南宁数字经济服务生活需求方面，状况较好，排名前列，普及程度方面排名中游，仍有较大的改进空间。

郑州在数字经济服务质量共享指数排名中处于第三位，总得分为82.75。其中生活需求指数得分为84.13，排名第三，弱于济南、南宁；普及程度指数得分为79.90，排名第二，弱于济南。总体上看，郑州位于我国地理中心，是文化发源、繁荣地区，其数字经济服务质量共享指数中生活需求、普及程度方面虽状况良好，但仍需大力支持。

哈尔滨在数字经济服务质量共享指数排名中处于第四位，总得分为81.48。生活需求指数得分为82.41，排名十三，普及程度指数得分79.54，排名分列第三，弱于济南、郑州。总体来看，哈尔滨地处中国东北部，属内陆，居民的生活需求指数得分相对较低，有较大的提升空间，普及程度指数得分排名前列，状况良好。

武汉在数字经济服务质量共享指数排名中处于第五位，总得分为81.46。生活需求指数得分为82.42，排名十二，普及程度指数得分79.48，排名分列第四，弱于济南、郑州、哈尔滨。总体上看，武汉虽地处内陆地区，但交通便利，开放程度较高，且受疫情影响，数字经济服务发展较快，普及程度方面发展良好，但生活需求方面需进一步加强建设，提升扶持力度。

值得注意的是，哈尔滨、武汉的普及程度指数得分排名较为靠前，但生活需求指数得分为排名倒数，拉低哈尔滨、武汉的数字经济服务共享指数的得分，需要着力改善数字经济的生活需求状况。不同城市数字经济服务质量共享指数得分情况见表7-14，共享指数下不同城市各二级指标表现如图7-9所示。

表7-14 不同城市数字经济服务质量共享指数

城市	共享	生活需求	普及程度
济南	85.11	86.13	83.01
南宁	83.08	85.33	78.39
郑州	82.75	84.13	79.90
哈尔滨	81.48	82.41	79.54
武汉	81.46	82.42	79.48
北京	80.72	83.50	67.63
广州	80.10	83.11	73.83
杭州	78.33	84.02	66.50
上海	78.28	82.68	69.16
西安	77.74	83.82	68.61
成都	77.04	84.02	62.52

（续）

城市	共享	生活需求	普及程度
重庆	76.86	83.95	62.14
深圳	76.80	83.87	62.11
贵阳	69.19	70.18	67.13
长沙	66.66	65.95	68.15
苏州	63.24	63.05	63.64

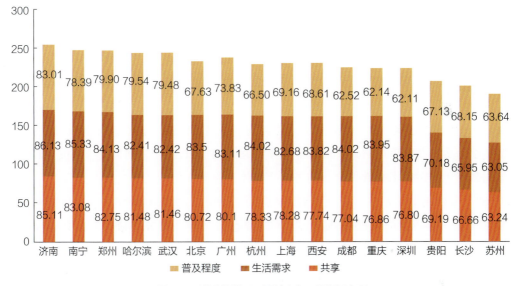

图 7-9 共享指数下不同城市各二级指标表现

（3）业态间比较

总体来看，不同业态数字经济服务质量共享指数平均得分为80.27，不同业态数字经济服务共享性得分中生活需求指数得分大于普及程度指数得分。调查发现，消费者对所在地区不同业态的数字经济服务的发展水平评价较好，便捷了日常生活，会向周边人推荐自己认为有效的数字经济服务，受疫情状况的影响，消费者会对所在地数字经济服务中的生活需求方面提出更多的需求，反馈更多的意见，其得分状况逐年上升。具体地，在生活需求方面和普及程度方面，在线教育的得分均最高，且各业态在这方面的得分差距不大；住宿共享的得分均最低。

在线教育在不同业态数字经济服务质量共享指数得分中处于领先地位，总得分为82.43。其中生活需求指数得分（85.19）与普及程度指数得分（76.69）均列第一。总体来看，最近两年来，受疫情状况的影响，在线教育扩展了学生们的学习圈、交流圈，便利了师生之间的联系，普及程度较高，融入居民生活学习的各个方面，居民对其共享性的满意程度较高。

即时通信在不同业态数字经济服务质量共享指数得分中排名第二，总得分为81.90。其中生活需求指数得分（85.18）与普及程度指数得分（75.10）排名均为第二，仅次于在线教育。即时通信作为数字经济服务的基础性业态，使得消费者间的交流超越了时间和空间的局限，省去了诸多烦琐的步骤，因此生活需求指数的满意度得分较高，普及范围较为广泛。

网约车出行在不同业态数字经济服务质量共享指数得分中排名第三，总得分为81.77。其中生活需求指数得分（85.17）排名第三，弱于在线教育、即时通信；普及程度指数得分（74.69）排名第四，弱于在线教育、即时通信、餐饮外卖。网约车作为近些年的新兴交通方式，以其快捷、精准等特点在数字经济发展背景下，蓬勃发展，其在不同业态数字经济共享服务中生活需求、普及程度指数得分排名均较为靠前，但也有较大的发展空间。

互联网医疗在不同业态数字经济服务质量共享指数得分中排名第四，总得分为81.55。其中生活需求指数得分（84.93）和普及程度指数得分（74.53）位于第四与第五。互联网医疗是新型的数字求医、就医模式，具有快捷、方便、适应范围广等特点，近些年发展迅猛，其共享服务中生活需求、普及程度均需要继续扶持，未来发展趋势较好。

餐饮外卖、共享单车的共享指数得分分别为81.51和80.75，分列第五、六位，其普及程度指数弱于生活需求指数得分。网络社交媒体、移动支付的共享指数得分分别为80.64和80.60，分列第七、八位。以上四者均与网约车出行、互联网医疗一样，属近些年新型数字产业，有较大的发展提升空间。不同业态数字经济服务质量共享指数得分情况见表7-15，共享指数下不同业态各二级指标表现如图7-10所示。

表7-15 不同业态数字经济服务质量共享指数得分情况

业态	共享	生活需求	普及程度
在线教育	82.43	85.19	76.69
即时通信	81.90	85.18	75.10
网约车出行	81.77	85.17	74.69
互联网医疗	81.55	84.93	74.53
餐饮外卖	81.51	84.77	74.76
共享单车	80.75	83.97	74.05
网络社交媒体	80.64	84.74	72.13
移动支付	80.60	84.12	73.28
网络购物	80.27	83.96	72.61
影视听娱乐	79.93	84.36	70.73
线上办公	79.40	84.18	69.48
短视频平台	79.39	83.43	71.01

（续）

业态	共享	生活需求	普及程度
知识付费	78.93	83.78	68.86
线上直播	78.82	83.82	68.42
旅游平台	78.67	83.94	67.73
住宿共享	77.74	83.41	65.96

业态	共享	生活需求	普及程度
在线教育	82.43	85.19	76.69
即时通信	81.90	85.18	75.10
网约车出行	81.77	85.17	74.69
互联网医疗	81.55	84.93	74.53
餐饮外卖	81.51	84.77	74.76
共享单车	80.75	83.97	74.05
网络社交媒体	80.64	84.74	72.13
移动支付	80.60	84.12	73.28
网络购物	80.27	83.96	72.61
影视听娱乐	79.93	84.36	70.73
线上办公	79.40	84.18	69.48
短视频平台	79.39	83.43	71.01
知识付费	78.93	83.78	68.86
线上直播	78.82	83.82	68.42
旅游平台	78.67	83.94	67.73
住宿共享	77.74	83.41	65.96

图 7-10　共享指数下不同业态各二级指标表现

二、企业数字化建设总体指数与关键指标统计结果

（一）总体指数统计结果

当前，我国企业数字化建设中整体处于发展阶段，企业内部已经意识并开始进行数字经济建设发展的规划，相较于2020年，2021年度已经在企业管理维度有了较高的提升，但是整体仍面临较多的问题。其中，既存在企业管理侧数字化意识薄弱、执行效果和人才培养不佳的问题，也存在企业数字化创新方向企业投入及创新参与度不足的问题。企业对于数字经济建设的认识与投入还有待更进一步深入。

2021年企业数字化建设程度总体得分（68.85），较2020年提高4.02，但整体表现依旧相对较低，与上年度相比，本年度各维度表现呈现两极化分布。企业数字化建设程度指数包含企业管理、创新竞争、参与维度、信息保护4个一级指标。其中，企业管理维度得分最高（83.90）较2020年提高16.51；信息保护（67.03）和创新竞争维度（63.39）的表现基本一致；参与维度（59.80）相对较低，可以看出目前企业数字化建设对于就业促进作用

还是相对较低。

对于二级指标，企业管理下发展战略的得分最高（87.71），其次分别为发展规划（87.62）、推动方式（85.06）和组织机构（80.91）等，说明2021年随着国家的政策支持，大型企业数字化经验的输出，企业对于数字化建设有了长远规划，企业也是一直在推动提升数字化进程；而创新竞争中人力支出的得分最低为（54.96），其次为人才培养（59.68）和参与维度的促进就业（59.80），这说明目前在企业数字化建设中企业对于人才培养方面还需要更进一步的加大投入，并且企业数字化建设对于社会就业的促进作用需要进一步提升。另外创新竞争维度下的基础设施（65.74）、服务质量（69.86）和数字化支出（65.93）相对较低，均不及70分，与企业管理下的二级指标得分相比创新竞争、参与维度和信息保护下的指标得分都较低，说明目前企业数字化建设中企业在管理中进行了一定程度尝试，但是对数字化建设并没有太大投入，并且没有过多尝试对企业进行数字化的创新实践。企业数字化建设程度指数及各级指标得分，见表7-16。

表7-16 企业数字化建设程度、指数及各级指标得分表

总指数	总得分	一级指标	得分	二级指标	得分
企业数字化建设	68.85	企业管理	83.90	数字化程度	67.23
				发展战略	87.71
				发展规划	87.62
				推动方式	85.06
				组织机构	80.91
				规章制度	79.33
		创新竞争	63.39	基础设施	65.74
				服务质量	69.86
				数字化支出	65.93
				人才需求	63.08
				人才培养	59.68
				人力支出	54.96
		参与维度	59.80	促进就业	59.80
		信息保护	67.03	交易安全	76.46
				安全程度	63.81
				数据隐私	70.71
				隐私保护程度	64.64
				售后保障	61.80
				信息披露	61.04

（二）不同区域统计结果

在不同区域企业数字化建设程度总得分上，处于第一梯队的天津、内蒙古、河北、浙江四个区域，其在创新竞争和信息保护维度上较为领先，其中内蒙古创新竞争、参与维度、信息保护三个指标得分处于第一。第二梯队中山西、广东、湖南在企业管理中处于领先地位，区域企业数字化转型建设得分排名可以看出各区域在不同的维度都有各自亮点，不同区域企业数字经济建设程度指数及四项分指数排名见表7-17。

表7-17 不同区域企业数字经济建设程度指数及四项分指数排名

区域	总得分	企业管理	创新竞争	参与维度	信息保护
天津	1	5	9	20	2
内蒙古	2	28	1	1	1
河北	3	8	2	6	7
浙江	4	9	4	4	14
广东	5	2	6	8	12
山西	6	1	3	3	22
吉林	7	12	12	17	3
湖南	8	3	11	14	11
北京	9	13	10	10	9
江苏	10	16	7	18	10
陕西	11	10	8	15	15
山东	12	15	21	11	6
黑龙江	13	13	19	21	4
宁夏	14	25	16	5	8
福建	15	18	15	19	13
重庆	16	11	13	7	18
河南	17	6	18	23	17
四川	18	4	14	16	20
安徽	19	23	24	11	5
澳门	20	7	5	1	27
贵州	21	20	25	24	16
湖北	22	17	20	22	25
江西	23	21	23	26	19
甘肃	24	19	17	11	26
广西	25	24	27	27	21
云南	26	22	26	28	23
辽宁	27	27	22	9	28
上海	28	26	28	25	24

（三）关键业态统计结果

通过比较不同消费端业态的企业数字化建设程度指数，得到各业态的排名（见图7-11）。不同业态企业的数字化建设程度得分均在73分以上，其中网约车出行（76.66）和知识付费（75.22）的得分最高；旅游平台（75.04）、网络社交媒体（74.75）、线上办公（74.74）、短视频平台（74.62）的得分分列第三到六位；得分较低的是线上直播（74.54）、在线教育（74.11）和影视听娱乐（73.94）。服务不同业态的企业数字化建设程度差距不大且各有亮点，整体上仍有较大发展空间。

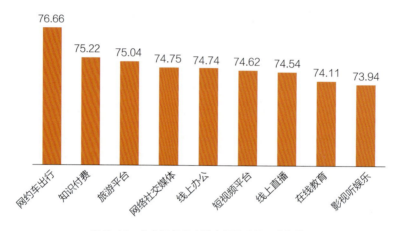

图 7-11 企业服务业态数字经济建设程度指数

排在第一位的是网约车出行类企业数字化建设指数。数据显示，2021年，我国网约车行业市场规模达3581亿元，网约车作为共享经济时代的先行者，有效缓解了城市人们打车难的窘境，为居民的出行带来了新的便利。此外，为更好地满足社会公众多样化出行需求，促进出租汽车行业和互联网融合发展，规范网络预约出租汽车经营服务行为，保障运营安全和乘客合法权益，国家相关部门出台了一系列政策，加强了对网约车的监管，政策也促进了网约车出行数字化的建设。其次，新兴的网约出租车服务是出行领域的一场产业革命，带来了出行业态与服务方式的重大变化。

排在第二位的是知识付费类企业数字化建设指数。随着数字化的技术和方式，知识普惠行业的发展近年来备受关注，其中付费阅读行业呈大幅增长趋势。信息爆炸引起的"知识焦虑"，互联网用户的知识消费需求逐渐增大。此外，由于数字经济的发展带来支付方式的便捷，知识付费已覆盖越来越多的消费群体。消费者的需求推动了知识付费类企业的数字化转型建设。

排在第三位的是旅游平台类企业数字化建设指数。随着大数据、云计算、5G、物联网、人工智能、VR/AR、区块链、无人驾驶等技术对旅游产业的赋能，游客的出游动机、心理诉求和消费行为都发生了明显变化，游客越来越注重旅游品质与服务体验。另外，近几年旅游行业成为疫情影响的"重灾区"，行业整体跌幅明显。因此技术驱动与疫情倒逼下，数字化建设成为了旅游产业的"必修课"，只有借助技术的力量推动精准营销、产品创新和提质增效，通过高品质旅游服务，挖掘新的消费增长点，才能在行业不景气的情况下推进旅游业的高效运行，并且实现游客触达更精准、转化场景更丰富、游客消费更便捷、旅游体验更舒心、旅游经营更规范、旅游监管更有效。

排在第四位的是网络社交媒体类企业数字化建设指数。随着数字化时代的到来，新媒体逐渐成为人们交流的主要手段，网络社交媒体成为新的业态。"十四五"规划中提出要发展新业态，截至2021年12月底中国网民规模已达到10.11亿，越来越多的企业都在不同程度地布局自己的社交媒体战略，社交媒体运营已经成为企业战略规划中不可或缺的一部分。企业通过有效运营最终形成基于社交媒体的新型商业模式，达成企业创新转型的过程。

排在第五位的是线上办公类企业数字化建设指数。2020年7月，国家发展改革委等13个部门联合发布《关于支持新业态新模式健康发展 激活消费市场带动扩大就业的意见》，鼓励发展便捷化线上办公，打造"随时随地"的在线办公环境，支持远程办公应用推广和安全可靠的线上办公工具研发，满足日常性多方协同工作、异地协同办公需求，有效支撑工作效率提升、业务协同模式创新和业务组织方式变革。推动完善电子合同、电子发票、电子印章、电子签名、电子认证等数字应用的基础设施，为在线办公提供有效支撑。受到近几年疫情影响，许多企业平时并未注重远程智慧办公平台的搭建，同时也并未实现智能化管理，因此在此期间线上办公类企业的消费者需求急剧上升，市场需求极大地推动了该类企业的建设程度。

排在第六位的是短视频平台类企业数字化建设指数。随着5G应用，疫情影响，短视频进入蓬勃发展阶段，适应移动社交媒体碎片化传播的特点，短视频平台聚集了一大批用户群体，而疫情之下，线下实体经济备受冲击，人流、物流、资金流的停滞使得众多行业面临生存危机。在此背景下脱颖而出的快手、抖音等短视频平台，正成为推动传统企业、商家数字化转型的中坚力量。而短视频平台类企业为更好服务平台用户的需求也在不断提高自身的数字化建设。

排在第七位的是线上直播类企业数字化建设指数。疫情之下，各行各业都变身直播达人，推动了线上线下的加速融合，引发传统行业的数字化变革。根据中国互联网络信息中心发布的《中国互联网络发展状况统计报告》数据显示，截至2021年12月，我国网络直播用户规模达7.03亿人，较2020年12月增长8652万人，占网民整体的68.2%。直播行业发展初期盈利模式单一，主要依靠付费用户。单一的商业模式和产品种类并不能促使直播行业的稳步前行。在整体行业逐步成熟的背景下，"直播+"让行业的价值进一步释放。直播+公益、直播+电商、直播+音乐和直播+电竞纷纷成为各个平台突破天花板的主要方式。

排在第八位的是在线教育类企业数字化建设指数。2021年7月中旬，教科文组织针对疫情对高等教育造成的影响所做的一份调查显示，疫情对教学的主要影响是在线教育的增加，混合教学模式已经成为最流行的形式。从大趋势我们可以看出，教育机构的线上化、数字化转型已经是必然之举。

排在末位的是影视听娱乐类企业数字化建设指数。2021年上半年，中国文化及相关产业呈现良好发展态势。全国规模以上文化及相关产业企业实现营业收入54380亿元，比上年同期增长30.4%。因疫情原因，大众长期处于半隔离状态，境外旅游消费等受到限制，国内大众精神娱乐需求明显增高。如今的文化内容已经不再是单一纬度的输出，随着互联网技术的不断发展，在文化产业数字化转型进程中新兴文化和传统文化交互融合发展，呈现出泛娱乐化特点。数字化继续将进一步加快和加深中国文化产业的发展，内容的广度和深度、业态的融合都将得益于现代化技术的利用。与此同时，去中心化、数字货币、云服务等技术的不断成熟，将推动文化产业打破数据壁垒、促进数字文化交流、健全文化数据储存再利用等机制，未来文化数据也可能再造文化内容。

从九个关键业态来看，企业数字化建设指数得分中企业管理得分是最高的，不同业态的得分都在75分以上，其次是信息保护得分均在73分以上，参与维度和创新竞争相对较低。从企业数字化建设不同业态的调查结果分析可知，网约车出行在企业管理、创新竞争、参与维度和信息保护得分上都是第一；知识付费在创新竞争、参与维度上优势较明显，而企业管理和信息保护仍待提升；旅游平台创新竞争、参与维度上具有优势，在信息保护得分上相对薄弱；网络社交媒体在企业管理、创新竞争、参与维度得分上较为落后，短视频平台在企业管理、参与维度上相对薄弱，在线教育和影视听娱乐在信息保护方面仍待改善。企业服务业态数字经济服务建设程度指数及四项分指数排名见表7-18。

表7-18　企业服务业态数字经济服务建设程度指数及四项分指数排名

业态	总得分	企业管理	创新竞争	参与维度	信息保护
网约车出行	1	1	1	1	1
知识付费	2	5	2	2	7
旅游平台	3	4	3	3	6
网络社交媒体	4	8	6	9	3
线上办公	5	3	8	4	5
短视频平台	6	11	4	11	4
线上直播	7	7	9	15	2
在线教育	8	9	7	8	11
影视听娱乐	9	13	5	5	15

(四)企业维度统计结果

1. 企业管理维度

企业管理维度指数,表明企业在数字化建设中要在外部环境的竞争中不断提高内部建设,包括数字化程度指数、发展战略指数、发展规划指数、推动方式指数、组织机构指数、规章制度指数六个二级指标,用以反映企业内部关于数字化建设转型的发展与关注程度。

(1)整体水平

就企业管理维度整体而言(见表7-19),数字化程度二级指标的得分最低为67.23,发展战略的得分最高为87.71,说明目前企业对数字化建设有了明确的认知与规划。通过企业对内部的发展规划(87.62)、推动方式(85.06)的重视程度可以看出我国企业在积极配合国家关于数字化建设及企业数字化转型的建设。

表7-19 企业数字化建设企业管理指数得分情况

一级指标	得分	二级指标	得分
企业管理	83.90	数字化程度	67.23
		发展战略	87.71
		发展规划	87.62
		推动方式	85.06
		组织机构	80.91
		规章制度	79.33

(2)区域间比较

在企业数字化建设企业管理指数得分的排名中,山西、广东、湖南、四川、天津、河南、澳门、河北处于第一梯队,得分超过88;浙江、陕西、重庆、吉林、北京、黑龙江、山东、江苏、湖北、福建、甘肃、贵州、江西、云南、安徽、广西处于第二梯队,得分超过80;宁夏、上海、辽宁、内蒙古处于第三梯队。第一梯队中各区域在发展战略、发展规划、推动方式、组织机构、规章制度的表现都较为优异。而数字化程度指数得分较低,且同其他指标的分值差距明显。第二梯队中吉林、黑龙江、甘肃在发展战略方面表现较为优异。第三梯队中整体指标得分各区域间差异较大。

山西在企业数字化建设企业管理指数排名中处于领先地位,总得分为94.23。其中发展战略(100)、发展规划(100)、组织机构(100)、规章制度(100)的得分均处于首位。

广东在企业数字化建设企业管理指数排名中处于第二位,总得分89.86。广东在除数字化程度（69.76）指数外的其他指数都相对较为稳定。不同区域数字化建设企业管理指数得分情况见表7-20，企业管理指数下不同区域各二级指标表现如图7-12所示。

表7-20　不同区域数字化建设企业管理指数得分情况

区域	企业管理	数字化程度	发展战略	发展规划	推动方式	组织机构	规章制度
山西	94.23	75.00	100.00	100.00	89.58	100.00	100.00
广东	89.86	69.76	96.19	96.19	89.29	90.48	89.52
湖南	89.51	66.67	95.24	95.24	89.29	95.24	90.48
四川	89.17	68.75	95.83	97.92	87.50	89.58	91.67
天津	88.96	69.23	92.31	100.00	88.46	92.31	84.62
河南	88.44	67.00	96.00	96.00	90.00	88.00	84.00
澳门	88.25	75.00	100.00	100.00	75.00	100.00	100.00
河北	88.19	74.07	100.00	96.30	81.48	92.59	88.89
浙江	87.93	72.12	96.15	98.08	81.25	90.38	94.23
陕西	87.78	70.31	93.75	93.75	84.38	90.63	90.63
重庆	87.46	73.57	91.43	94.29	85.00	91.43	80.00
吉林	86.50	72.73	100.00	100.00	77.27	90.91	90.91
北京	86.30	70.80	91.97	91.24	84.12	84.67	86.13
黑龙江	86.30	65.91	100.00	90.91	88.64	90.91	72.73
山东	86.18	69.53	87.50	87.50	88.28	78.13	84.38
江苏	85.46	70.07	91.55	92.96	81.69	87.32	85.92
湖北	85.12	65.43	87.23	89.36	87.77	80.85	82.98
福建	84.99	61.36	87.88	87.88	88.64	84.85	84.85
甘肃	84.50	62.50	100.00	83.33	91.67	83.33	66.67
贵州	83.67	63.89	88.89	77.78	83.33	88.89	88.89
江西	81.57	66.67	80.00	80.00	90.00	66.67	66.67
云南	80.92	70.83	66.67	83.33	83.33	83.33	66.67
安徽	80.74	62.50	80.00	80.00	88.75	70.00	70.00
广西	80.60	63.04	73.91	73.91	90.22	65.22	73.91
宁夏	79.31	62.50	75.00	100.00	81.25	100.00	50.00
上海	75.52	61.68	75.68	73.75	82.82	64.48	60.62
辽宁	73.63	62.50	70.00	70.00	77.50	60.00	70.00
内蒙古	72.67	66.67	66.67	100.00	66.67	66.67	66.67

第七章 数字经济服务质量总体指数与关键指标统计结果

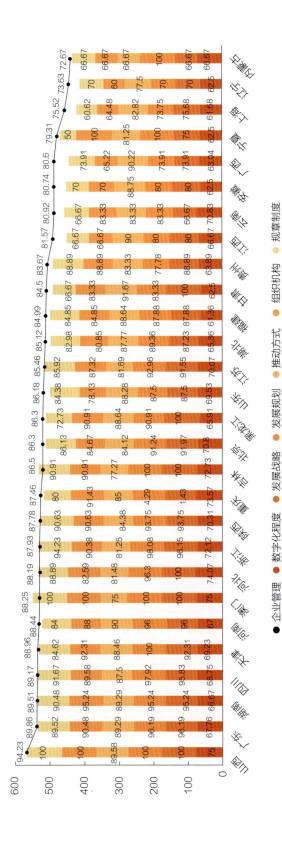

图 7-12 企业管理指数下不同区域各二级指标表现

(3) 行业间比较

在企业数字化建设企业管理指数得分的排名中，信息传输、软件和信息技术服务业、教育、房地产业处于第一梯队，得分超过85；制造业、文化体育和娱乐业、金融业、电力热力燃气及水生产和供应业、建筑业、卫生和社会服务、批发和零售业处于第二梯队，得分超过80；住宿和餐饮业、居民服务维修和其他服务业、交通运输仓储和邮政业和其他处于第三梯队。第一梯队中，三个行业在发展战略和发展规划方面的表现均衡，而组织机构方面得分差异较大，且同其他指标的分值差距明显。第二梯队中，文化、体育和娱乐业在发展战略方面的表现较优，其他方面都相对均衡。第三梯队中各行业表现均相差无几。不同行业企业管理指标得分见表7-21。

表 7-21 不同行业企业管理指标得分

行业	企业管理	数字化程度	发展战略	发展规划	推动方式	组织机构	规章制度
信息传输、软件和信息技术服务业	88.47	72.16	95.14	94.86	86.28	87.30	87.30
教育	86.49	70.27	91.89	83.78	87.16	81.08	86.49
房地产业	85.42	61.54	84.62	76.92	96.15	69.23	84.62
制造业	83.36	64.07	89.35	88.21	85.36	80.61	79.47
文化、体育和娱乐业	82.88	71.67	90.00	80.00	80.83	80.00	80.00
金融业	82.54	68.38	82.35	85.29	85.29	76.47	73.53
电力、热力、燃气及水生产和供应业	82.01	63.71	77.42	74.19	89.52	77.42	74.19
建筑业	81.74	69.00	80.00	84.00	80.00	88.00	76.00
卫生和社会服务	80.48	59.66	81.82	79.55	85.23	81.82	75.00
批发和零售业	80.24	65.49	82.30	85.84	82.30	75.22	71.68
住宿和餐饮业	79.29	63.89	75.00	77.78	81.94	75.00	77.78
居民服务、维修和其他服务业	76.79	61.54	76.92	80.77	82.69	65.38	65.38
交通运输、仓储和邮政业	75.74	65.63	79.17	83.33	71.88	83.33	66.67
其他	71.13	56.25	57.14	67.86	90.18	50.00	39.29

(4) 企业间性质比较

在企业数字化建设企业管理指数得分的排名中，外企、事业单位、国内私企和国企处于第一梯队，得分超过80；党政机关和非营利性组织处于第二梯队，得分超过70；其他性质企业处于第三梯队。不同企业性质企业管理指标得分见表7-22。

表7-22 不同企业性质企业管理指标得分

企业性质	企业管理	数字化程度	发展战略	发展规划	推动方式	组织机构	规章制度
外企	91.15	72.69	92.59	96.30	90.28	92.59	90.74
事业单位	84.96	69.38	86.52	84.27	84.55	86.52	83.15
国内私企	84.56	67.50	89.72	89.03	85.45	80.83	80.69
国企	84.17	67.53	86.11	90.28	85.94	81.94	76.39
党政机关	77.33	60	60	70	82.5	90	70
非营利性组织	71.01	59.09	81.82	68.18	73.86	59.09	63.64
其他	65.41	53.57	60.00	60.00	74.29	57.14	48.57

2. 创新竞争维度指数

企业创新竞争指数，表明企业在数字经济建中与其他企业的竞争优势，包括基础设施指数、服务质量指数、数字化支出指数、人才需求指数、人才培养指数、人力支出指数六个二级指标，用以反映企业在数字化建设中对于企业自身的认知及人才需求的认知程度。

（1）整体水平

就企业创新竞争维度整体建设程度而言（见表7-23），企业整体得分较低（63.39），说明目前企业在数字化建设中存在一定差异，且目前的数字化建设程度不足以支撑企业去面对市场竞争。在企业创新竞争中服务质量得分最高为69.86，人力支出得分最低为54.96，加大对数字经济转型人力成本支出是加快企业数字化建设的关键。此外，加大从业人员各方面的素质和技能也是今后加快企业数字化建设的着力点。企业内部也深刻意识到目前关于企业的基础设施（65.74）、数字化支出（65.93）、人才需求（63.08）、人才培养（59.68）方面的薄弱，因此企业应该在创新竞争方面加强建设。

表7-23 企业数字化建设创新竞争指数得分情况

一级指标	得分	二级指标	得分
创新竞争	63.39	基础设施	65.74
		服务质量	69.86
		数字化支出	65.93
		人才需求	63.08
		人才培养	59.68
		人力支出	54.96

（2）区域间比较

在不同区域企业数字化建设创新竞争指数得分的排名中，内蒙古、河北、山西、浙江、澳门处于第一梯队，得分超过70；广西、上海处于第三梯队，得分不足60；其他区域处于第二梯队，得分超过60。与企业管理相比较，创新竞争指数得分整体偏低，第一梯队中各区域在人才培养、服务质量表现都较为优异，而在数字化支出、人力支出的指数得分较低，且同其他指标的分值差距明显。第二梯队中各个区域不同指标的分差异较小，得分较为集中。第三梯队中整体指标得分各区域间差异较大。

数字化支出指标在所有区域的评价中，得分均相对较低，低于70分，可以看出目前在创新竞争中企业对于数字化支出相对较少。而服务质量指标得分相对较高，说明目前在数字化建设中企业更多关注外部的客户服务提升，但对内部建设并没有太多支出，因此企业在未来发展中应该提高内部数字化建设的支出，提高企业竞争力；其次人才培养和人力支出得分整体也比较低，说明目前企业对于数字化人才的重视程度有待加强，而人才需求指标的指标得分整体较高，说明目前企业已对数字化转型有了人才缺失的认知，同时也反映出企业数字化转型方向的人才较少，企业应该加大人才培养。不同区域企业数字化建设创新竞争指数得分情况见表7-24，创新竞争指数下不同区域各二级指标表现如图7-13所示。

表7-24 不同区域企业数字化建设创新竞争指数得分情况

区域	创新竞争	基础设施	服务质量	数字化支出	人才需求	人才培养	人力支出
内蒙古	73.00	75.00	83.33	58.33	75.00	83.33	66.67
河北	71.48	75.00	75.93	68.52	79.63	68.52	61.11
山西	70.81	70.83	77.08	64.58	72.92	75.00	64.58
浙江	70.59	68.75	74.52	67.31	75.48	70.19	65.38
澳门	70.50	75.00	75.00	50.00	75.00	75.00	75.00
广东	69.35	68.81	73.10	64.52	78.81	69.52	60.71
江苏	69.32	66.90	72.18	64.08	80.63	67.96	62.68
陕西	68.86	71.88	72.66	64.06	74.22	66.41	63.28
天津	68.81	67.31	75.00	65.38	75.00	65.38	63.46
北京	68.77	70.62	73.72	64.23	79.20	64.60	60.04
湖南	68.68	69.05	70.24	69.05	80.95	60.71	59.52
吉林	67.39	65.91	75.00	65.91	75.00	68.18	54.55
重庆	66.74	70.71	72.86	62.14	77.14	59.29	58.57

（续）

区域	创新竞争	基础设施	服务质量	数字化支出	人才需求	人才培养	人力支出
四川	66.48	63.02	70.31	61.98	85.42	61.46	55.73
福建	66.35	64.39	71.21	57.58	77.27	68.94	59.09
宁夏	65.50	68.75	75.00	62.50	75.00	56.25	56.25
甘肃	65.33	66.67	70.83	62.50	83.33	54.17	54.17
河南	65.28	68.00	69.00	60.00	83.00	58.00	54.00
黑龙江	64.93	61.36	65.91	52.27	88.64	70.45	52.27
湖北	64.89	64.89	65.96	60.64	81.38	63.30	52.66
山东	64.80	67.97	67.97	57.81	80.47	58.59	56.25
辽宁	64.28	65.00	65.00	57.50	75.00	65.00	57.50
江西	63.77	70.00	70.00	58.33	75.00	61.67	50.00
安徽	62.28	63.75	71.25	56.25	77.50	53.75	52.50
贵州	61.97	61.11	66.67	58.33	83.33	55.56	47.22
云南	60.13	62.50	70.83	58.33	75.00	50.00	45.83
广西	57.74	57.61	58.70	51.09	79.35	48.91	50.00
上海	55.37	59.07	64.48	48.17	75.39	44.50	43.34

（3）行业间比较

在不同行业企业数字化建设创新竞争指数得分的排名中，信息传输、软件和信息技术服务业排在第一梯队，得分为70.23；金融业、教育、建筑业、制造业、电力热力燃气及水生产和供应业、文化体育和娱乐业、住宿和餐饮业、批发和零售业、交通运输仓储和邮政业处于第二梯队，得分在60以上；卫生和社会服务、居民服务维修和其他服务业、房地产业、其他排在第三梯队，得分在60以下。

第一梯队中基础设施、服务质量、人才需求都高于其他指标，得分高于70。处于第二梯队的金融业、教育、建筑业、制造业、电力热力燃气及水生产和供应业、文化体育和娱乐业、住宿和餐饮业、批发和零售业、交通运输仓储和邮政业整体得分偏低，维持在60~70之间，从指标得分分布来看，扣分项来自于人力支出和数字化支出，因此在第二梯队中，企业对于人才的支出和数字化建设支出是需要更进一步提升的，其次基础设施除金融业外整体得分较低，说明在第二梯队的行业还需要加强基础设施建设。不同行业创新竞争指标得分见表7-25。

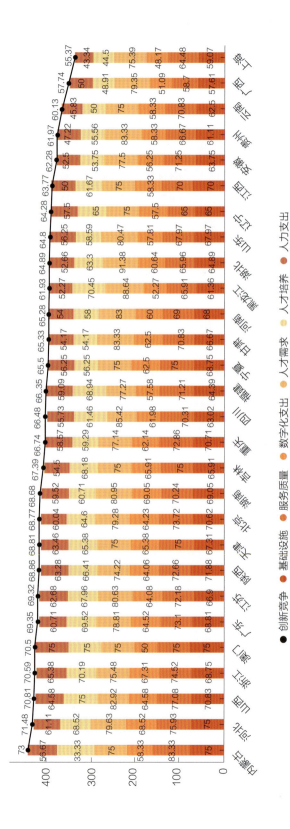

图7-13 创新竞争指数下不同区域各二级指标表现

表 7-25 不同行业创新竞争指标得分

行业	创新竞争	基础设施	服务质量	数字化支出	人才需求	人才培养	人力支出
信息传输、软件和信息技术服务业	70.23	71.15	75.00	66.49	77.36	68.72	62.03
金融业	67.49	70.59	71.32	61.76	75.00	66.91	59.56
教育	64.64	66.22	71.62	59.46	76.35	59.46	55.41
建筑业	63.16	67.00	68.00	52.00	82.00	63.00	50.00
制造业	63.04	63.12	69.77	57.03	78.99	56.37	53.52
电力、热力、燃气及水生产和供应业	62.34	61.29	66.94	57.26	77.42	59.68	51.61
文化、体育和娱乐业	61.25	67.50	70.00	55.00	71.67	55.00	50.83
住宿和餐饮业	61.01	61.11	67.36	54.17	77.08	54.17	52.78
批发和零售业	60.65	62.83	64.16	53.98	79.20	55.31	49.34
交通运输、仓储和邮政业	60.45	63.54	65.63	58.33	77.08	53.13	45.83
卫生和社会服务	57.91	60.23	63.07	50.00	82.95	46.02	46.59
居民服务、维修和其他服务业	57.89	56.73	63.46	50.96	80.77	49.04	47.12
房地产业	54.71	55.77	51.92	51.92	78.85	36.54	50.00
其他	50.93	55.36	58.04	41.07	79.46	37.50	37.50

（4）企业性质间比较

在不同性质企业数字化建设创新竞争指数得分的排名中，外企排在第一梯队，得分为71.44；事业单位、国内私企、国企处于第二梯队，得分在60以上；党政机关、非营利性组织和其他性质企业排在第三梯队，得分在60以下。第一梯队中基础设施、服务质量、人才需求都高于其他指标。第一梯队中，数字化支出和人力支出得分较低，其余四项指标得分都在70分以上；第二梯队中基础设施和服务质量及人才需求的得分各企业性质间差异较小，但是数字化支出和人力支出得分相对较低，并且国内私企和国企的数字化支出以及人力支出小于60。不同企业性质创新竞争指标得分见表7-26。

表 7-26 不同企业性质创新竞争指标得分

企业性质	创新竞争	基础设施	服务质量	数字化支出	人才需求	人才培养	人力支出
外企	71.44	71.30	73.61	66.67	79.63	74.07	62.50
事业单位	67.67	68.54	71.91	62.36	80.90	65.45	57.02

（续）

企业性质	创新竞争	基础设施	服务质量	数字化支出	人才需求	人才培养	人力支出
国内私企	64.87	65.94	69.97	59.55	78.33	59.93	55.66
国企	64.34	65.10	69.97	59.72	77.95	59.20	54.34
党政机关	54.55	62.5	67.5	42.5	80	37.5	42.5
非营利性组织	52.52	59.09	64.77	43.18	62.50	45.45	44.32
其他	49.61	53.57	60.00	40.71	75.71	35.00	36.43

3. 信息保护指数

信息保护指数，旨在反映企业数字经济建设中针对企业信息安全保护和消费者信息安全保护的问题，企业信息保护和用户信息保护在企业的发展中有着至关重要的作用。信息保护指数包括交易安全、安全程度、数据隐私、隐私保护程度、售后保障、信息披露指数六个二级指标，用以反映企业信息保护中数字经济的发展水平。

（1）整体水平

就信息保护（67.03）整体而言（见表7-27），企业在数字化建设中对于信息安全和隐私保护还有待加强，并且企业在信息保护中虽然在交易安全（76.46）和数据隐私（70.71）做得相对较好，但是在安全程度（63.81）、隐私保护程度（64.64）、售后保障（61.80）和信息披露（61.04）得分较低，存在较大的进步空间。

表7-27 企业数字化建设信息保护指数得分情况

一级指标	得分	二级指标	得分
信息保护	67.03	交易安全	76.46
		安全程度	63.81
		数据隐私	70.71
		隐私保护程度	64.64
		售后保障	61.80
		信息披露	61.04

（2）区域间比较

在不同区域企业数字化建设信息保护指数得分的排名中，内蒙古、天津、吉林和黑龙江处于第一梯队，得分超过80；安徽、山东、河北、宁夏、北京、江苏、湖南、广东、福建、浙江、陕西、贵州和河南处于第二梯队，得分超过70；其他区域处于第三梯队，得分低于70。第一梯队中内蒙古、天津在数据隐私方面领先于其他区域，售后保障指标第一梯队整体得分都比较接近，差异化较小；黑龙江安全程度指标得分在第一梯队中最低（68.75）。不同区域企业数字化建设信息保护指数得分情况见表7-28，信息保护指数下不同区域各二级指标表现如图7-14所示。

表7-28　不同区域企业数字化建设信息保护指数得分情况

区域	信息保护	交易安全	安全程度	数据隐私	隐私保护程度	售后保障	信息披露
内蒙古	87.88	100.00	87.50	100.00	75.00	75.00	81.25
天津	85.17	83.33	83.33	100.00	83.33	70.83	87.50
吉林	80.69	87.50	81.25	87.50	87.50	71.88	71.88
黑龙江	80.25	87.50	68.75	87.50	81.25	71.88	78.13
安徽	79.64	85.71	75.00	100.00	75.00	67.86	67.86
山东	79.31	88.46	76.92	92.31	76.92	67.31	70.19
河北	78.69	93.75	75.00	87.50	81.25	68.75	64.06
宁夏	78.63	75.00	75.00	75.00	87.50	87.50	75.00
北京	77.54	82.00	74.00	82.67	76.33	72.50	74.67
江苏	77.21	80.77	74.36	80.77	78.21	76.92	70.83
湖南	76.03	83.33	72.22	83.33	75.00	70.83	68.06
广东	76.01	76.53	75.00	87.76	75.51	69.13	70.66
福建	75.38	81.25	70.31	81.25	70.31	71.88	71.09
浙江	75.16	77.59	75.00	82.76	78.45	68.10	70.26
陕西	74.85	80.77	71.15	88.46	75.00	69.23	61.54
贵州	74.33	83.33	66.67	75.00	75.00	75.00	66.67
河南	73.11	82.14	67.86	78.57	67.86	69.64	66.07
重庆	70.00	71.88	68.75	65.63	68.75	71.88	71.88
江西	69.90	90.00	60.00	60.00	50.00	72.50	70.00
四川	69.86	69.64	70.54	73.21	68.75	70.09	66.52
广西	69.81	83.33	69.44	66.67	72.22	63.89	63.89
山西	69.50	62.50	75.00	68.75	75.00	73.44	68.75
云南	66.75	66.67	66.67	66.67	58.33	64.58	72.92
上海	65.91	61.45	68.98	66.27	67.47	67.77	66.27
湖北	65.74	68.18	63.64	68.18	67.05	63.64	63.07
甘肃	63.13	50.00	62.50	75.00	62.50	62.50	65.63
澳门	62.00	50.00	75.00	50.00	75.00	75.00	62.50
辽宁	59.25	50.00	62.50	50.00	50.00	68.75	71.88

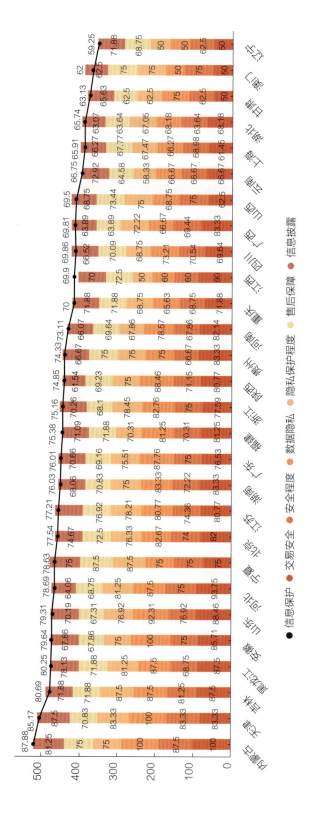

图 7-14 信息保护指数下不同城市各二级指标表现

(3)行业间比较

在不同行业企业数字经济建设信息保护指数得分的排名中,信息传输软件和信息技术服务业、电力热力燃气及水生产和供应业、教育、文化体育和娱乐业、房地产业、批发和零售业和金融业排在第一梯队,得分在70分以上;制造业、居民服务维修和其他服务业、住宿和餐饮业、其他、交通运输仓储和邮政业和卫生和社会服务处于第二梯队,得分在60以上;建筑业排在第三梯队,得分在60以下。不同行业信息保护指标得分见表7-29。

表7-29 不同行业信息保护指标得分

行业	信息保护	交易安全	安全程度	数据隐私	隐私保护程度	售后保障	信息披露
信息传输、软件和信息技术服务业	78.72	86.18	76.32	86.76	77.65	72.06	70.66
电力、热力、燃气及水生产和供应业	74.79	75.00	79.17	75.00	91.67	70.83	68.75
教育	74.70	75.86	72.41	84.48	75.00	68.53	70.26
文化、体育和娱乐业	73.03	76.32	78.95	73.68	71.05	71.05	69.08
房地产业	71.91	62.50	65.63	81.25	75.00	71.88	73.44
批发和零售业	71.56	68.60	68.60	76.16	71.80	70.78	71.80
金融业	71.52	79.17	70.83	83.33	64.58	59.38	66.67
制造业	69.78	68.25	70.24	73.02	69.44	70.24	67.46
居民服务、维修和其他服务业	69.22	66.67	61.11	72.22	72.22	73.61	66.67
住宿和餐饮业	67.67	70.59	65.44	73.53	61.76	66.91	62.87
其他	66.80	70.00	65.00	50.00	75.00	75.00	70.00
交通运输、仓储和邮政业	65.77	68.18	68.18	54.55	68.18	70.45	68.18
卫生和社会服务	62.40	60.00	65.00	60.00	65.00	60.00	67.50
建筑业	56.36	57.14	64.29	28.57	64.29	67.86	66.07

(五)企业服务群体统计结果

通过对企业不同服务群体的数字化建设程度指数进行比较可以看出,在数字化建设整体得分中服务于消费者群体的企业数字化建设得分(73.85)更高,并且通过对相同指标的反馈可以看出,服务于企业群体的企业数字化建设程度中数字化程度(65.47)更低。服务于消费者群体企业数字化建设得分见表7-30,服务于企业群体企业数字化建设得分见表7-31。

表 7-30 服务于消费者群体企业数字化建设得分

总指数	总得分	一级指标	得分	二级指标	消费者
企业数字化建设	73.85	企业管理	91.83	数字化程度	69.82
				发展战略	91.42
				发展规划	91.42
				推动方式	83.11
				组织机构	86.61
				规章制度	86.82
		创新竞争	67.31	基础设施	68.04
				服务质量	70.92
				数字化支出	61.82
				人才需求	77.51
				人才培养	63.55
				人力支出	56.80
		参与维度	61.56	促进就业	61.56
		信息保护	72	交易安全	75.52
				安全程度	71.76
				数据隐私	77.82
				隐私保护程度	72.70
				售后保障	70.08
				信息披露	69.38

表 7-31 服务于企业群体企业数字化建设得分

总指数	总得分	一级指标	得分	二级指标	企业
企业数字化建设	69.23	企业管理	84.19	数字化程度	65.47
				发展战略	85.13
				发展规划	84.96
				推动方式	86.58
				组织机构	77.09
				规章制度	74.19
		创新竞争	64.11	基础设施	64.15
				服务质量	69.23
				数字化支出	57.09
				人才需求	78.59
				人才培养	57.14
				人力支出	53.72
		参与维度	58.68	促进就业	58.68

(六) 不同性质企业统计结果

通过比较不同性质的企业数字化建设程度指数,得到不同性质企业排名,如图7-15所示。外企(77.98)、事业单位(73.57)、国内私企(71.93)、国企(70.75)处于企业数字化建设程度的第一梯队。非营利性组织(59.09)、党政机关(46.67)、其他(54.01)处于企业数字化建设程度的第二梯队。不同性质企业间的数字化建设程度差距较大,两极分化严重,第二梯队的企业在数字化建设中需要加大投入,提高企业内部的数字化建设。

图7-15　不同性质企业数字化建设程度指数

从不同性质企业数字化建设程度指数得分排名来看(见表7-32),外企数字化建设程度最高,且该性质企业的各分项得分都排在第一;事业单位处于第二位且各分项指标得分也处于第二位,说明第一梯队内各个性质企业之间的建设程度比较明确。

表7-32　不同性质企业数字化建设程度指数及四项分指数排名

单位性质	总得分	企业管理	创新竞争	参与维度	信息保护
外企	1	1	1	1	1
事业单位	2	2	2	2	2
国内私企	3	3	3	4	3
国企	4	4	4	3	4
非营利性组织	5	6	6	5	5
其他	6	7	7	6	6
党政机关	7	5	5	7	7

(七) 不同规模企业统计结果

通过比较不同规模企业的数字化建设程度指数(见图7-16),得到各规模企业的排名。大型(77.88)、中型(74.36)、特大型(72.52)处于企业数字化建设程度的第一梯队,在企业管理指标的数字化建设程度较高,具有良好的数字化转型建设的基础。小型(65.16)处于数字化建设程度的第二梯队,该规模类型企业在信息保护的建设程度处于中间位置。微型（46.98）处于数字化建设程度的第三梯队，该规模企业各指标维度得分都较低，与第一梯队和第二梯队存在显著差异。

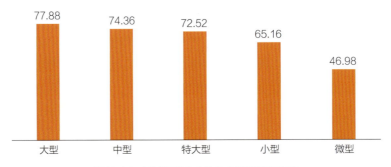

图 7-16　不同规模企业数字化建设程度指数

从所调查企业的规模来看，大型、特大型主要以国企和央企为主，得益于数字化转型的政策要求，数字化建设程度相对较高，数字化转型相对较早，国有企业坚决贯彻落实党中央、国务院决策部署，积极布局数字化转型战略，形成一批典型模式和优秀实践，取得较好成效。随着国企的数字化转型，政府部门积累企业数字化转型建设的经验，中型企业数字化建设程度指数排名中创新竞争和信息保护的得分较为靠前，中型企业主要是以国内私企为主，通过数字化建设提高企业市场竞争能力，并且响应国家信息安全保护，提高服务对象信息保护及企业内部安全保护。不同规模企业数字化建设程度指数及四项分指数排名见表7-33。

表 7-33　不同规模企业数字化建设程度指数及四项分指数排名

规模	总得分	企业管理	创新竞争	参与维度	信息保护
大型	1	1	1	1	1
中型	2	3	2	3	2
特大型	3	2	3	2	4
小型	4	4	4	4	3
微型	5	5	5	5	5

（八）不同行业企业统计结果

通过对不同行业企业数字化建设程度指数进行比较（见图7-17），得到各行业的排名。不同行业企业数字化建设程度得分差异较大，其中信息传输软件和信息技术服务业（76.73）、教育（72.78）、金融业（71.68）和电力、热力、燃气及水生产和供应业（70.59）的数字化建设程度指数较高；文化体育和娱乐业（69.75）、制造业（69.37）、批发和零售业（68.26）、住宿和餐饮业（67.19）、房地产业（66.81）、交通运输仓储和邮政业（65.28）、居民服务维修和其他服务业（64.90）、建筑业（64.71）和卫生和社会服务（63.96）的数字化建设程度指数得分分列第五到第十三位；其他（59.73）行业企业的数字化建设程度指数得分最低。第一梯队和第二梯队行业内企业数字化建设程度差距不大且有各自的建设亮点，整体数字化建设程度上仍有较大发展空间。

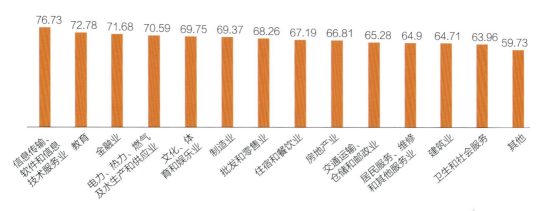

图 7-17 不同行业企业数字化建设程度指数

从各行业来看，企业数字化建设程度得分中企业管理得分最高，各行业得分都在 70 分以上，而创新竞争、参与维度、信息保护各行业间的差异较大。不同行业企业数字化建设程度指数及四项分指数排名见表 7-34。

表 7-34　不同行业企业数字化建设程度指数及四项分指数排名

行业	总得分	企业管理	创新竞争	参与维度	信息保护
信息传输、软件和信息技术服务业	1	1	1	1	1
教育	2	2	3	2	3
金融业	3	6	2	3	7
电力、热力、燃气及水生产和供应业	4	7	6	5	2
文化、体育和娱乐业	5	5	7	6	4
制造业	6	4	5	8	8
批发和零售业	7	10	9	9	6
住宿和餐饮业	8	11	8	4	10
房地产业	9	3	13	12	5
交通运输、仓储和邮政业	10	13	10	10	12
居民服务、维修和其他服务业	11	12	12	13	9
建筑业	12	8	4	7	14
卫生和社会服务	13	9	11	11	13
其他	14	14	14	14	11

第八章　年度对比分析结果及趋势

一、2021年与2020年消费者满意程度统计结果对比

（一）整体发展水平

从总指数来看，2019年数字经济服务质量消费者总体满意度指数为72.12，2020年数字经济服务质量消费者总体满意度指数为77.70，同比增长7.74%；2021年的数字经济服务质量消费者总体满意度指数为79.31，同比增长2.1%。数字经济服务质量消费者满意度2021年总体表现较上年有所提升，且从2019年到2021年保持增长态势。细分的竞争性、参与性、保护性3个一级指标得分从2019年到2021年呈上升的趋势，共享性指标得分有所下降。共享性、竞争性两个一级指标的排名得分较可观，2019年共享性指标排第一位，竞争性指标排第二位，2020年亦是如此。2021年结果与前两年不同：虽然共享性指标与竞争性指标仍保持在前两位，但与之前不同的是，本年度的调查结果显示，竞争性指标得分排名第一，而共享性指标排名第二。参与性、保护性两个指标排名较2020年有所变动，但差距不大。总的来看，数字经济服务质量虽整体有所改进，但短板仍为消费者参与性不高、消费者消费行为的保护程度不够。

从竞争维度来看，2020年数字经济服务质量消费者满意度较2019年提升幅度较大，增幅为9.18%；2021年的竞争性指标得分与2020年的竞争性指标得分，不论是从不同城市间比较还是从不同业态间比较，都较上年呈增长状态。2021年，不论是数字型人才竞争还是数字化产业竞争，都比之前更加激烈。数字经济时代的竞争特点是平台竞争与网络效应显著，动态竞争与跨界竞争并存，以及数据形成企业在市场竞争中的核心竞争力。此外，在2021年竞争维度的基础设施、业态管理、技术创新、人力资本、费用管理5个二级指标中，费用管理指标得分相对靠后，排在第五位，其余4个二级指标得分均值在82分以上。这说明加入费用管理指标是十分必要的。目前我国的数字经济服务存在着费用收取不合理、定价过高等现象。数字经济服务应制定合理的价格机制，顺应供给与需求的变动，使得大多数人能够负担得起并且明明白白地消费自己需要的数字经济服务，享受数字经济服务的红利。

从参与维度来看，2021年参与深度较2019年提升幅度较大，且自2019年至2021年保持增长态势，先从2019年的64.55分提升到2020年的74.24分，又提升至2021的77.25分，其中2021年较2020年增长4.05%。2020年以来受新冠肺炎疫情影响，线上经济得到了一定的发展，消费者数字经济服务的使用数量呈现上升趋势，如外卖软件、教育软件的使用等，一定程度上拉动了数字经济服务参与性指标指数的提升。而2021年数字经济服务参与广度、参与力度较上年也有所提升，但提升幅度相对不那么显著。

从保护维度来看，2021年我国数字经济服务质量消费者满意度在消费者消费安全保护、个人隐私保护、消费维权建设、售后服务保障方面相较上年有所提升。中央网信办、工信部、公安部、市场监管总局开展的APP专项治理工作和《个人金融信息保护技术规范》等的实施，均对消费者数字经济的消费行为起到了保护作用。但是总的来看，保护性指数得分仍相对较低，发展潜力较大。

从共享维度来看，生活需求指数从2019年的81.34分下降至2020年的80.97分，后又增长到2021年的83.84分，整体上是增长的；普及程度指数从2019年的78.40分上升至2020年的84.43分，上升幅度为7.70%，但2021年普及程度指数却出现断崖式下跌情况。据课题组分析，随着互联网技术的大力发展，数字经济快速发展，传统形式消费者大都已经被纳入数字经济消费范畴，故而导致普及程度指数下降。

2020年及2021年各项指数对比如图8-1所示。

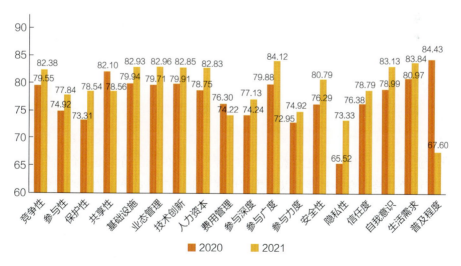

图8-1　2020年及2021年各项指数对比

（二）城市发展水平

通过对不同城市2020年与2021年的数字经济服务质量消费者满意度指数对比发现（见

图8-2），2021年除武汉外各城市的数字经济服务质量消费者满意度指数较上年均呈现出上涨的状态。其中北京、哈尔滨的排名上升明显，北京从2020年的第三名上升至2021年的第一名，哈尔滨则从2020年的第十三名跃居2021年的第六名。此外，2021年全运会在西安圆满举办，在一定程度上带动了西安的数字经济发展。2020年武汉因抗击疫情，全市经济受到一定影响，2020年至2021年是武汉经济的迅速恢复期，数字经济大力发展，需求拉动增长，故而武汉的排名也相对靠前。杭州、上海的数字经济服务发展水平处在较高水平，发展趋于饱和，增幅较低，但两市的数字经济起步早、基础好，两年来的排名均保持前列。

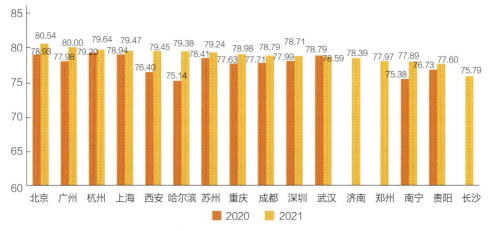

图 8-2　2020 年及 2021 年城市指数对比

对比两年的调查结果发现，北京、杭州、上海等地的得分在2019年与2020年均处在前列，而贵阳、南宁等地在总得分排名上都相对靠后。2021年哈尔滨的排名情况相对于2020年进步较大，该地于2020年排名倒数第一位，而2021年的排名处于中上游。这得益于哈尔滨在突破数字经济新技术、激发实体经济新功能、培育数字应用新业态、释放数据资源新价值、提升基础设施新能级等方面取得突破性成果。该地数字经济实现跨越发展，地区生产总值占比大幅提升，拉动经济更加强劲发展。

从竞争维度看，较2020年，2021年贵阳、成都、重庆、哈尔滨、苏州、西安的竞争排名上升，其中贵阳增长9名，西安、苏州、成都均增长5名，重庆、哈尔滨均增长1名，数字经济服务竞争性指数向好趋势明显。值得一提的是贵阳，2021年其基础设施指数较上年提升10名，业态管理指数较上年提升9名，技术与创新指数较上年提升10名，人力资本指数较上年提升8名，竞争维度的4个指标均在上升，故而提升了整体竞争指数。成都基础设施指数、业态管理指数、技术与创新指数、人力资本指数的上升亦提升了其竞争性指数。2021年，北京、杭州两市竞争性指数排名较上年下降明显，均下降6名，上海下降9名。技术与创新、人力资本与业态管理发展不足是导致三市竞争性指数总排名下降的原因。借助5G发展的基础，持续推动数字新基建，实现高质量网络覆盖，推动自主创新与技术进步，发挥先进城市的带动作用，是推动数字经济发展的有利对策。2021年不同城市数字经济服务竞争指数排名变动情况（以2020年为基期）见表8-1。

表8-1 2021年不同城市数字经济服务竞争指数排名变动情况（以2020年为基期）

城市	竞争	基础设施	业态管理	技术与创新	人力资本
北京	-6	-1	-13	-4	-4
广州	-4	-5	-6	-2	-5
杭州	-6	-6	-4	-4	-6
上海	-9	-8	-7	-10	-7
西安	5	-2	8	5	2
哈尔滨	1	-3	2	1	0
苏州	5	8	3	0	4
重庆	1	0	2	2	-2
成都	5	9	3	3	6
深圳	-5	-2	-3	-4	-3
武汉	-5	-6	-8	-6	-1
南宁	-4	-6	-1	-4	-3
贵阳	9	10	9	10	8

从参与维度看，较2020年，2021年深圳、广州的参与性指数排名上升，分别增长6名、8名，数字经济服务参与性指数向好趋势明显。2021年武汉参与深度指数（较上年提升2名）有所提升，但提升幅度不大；参与广度指数（较上年下降6名）、参与力度指数（较上年下降4名）的下降导致整体参与性指数偏低。同样地，广州和深圳也呈现相同情况。但广州与深圳的参与深度指数得到大幅提升，使其参与性指数排名较2020年有所上升。哈尔滨参与深度指数与参与力度指数排名较上年稍有下降。此外，重庆（较上年提升7名）、北京（较上年下降8名）的参与广度指数，苏州（较上年提升8名）、西安（较上年下降5名）的参与力度指数变化幅度较大。2021年不同城市数字经济服务参与指数排名变动情况（以2020年为基期）见表8-2。

表8-2 2021年不同城市数字经济服务参与指数排名变动情况（以2020年为基期）

城市	参与	深度	广度	力度
北京	0	-5	-8	-3
广州	8	10	-6	-2
杭州	-4	-1	-4	-4
上海	0	3	-6	-7

（续）

城市	参与	深度	广度	力度
西安	−5	−5	2	−5
哈尔滨	0	−2	1	−1
苏州	3	−2	3	8
重庆	2	4	7	0
成都	0	0	4	1
深圳	6	9	−5	−1
武汉	−9	2	−6	−4
南宁	−6	−4	−2	−1
贵阳	−6	−6	9	−6

从保护维度看，较2020年，2021年北京、西安、杭州、重庆、哈尔滨和南宁的保护性指数排名上升，分别提升8名、8名、1名、1名、6名、6名。重庆、杭州、哈尔滨3个城市安全性指数的大幅提升是拉动其保护性指数增长的重要因素；西安这个城市的隐私性指数的提升是拉动其保护性指数增长的重要因素。成都、贵阳两市保护性指数排名较上年下降明显。杭州安全性指数排名上升5名，但其隐私性指数排名下降3名；贵阳安全性指数排名下降1名，隐私性指数排名增长5名。信任度指数排名提升较大的是成都（较上年提升9名）、贵阳（较上年提升5名）。自我意识指数排名提升较多的是苏州、成都、贵阳，分别提升5名、7名、7名，武汉的自我意识指数排名下降6名，哈尔滨的自我意识指数排名无变动。由调研结果可看出，安全性指数、隐私性指数是影响保护性指数变动的主要因素，建立完善有效的数字经济消费保护法律法规体系，保障消费者的交易安全和个人隐私，避免由于隐私泄露导致消费者消费权益、财产权益受损，是提升保护性指数的关键。2021年不同城市数字经济服务保护指数排名变动情况（以2020年为基期）见表8-3。

表8-3　2021年不同城市数字经济服务保护指数排名变动情况（以2020年为基期）

城市	保护	安全性	隐私性	信任度	自我意识
北京	8	2	−1	−5	−3
广州	−2	2	1	1	−5
杭州	1	5	−3	1	−5
上海	−1	2	−4	−3	−5
西安	8	−1	4	1	−1
哈尔滨	6	5	0	−3	0
苏州	0	0	1	1	5
重庆	1	5	−6	0	1

（续）

城市	保护	安全性	隐私性	信任度	自我意识
成都	−11	−5	−14	9	7
深圳	−5	−2	−3	−4	−3
武汉	−6	−9	−4	−3	−6
南宁	6	1	−1	−2	−1
贵阳	−12	−1	5	−2	7

从共享维度看，较2020年，2021年城市数字经济服务共享性指数排名，南宁上升11名、哈尔滨上升9名，武汉排名无变动；深圳下降10名，苏州下降6名，广州、重庆均下降5名。生活需求指数排名方面，与上年相比，武汉下降11名，北京、贵阳均下降5名，苏州下降4名；杭州上升2名，南宁上升10名。普及程度指数排名方面，武汉上升7名，南宁上升8名，哈尔滨上升9名；贵阳下降1名，广州、北京均下降5名，杭州下降10名，深圳下降13名。由此可见，普及程度指数重点影响各城市的共享性指数。因此，应注重地区数字经济总体发展水平的建设，依托城市自身特点和优势，推动智慧城市发展。2021年不同城市数字经济服务共享指数排名变动情况（以2020年为基期）见表8-4。

表8-4　2021年不同城市数字经济服务共享指数排名变动情况（以2020年为基期）

城市	共享	生活需求	普及程度
北京	−2	−5	−5
广州	−5	−2	−5
杭州	−2	2	−10
上海	−3	−1	−3
西安	−1	−2	0
哈尔滨	9	0	9
苏州	−6	−4	−7
重庆	−5	−1	−8
成都	−3	−2	−5
深圳	−10	0	−13
武汉	0	−11	7
南宁	11	10	8
贵阳	−3	−5	−1

（三）业态发展水平

在关键业态选择上，2021年业态间总指标平均得分79.83。2019年选择6个关键业态涵盖消费者89%的选择，2020年选择8个关键业态涵盖消费者79%的选择，2021年选择16个关键业态。这在一定程度上说明2021年消费者使用的数字经济服务种类较2020年更加丰富，并以此满足了自身的多元需求，数字经济服务的发展确实取得了一定成绩。

从整体上看，2021年各业态的消费者满意度指数较上年增长明显，在线教育消费者满意度指数较上年增加6.56%，即时通信消费者满意度指数较上年增加4.98%，网约车出行消费者满意度指数较上年增加5.12%，互联网医疗消费者满意度指数较上年增加3.98%，餐饮外卖消费者满意度指数较上年增加4.35%，网络购物消费者满意度指数较上年增加2.54%，共享单车消费者满意度指数较上年增加3.63%。另外，网络社交媒体消费者满意度指数较上年增加1.65%，移动支付消费者满意度指数较上年增加1.39%，影视听娱乐消费者满意度指数较上年增加1.50%，线上办公消费者满意度指数较上年增加1.54%，短视频平台消费者满意度指数较上年增加1.33%，知识付费消费者满意度指数较上年增加1.99%，线上直播消费者满意度指数较上年增加0.48%，旅游平台消费者满意度指数较上年增加5.68%，住宿共享消费者满意度指数较上年增加2.13%。

不难看出，2021年所有业态都呈现出不同程度的增长趋势。其中，在线教育、网约车出行、旅游平台消费者满意度指数增长幅度超过5.00%，涨幅明显。从具体业态来看，消费者对在线教育、即时通信、网约车出行、互联网医疗、餐饮外卖、旅游平台的满意度仍保持在较高的水平，对住宿共享和共享单车的满意度仍待提升。此外，较上年，2021年消费者对即时通信、互联网医疗、餐饮外卖、共享单车的使用量和关注度也有所上升。2020年及2021年关键业态总指数对比情况如图8-3所示。

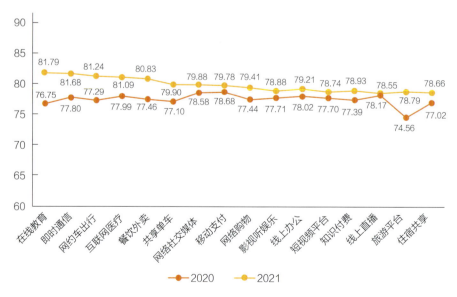

图8-3 2020年及2021年关键业态总指数对比

对比分析2020年和2021年所有业态的4个一级指标得分情况，在竞争维度中，旅游平台增长9.40%，在线教育增长4.77%，餐饮外卖增长4.54%，但线上办公下降0.23%；在参与维度中，住宿共享增长11.51%，在线教育增长7.65%，知识付费增长7.42%，但移动支付下降0.68%；在保护维度中，在线教育、即时通信、网约车出行、互联网医疗增长均超过10.00%，涨幅明显；在共享维度中，在线教育、即时通信、网约车出行、互联网医疗、餐饮外卖、共享单车涨幅超过10.00%，增长明显。2021年各业态指数如图8-4所示。

图8-4 2021年各业态指数

二、2021年与2020年企业数字化建设程度统计结果对比

（一）整体发展水平

从总指数来看，2020年企业数字化转型建设总指数为64.83分，2021年企业数字化转型建设总指数为68.85分，同比增长6.20%。2021年，在企业管理、创新竞争、信息保护3个一级指标中，企业管理、信息保护两个指标得分较上年均呈现出上升的特点，创新竞争指标得分较上年有所下降，但差距不大。总的来看，企业数字化建设程度在2021年有了较大的变化，企业管理指标有了大幅度的提高，但在创新竞争方面仍然存在短板。值得一提的是，2021年统计工作在2020年的基础上新增加了参与维度指标的探究。从这方面的统计结果来看，企业在数字化转型建设促进就业方面的规划工作存在不足且促进就业程度较低。

从企业管理维度来看，2021年企业内部对于数字化转型的认知有了大幅度上升，企业管理指标得分从67.39分提高至83.90分，同比增加24.50%。2021年受疫情等因素的影响，企业的日常生产经营多次中断，迫使企业进行线上办公、线上销售等业务，极大促进了企业的数字化建设程度，也促进了企业管理人员对企业数字转型建设的认知；另外，2021年3月发布的《中华人民共和国国民经济和社会发展第十四个五年规划和2035年远景目标纲要》中，将"加快数字化发展　建设数字中国"作为独立篇章，将坚持新发展理念，打造数字经济新优势，营造良好数字生态，列为"十四五"时期目标任务之一。可以看出国家对企业数字化转型有深度发展建设目标，政策引导极大促进了企业内部形成关于数字化转型的方向及目标。在企业管理的二级指标中，发展规划、发展战略得分都在87分以上，可以看出企业数字化建设已经融入企业发展的重要环节。

从信息保护维度来看，2021年企业在隐私保护程度方面相较上年有了大幅度提高，并且新增加了交易安全、安全程度、数据隐私、售后保障、信息披露方面的指标。新增指标的得分都在60分以上，其中交易安全和数据隐私得分在70分以上。《个人金融信息保护技术规范》（2020年）、《中华人民共和国个人信息保护法》（2021年）、《中华人民共和国数据安全法》（2021年）等的施行，均说明了国家对于企业在经营中的数据安全问题的重视程度，这也促进了企业进一步重视信息保护。

从创新竞争维度来看，创新竞争指数从2020年的63.47分，下降至2021年的63.39分，虽然下降幅度很小，但是企业在创新竞争层面需要给予更多的关注。2020年及2021年企业数字化转型建设指数对比情况如图8-5所示。

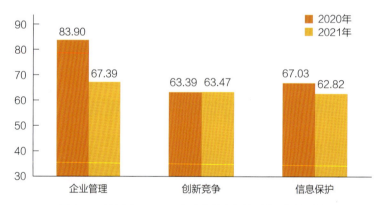

图8-5　2020年及2021年企业数字化转型建设指数对比

（二）宏观环境分析

经济转向高质量发展阶段，企业转型势在必行。经历四十多年改革开放和连续高速增长，中国经济已经由高速增长，转入中低速增长和高质量驱动的阶段。面对产业结构调整、资源环境挑战、数字技术与创新带来的行业颠覆与机遇，中国企业逆水行舟，不进则退。应对新环境和新时代的挑战，企业转型势在必行。

从政治环境来看，2021年全国多个省市发布了企业数字化转型建设相关的政策以推动企业数字化转型发展，如《广东省制造业数字化转型若干政策措施》《关于加快推进国有企业数字化转型工作的通知》《关于市管企业加快数字化转型的实施意见》《北京市关于加快建设全球数字经济标杆城市的实施方案》《上海市全面推进城市数字化转型"十四五"规划》《西安市工业互联网创新发展行动计划（2020—2022年）》等，从云上平台建设、基础设施升级、创新能力提升、生态体系构建、构建城市数据中枢等方面为企业数字化转型提供政策支持和基础保障支撑。

从经济环境来看，当今世界，数字经济已经成为全球经济的主要形态之一。中国数字经济总量占GDP超过30%，中国已成为全球第二大数字经济体。当前，新旧经济形态呈现冰火两重天的局面：一方面，互联网企业规模不断扩大，凭借数字技术跨界到诸多传统行业，初创型数字化企业令人咂舌的增速，使传统企业相形见绌；另一方面，传统企业营收增长减速，盈利水平承压，企业发展越来越困难，转型已成为企业能否在数字经济时代生存发展的问题。

从社会文化环境来看，全球对于降低碳排放，应对气候变暖越来越重视。中国提出了2030年前实现碳达峰、2060年前实现碳中和的目标。而数字技术成为各行业减排的关键因素，例如，建筑行业碳减排快速推进和绿色建造水平的提升，势必将对与碳减排密切相关的能耗、环境排放、资源综合利用等指标进行控制，而建筑行业的降低碳排放工作必然会带来建筑行业产业结构向数字化转型的调整。另外，疫情的突发及持续，进一步加速了企业的数字化建设进程。

从技术创新环境来看，传统产业数字化转型的目的是利用数字技术破解企业、产业发展中的难题，从而实现企业业务的转型、创新和增长。近年来，随着5G、人工智能、大数据、区块链、云计算、物联网等技术蓬勃发展，国家及各地政府出台了一系列新基建投资计划及措施，其根本目的是支撑传统产业向网络化、数字化、智能化方向发展的信息基础设施建设。

（三）企业实施数字化建设的必要性

数字化转型是技术与业务的全面融合创新。进行数字化建设能够更好地为企业带来新的发展与生机。技术赋能业务又融入业务，成为业务的底层能力，技术和业务融合创新形成新的业务形态。通过数字化建设提高企业经济效益、降低成本、促进生产、保证安全，利用数字技术对企业战略体系、商业模式、业务流程、生产运营、组织架构等进行全方位、系统化的变革和重塑。

数字化转型可以提高企业业务流程的效率，提高企业的生产力。面对疫情冲击，我国数字经济展现出强大的抗冲击能力和发展韧性，在维持消费、保障就业、稳定市场、提振经济等方面发挥了积极作用。

通过对企业实施数字化原因分析（如图8-6所示），可以看出企业实施数字化主要是为了提高服务效率，提高产品服务质量，提供更好的服务，提升客户体验，从而达到提高企业绩效的目的。

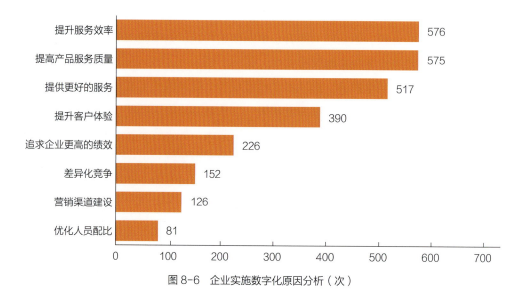

图8-6　企业实施数字化原因分析（次）

第三篇 实践篇

导　论　企业顾客需求管理现状研究

什么是顾客需求？顾客需求的关键在于人，人在生产消费活动中会产生很多言明或未言明的需求，它们合在一起就成为顾客需求。企业需要从顾客的声音和暗示中找到线索，挖掘顾客需求，从而在企业的产品研发、质量改进、服务改进和营销策略这4个方面做出应对，从而提供满足顾客需求的产品和服务，帮助企业在竞争中获得优势。

课题组通过建立顾客需求管理评价体系，将企业在顾客需求管理方面的工作分为顾客分类、需求收集、需求分析和需求转化4个步骤。为每个步骤设置两三个具体的问题，将每个问题按照企业管理现状分成不同档次（选项），通过让企业选择每道题目的选项，可以了解到现阶段企业的顾客需求管理现状。同时，课题组希望可以提供给企业一个切实有效的方法，让企业对顾客需求管理活动进行评估，进而为企业了解顾客、提供令顾客满意的产品和服务搭建桥梁。本部分将对企业整体表现、产品研发等4个方面工作和企业所属的行业进行分类比较，从中分析、总结出企业顾客需求管理现状和相应的应对措施。

一、研究背景

（一）顾客需求管理与高质量发展的关系——美好生活的向往

当前，我国社会主要矛盾已经转化为人民日益增长的美好生活需要和不平衡不充分的发展之间的矛盾。发展中的矛盾和问题集中体现在发展质量上。因此，把发展质量问题摆在更为突出的位置，着力提升发展质量和效益具有重要意义。同时，在新一轮科技革命和产业革命兴起时，企业要抓住机遇，不断推进科技创新、管理创新、产品创新、市场创新、品牌创新。要积极培育和贯彻以顾客为中心的经营理念，以满足顾客需求为根本着力点，积极探索分析，切实满足客户对美好生活的需求。

要实现更好地满足顾客的需求，需要对顾客需求进行企业端的有效管理，且需先识别才能进行管理。作为连接企业和顾客的一座桥梁，顾客需求管理可以成为高质量发展中的重要推手。企业进行产品研发、质量改进、服务改进和市场营销的过程都离不开顾客需求管理；而为了满足人民对美好生活的向往，企业应倾听顾客需求，从而帮助企业做到产品创新、服务升级，最后回馈给顾客高质量的产品和优质的服务。这形成了企业与顾客间的良性循环，进而推动整体的高质量发展。

（二）高质量发展的动力和保障——供给与需求的平衡

实现高质量发展需要做好供给侧改革和形成供给与需求的平衡。在坚持以供给侧结构性改革为主线的过程中，要重视需求侧管理，坚持扩大内需这个战略基点，始终把扩大内需同深化供给侧结构性改革有机结合起来，形成需求牵引供给、供给创造需求的高水平动态平衡。

对于企业而言，要实现供给与需求的动态平衡要求企业准确把握客户需求的层次、变化趋势以及不同层次需求的满足程度。因此，企业需要集中精力做好需求识别工作。这要求企业从顾客分类入手，先识别出重点顾客以精准获取顾客需求信息，然后对收集到的顾客需求信息从多个维度进行分析。以此制定企业的产品和服务方案，才能较好地满足顾客需求，并且最终使企业获益。顾客需求管理是一个企业将顾客需求转化为产品供给的桥梁。企业可以通过顾客需求管理了解顾客最迫切需要的产品功能，以此让供给侧改革更加有的放矢、有迹可循，避免盲目地追求产品升级，造成资源浪费和企业经营效益下降的不利局面。

（三）顾客需求管理的核心——以顾客为中心

高质量发展是以人民为中心的发展。人是经济体系的基本组成部分，涉及需求和供给两个方面，既是消费主体，又是生产和创新的主体，是最具活力的生产要素。满足人民需要是社会主义生产的根本目的，也是推动高质量发展的根本力量。我国经济的新增长点、新动力蕴含在解决好人民群众普遍关心的突出问题中，产生于人力资本质量提高的过程中。高质量发展就是要回归发展的本源，实现最大多数人的社会效用最大化。进入新发展阶段，以习近平同志为核心的党中央把实现全体人民共同富裕摆在更加重要位置上，我们必须坚持通过推动高质量发展、共同艰苦奋斗促进共同富裕，必须广泛有效地调动全社会的积极性、能动性，提升全社会人力资本质量和专业技能，扩大中等收入群体，不搞平均主义，不搞"杀富济贫、杀富致贫"，避免掉入福利主义陷阱，通过14亿多人共同努力，一起迈入现代化。

根据马斯洛需要层次论，需要层次越低，力量越大，潜力越大。随着需要层次的上升，需要的力量相应减弱。高级需要出现之前，必须先满足低级需要。基于需要层次理论，现阶段人民群众对美好生活的需要显然是更高层次的需要，企业现阶段更需要关注和满足的是顾客更高层次的需要。企业客户需求管理所关注的根本是顾客的需求，企业的生产经营管理活动均应围绕顾客需求进行。因此，加强对企业顾客需求管理的研究从本质上是提升对顾客满足需求的研究，是以人为根本的研究。

二、顾客需求管理评价体系的构建

（一）文献中对于构建顾客需求管理评价体系的启示

《用户力：需求驱动的产品、运营和商业模式》中谈到一项好的产品必须基于顾客需求研究，而研究顾客需求可以分为三步，发现需求、分析需求、描述需求。

发现需求需要企业找到顾客更本质、更深层次的需求（更快、更多、更便宜、更好玩）。需要写清顾客描述，根据顾客特征、顾客场景和需求频率找到"粉丝"顾客（年轻、高频、爱传播）。分析需求包括顾客访谈、调查问卷、可用性测试和数据分析，从定量定性、直接间接两个维度了解"粉丝"顾客的真实需求。然后通过过滤、排序和提炼，找到重要需求，找到对需求最敏感、频繁使用产品并成为忠实顾客的人。描述需求是通过一个文档、一个画像、一个故事，将典型顾客的需求和应用场景进行描述。互联网企业对顾客需求的采集具有得天独厚的优势，而互联网产品的更新速度也是最快的。通过对互联网公司的做法进行研究，可以缕清顾客需求管理的关键过程，将之加以分解可以获得顾客需求管理体系的指标。

《匹配度：打通产品与用户需求》中强调了以人为本的理念。首先要走进顾客，从需求洞察、发现顾客需求这两个方面了解顾客需求。其次为探寻顾客需求，通过案头研究、深度访谈、隐性需求分析、工具方法的使用可以帮助企业找到真实的深层次的顾客需求。最后是顾客需求转换，通过整理需求、创造产品、展示产品、持续改进这几方面促进产品的落地。其中顾客需求的转换或者落地是顾客需求获得满足最关键的环节，将这一环节纳入顾客需求管理评价体系以构成顾客需求管理的整个闭环。

另有两篇关于顾客需求管理体系建立的文献，《全业务运营下的顾客需求管理体系研究》和《客户需求研究体系的构建与应用》，它们的主要内容是从实际工作出发，建立一套收集需求、处理需求、分析需求、应用需求和需求评估的管理工具。作者基于企业的信息收集渠道、信息标准化处理方式、判断需求的价值的方式给出顾客需求管理的做法。

基于此，顾客需求管理评价体系将每个环节的最优做法分别提出，并且根据最优做法将每一个工作环节分级，方便企业客观了解自身在顾客需求管理这项工作中所处的位置，并且给企业提供一个顾客需求管理的标准，方便企业学习优秀企业的做法。

（二）顾客需求管理评价体系的构建

根据上述文献研究和《T/CAQ 10301—2016顾客关系管理评价准则》中与顾客需求相关的描述，文中将顾客需求管理工作分为顾客分类、顾客需求收集、顾客需求分析、顾客需求转化4个步骤。其中，顾客分类被细分为关于战略结合程度、顾客分类方法和数据平台的3个问题。顾客需求收集被细分为关于收集方式和需求更新机制的两个问题。顾客需求分析被细分为关于分析方法和分析效果的两个问题。顾客需求转化被细分为关于需求识别、需求转化和需求验证的3个问题。每个问题分设3~5个选项，其中第一个选项代表该工作达到的最高标准，且标准逐项降低，以此划分企业顾客需求管理现状。具体的评价体系见表1。

表 1 顾客需求管理评价体系

	一级指标	二级指标
顾客需求管理评价体系	顾客分类	顾客识别
		顾客信息数据平台
		顾客分类与公司战略的结合程度
	顾客需求收集	顾客需求收集与顾客分类的结合程度
		顾客需求更新
	顾客需求分析	需求分析方法
		需求分析效果
	顾客需求转化	需求识别
		需求转化
		需求验证

1. 顾客分类

顾客分类本质上包括顾客细分与市场细分，根据《顾客关系管理评价准则》中关于顾客分类与目标市场选择的描述，组织应根据管理需要对顾客进行分类识别，并建立顾客数据库，以便实现精准的差异化管理；组织应确定与竞争策略相一致的目标市场，并搜集分析相关市场信息与竞争对手信息。

结合以上研究内容，将顾客分类工作分三部分考量：顾客识别、顾客信息数据平台、顾客分类与公司战略的结合程度。其中顾客识别分为5档。第一档即最优做法为采用10种以上标签识别顾客，确保覆盖所有顾客且顾客特征清晰。第二档为采用5~10种（不含5种）标签识别顾客，确保覆盖关键顾客且顾客特征清晰。第三档是采用3~5种（不含3种）标签识别顾客，确保覆盖关键顾客但没有给出各类顾客特征。第四档是采用1~3种（不含1种）标签识别顾客，没有覆盖关键顾客，只有象征性的顾客分类。第五档是采用1种（或没有）标签识别顾客，没有覆盖关键顾客，只有象征性的顾客分类。

顾客信息平台分为5档。第一档即最优做法为建立不断更新的数据平台，持续更新顾客标签，可以进行需求分析工作。第二档为建立数据平台，约1年更新1次，为储存和分析顾客信息做好准备。第三档为建立数据平台，但不能保证1年更新1次，数据不够完整或没有顾客标签。第四档是没有建立数据平台，只对顾客资料进行了整理、保存，不利于分析。第五档是没有建立数据平台，没有保存顾客资料。

顾客分类与公司战略的结合程度分为3档。第一档为顾客分类与公司战略紧密结合。第二档为顾客分类适当参考公司战略。第三档为顾客分类没有依据公司战略。

2. 顾客需求收集

《顾客关系管理评价准则》中关于需求收集与分析的有关内容写到，组织应对获取的顾客需求进行系统分析与评价，立足组织竞争策略的角度识别顾客需求的影响程度，从而确定关键顾客需求与期望。

结合以上研究内容，将顾客需求收集工作分两部分考量：顾客需求收集与顾客分类的结合程度、顾客需求更新。其中顾客需求收集与顾客分类的结合程度分为5档。第一档是根据顾客分类，为不同重要性的顾客分别制定合适的需求收集渠道，建立5种以上的需求收集机制。第二档是根据顾客分类，为重点关注的顾客制定积极的需求了解渠道，建立3~5种需求收集机制。第三档是根据顾客分类，为重点关注顾客分配专人负责，建立3~5种需求收集机制。第四档是只对个别重点顾客进行需求收集，建立的需求收集方式较为单一，少于3种。第五档是没有对重点顾客给予足够的重视，被动了解需求。

顾客需求更新分为4档。第一档是对顾客需求内容进行持续更新。第二档是每年对顾客需求内容进行更新，且每年至少更新2次。第三档是每年至少更新1次顾客需求内容。第四档是顾客需求收集年度内没有更新。

3. 顾客需求分析

顾客需求分析的目的在于从定量定性、直接间接两个层面了解顾客的真实需求、进行需求提炼，通过过滤、排序和提炼，找到重要需求。并对关键顾客进行挖掘，找到对需求最敏感、频繁使用产品并成为忠实顾客的人。

结合以上研究内容，将顾客需求分析工作分两部分考量：需求分析方法和需求分析效果。其中需求分析报告分为5档。第一档是在需求分析报告中对产品研发（产品改进、服务改进、市场营销）给出落地性意见（每年至少2次）。第二档是在需求分析报告中对产品研发（产品改进、服务改进、市场营销）给出有建设性的意见（每年至少1次）。第三档是形成顾客需求分析报告，每年1次，但对产品研发（产品改进、服务改进、市场营销）的意见没有落地性。第四档是有顾客需求分析报告，但对产品研发（产品改进、服务改进、市场营销）没有帮助。第五档是没有顾客需求分析报告。

需求分析方法分为4档。第一档是采用5种以上的顾客需求分析方法对顾客需求进行分析。第二档是采用3~5种（不含3种）顾客需求分析方法对顾客需求进行分析。第三档是采用1~3种（不含1种）顾客需求分析方法对顾客需求进行分析。第四档是采用至多1种顾客需求分析方法对顾客需求进行分析。

需求分析效果分为4档。第一档是能通过定量和定性的分析，找到关键顾客需求，并对需求进行有效分级。第二档是开展定量和定性的分析，但不能对顾客需求进行有效的分级。第三档是开展定量和定性的分析，但不能找出忠实顾客，或者忠实顾客的划分不够准确。第四档是只能粗浅地了解顾客需求，不能对需求的重要程度进行分级，不能找到关键的黏性顾客。

4. 顾客需求转化

通过顾客需求转化，将典型顾客需求和应用场景进行描述，最终实现顾客需求到产品的转化。无论是产品研发，还是服务和质量改进，或者产品营销，最终都需要一个落地性的方案，并经过可用性评估看到实际效果，以达到持续改进的目的。

结合以上研究内容，将顾客需求转化工作分三部分考量：需求识别、需求转化、需求验证。其中需求识别分为5档。第一档是为各类顾客制作顾客画像，涵盖关键顾客特征，清晰地陈述主要的顾客需求。第二档是只为几类重点关注顾客制作顾客画像，涵盖关键顾客特征，清晰地陈述主要的顾客需求。第三档是只为几类重点关注顾客制作顾客画像，但关键顾客特征不明显，顾客需求描述不够清晰。第四档是没有顾客画像或顾客画像的清晰度不高，无法直观了解关键顾客特征和顾客需求。第五档是没有采用顾客画像的方式将关键顾客特征和顾客需求进行展示。

需求转化再现分为3档。第一档是能将典型顾客的需求和应用场景进行描述，给出具有落地性的方案。第二档是能根据顾客需求和关键顾客特征模拟产品应用场景，但是不能给出具有落地性的方案。第三档是没有通过应用场景的故事展开将顾客需求转化为实际方案。

需求验证分为3档。第一档是根据应用场景找到关键顾客开展有效性测试，验证通过顾客需求分析得出的落地方案是否能赢得顾客满意。第二档是根据应用场景，在企业内部开展产品有效性测试，通过模拟验证落地方案是否能契合顾客需求。第三档是没有开展产品有效性测试，不能确认产品研发能否满足顾客需求。

5. 顾客需求研究主要路径总结

综合上述四项工作内容的第一档即最优评价标准，形成顾客需求管理工作的标准做法，具体如下：

1）顾客分类：顾客分类包括顾客细分和市场细分，要做到确保覆盖所有顾客和市场且特征清晰。建立不断更新的数据平台，持续更新顾客信息，可以在平台进行基本的需求分析工作。顾客分类的依据要与公司战略紧密结合。

2）顾客需求收集：要根据顾客的分类，对不同的顾客和市场，尤其是不同重要性的顾客，分别制定合适的需求收集渠道。收集到有效的顾客需求信息，形成需求报告，在报告中对不同的顾客和市场需求准确归纳，把顾客需求转化成产品、服务或营销方案，并持续地对方案进行调整。

3）顾客需求分析：在需求分析报告中对产品、服务或营销给出落地性意见，在公司内部定期进行讨论。顾客需求分析的方法丰富，能获取顾客言明或未言明的需求，并根据需求的迫切程度和影响程度进行需求分级。最终找到对需求最敏感、频繁使用产品并成为忠实顾客的关键顾客。

4）顾客需求转化：为各类顾客制作顾客画像，涵盖关键顾客特征，清晰地陈述主要的顾客需求。将重点顾客的需求和应用场景进行描述，给出具有落地性的方案。根据应用场景，找到关键顾客，开展产品有效性测试，验证顾客需求分析得出的落地方案是否能赢得顾客满意。持续地重复上述过程。

企业可以根据标准做法和优秀企业做法，为顾客需求管理工作进行定位并找到改进方向。

三、主要发现

（一）顾客需求管理现状总体调研结果

顾客分类是顾客需求管理的基础，调研结果显示：在对顾客进行分类时能够紧密与公司战略结合的企业达到69.0%，占比最高；其次是能适当参考公司战略对顾客进行分类的企业，占比达到26.4%；顾客分类没有依据公司战略的企业仅占4.6%。具体统计情况如图1所示。

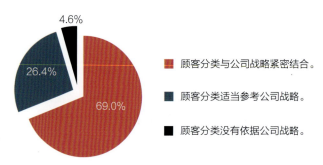

图1 顾客分类与公司战略的结合程度

对顾客分类时，采用5~10种（不含5种）方法，同时确保覆盖关键顾客且顾客特征清晰的企业达到38.9%，占比最高；其次是采用10种以上方法，同时确保覆盖所有顾客且顾客特征清晰的企业，占比达到31.8%；另有24.7%的企业采用3~5种（不含3种）方法且确保覆盖关键顾客，但没有给出各类顾客特征。第四档和第五档的企业占比不到5.0%。具体统计情况如图2所示。

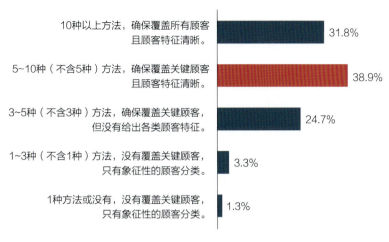

图 2　顾客分类方法

数据平台是企业顾客需求管理的重要工具，也是企业数字化转型、提升资源利用效率的重要依托。调研结果显示：第一档的企业占比最高，达到51.9%，他们能够建立不断更新的数据平台，持续更新顾客标签，并进行需求分析工作。能够建立数据平台，做到每年更新，并为储存和分析顾客信息做好准备的企业占比达到23.4%。建立数据平台，但不能保证1年更新1次，且数据不够完整或没有顾客标签的企业占比为10.9%。没有建立数据平台的企业达到13.8%。具体统计情况如图3所示。

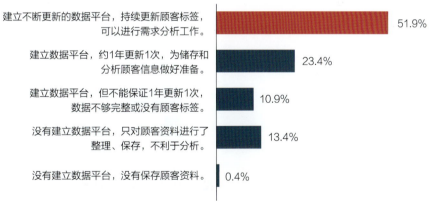

图 3　数据平台建设情况

顾客需求收集方式体现企业对顾客的重视程度，同时反映了企业收集顾客需求的全面性。调研结果显示：39.3%的企业能够为不同重要性的顾客分别制定合适的需求收集渠道，建立5种以上的需求收集机制。32.2%的企业能够为重点关注的顾客制定积极的需求了解渠道，建立3~5种需求收集机制。16.3%的企业为重点关注顾客分配专人负责，建立3~5种需求收集机制。需求收集方式较为单一的企业占比达到11.3%，采用被动了解方式的企业很少，占比只有0.8%。几乎全部的企业都有自己的顾客需求收集渠道。具体统计情况如图4所示。

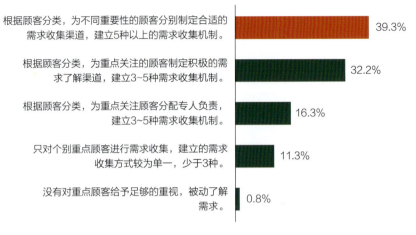

图 4 顾客需求收集方式

收集到的顾客需求再经过归纳、分类、标签等处理过程，即可方便企业找到需要的关键信息。调研结果显示：50.6%的企业能够对顾客需求内容进行持续更新。每年至少更新2次顾客需求内容的企业达到22.2%。每年至少更新1次顾客需求内容的企业达到20.5%。仅有6.7%的企业做不到每年对顾客需求信息进行更新。具体统计情况如图5所示。

图 5 顾客需求更新机制

顾客需求分析方法繁多，企业需要找到最适合的方法，有针对性地选取利于产品研发、产品改进、服务改进和营销策略的不同分析方法。调研结果显示：40.2%的企业采用3~5种（不含3种）顾客需求分析方法对顾客需求进行分析，占比最高。（其中最主要的分析方法会在后文中给出）28.0%的企业采用5种以上的顾客需求分析方法对顾客需求进行分析。18.4%的企业采用1~3种（不含1种）顾客需求分析方法对顾客需求进行分析。13.4%的企业采用1种顾客需求分析方法对顾客需求进行分析。可以看到，所有企业会对收集到的顾客需求进行或多或少的分析。具体统计情况如图6所示。

导 论 企业顾客需求管理现状研究

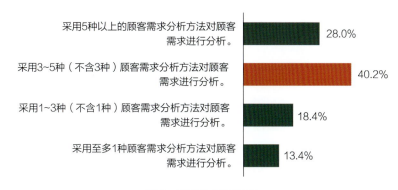

图 6 顾客需求分析方法

企业完成顾客需求分析后，大多会生成分析报告，报告的目的在于找到企业的关键顾客。调研结果显示：54.0%的企业能通过定量和定性的分析，找到对需求最敏感、频繁使用产品并成为忠实顾客的关键顾客。20.9%的企业会开展定量和定性的分析，但不能对顾客需求进行有效的分级。另外25.1%的企业顾客需求分析效果不好，无法定位到关键顾客群体。具体统计情况如图7所示。

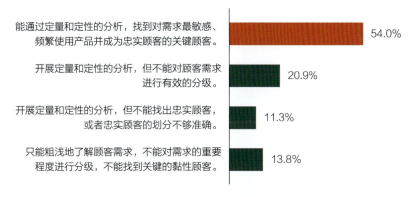

图 7 顾客需求分析效果

在转化顾客需求前先要确认需求识别的有效性，一般企业会采用顾客画像的方法。调研结果显示：38.9%的企业能做到为各类顾客制作顾客画像，涵盖关键顾客特征，清晰地陈述主要的顾客需求。27.2%的企业为几类重点关注顾客制作顾客画像，涵盖关键顾客特征，清晰地陈述主要的顾客需求。符合第三档到第五档的是在顾客需求识别方面有待提高的企业，这些企业分析的关键顾客特征不明显，顾客需求描述不够清晰，或者没有顾客画像，他们的占比达到33.9%。具体统计情况如图8所示。

将顾客需求融入实际的生活场景，可以帮助企业更好地将顾客需求落地。调研结果显示：50.2%的企业能做到故事情景再现，将典型顾客的需求和应用场景进行描述，给出具有落地性的方案。31.8%的企业能根据顾客需求和关键顾客特征模拟产品应用场景，但

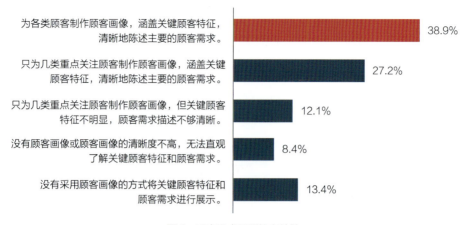

图 8　顾客需求识别的有效性

是不能给出具有落地性的方案。18.0%的企业没有通过应用场景的故事展开将顾客需求转化为实际方案。具体统计情况如图9所示。

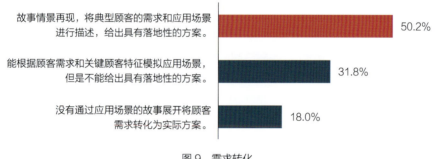

图 9　需求转化

最后要完成有效性测试，评估从顾客需求分析得到的方案的落地效果。调研结果显示：53.6%的企业根据应用场景，找到关键顾客，开展产品有效性测试，验证通过顾客需求分析得出的落地方案是否能赢得顾客满意。30.5%的企业根据应用场景，在企业内部开展产品有效性测试，通过模拟验证落地方案是否能契合顾客需求。另有15.9%的企业没有开展产品有效性测试，不能确认产品研发能否满足顾客需求。具体统计情况如图10所示。

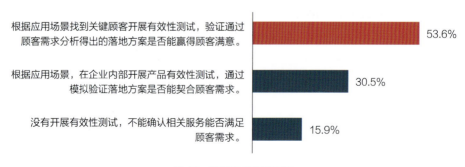

图 10　顾客需求验证情况

（二）企业生产经营中顾客需求管理的运用情况

从工作类型角度来看，顾客分类与公司战略结合程度上服务改进工作结合的最好，76.9%的企业将顾客分类与公司战略紧密结合；其次是产品研发，符合第一档的企业占比达到69.6%；然后是营销策略，符合第一档的企业占比为67.6%；最后是产品改进，符合第一档的企业占比为60.6%。具体统计情况如图11所示。

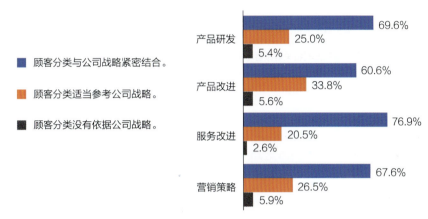

图11　顾客分类与公司战略的结合程度

在顾客分类方法调研结果中服务改进工作表现最好，38.5%的企业运用了10种以上顾客分类方法，确保覆盖所有顾客且顾客特征清晰；其次是产品研发，符合第一档的企业占比达到35.7%；然后是产品改进，符合第一档的企业占比为25.4%；最后是营销策略，符合第一档的企业占比仅有23.5%。具体统计情况如图12所示。

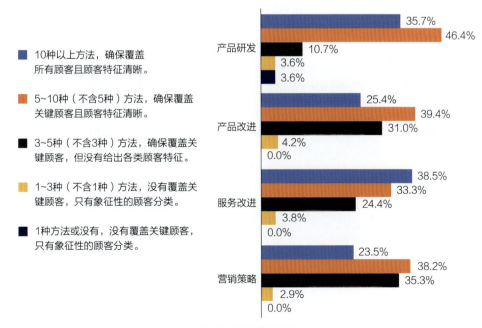

图12　顾客分类方法

服务改进、营销策略、产品研发工作中数据平台的搭建都比较完善，能做到持续更新顾客标签、满足需求分析工作的企业占比分别达到56.4%、55.9%和53.6%。产品改进在这方面表现稍差，符合第一档的仅占43.7%。具体统计情况如图13所示。

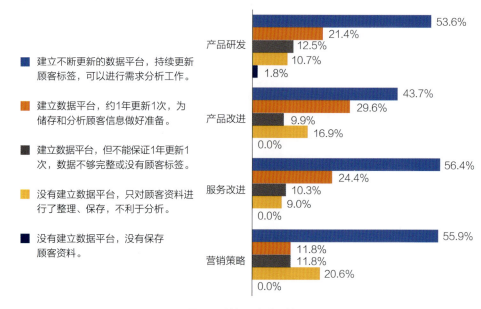

图13　数据平台建设情况

产品研发工作中需求收集方式最完善，能做到根据顾客分类，为不同重要性的顾客分别制定合适的需求收集渠道，建立5种以上的需求收集机制的企业达到50.0%。其次是服务改进，符合第一档的企业占比达到41.0%。然后是产品改进，符合第一档的企业占比达到35.2%。最后是营销策略，在收集方式方面达到第一档的企业仅有26.5%。具体统计情况如图14所示。

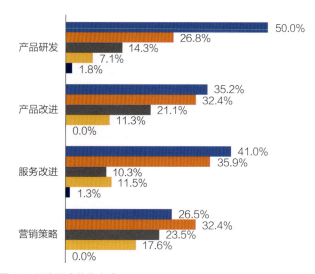

图14　顾客需求收集方式

不同工作类型采用的顾客需求收集方法有较大差异。在产品研发中使用最多的方法是满意度调查，使用该方法的企业占比达到81.7%。在产品改进中使用最多的方法是顾客访谈，使用该方法的企业占比达到85.7%。在服务改进中使用最多的方法是顾客回访，使用该方法的企业占比达到78.2%。在市场营销中使用最多的方法是现场调查，使用该方法的企业占比达到79.4%。具体统计情况如图15所示。

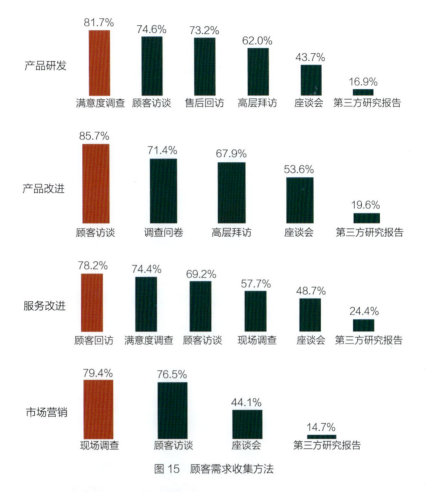

图 15 顾客需求收集方法

产品研发工作中的顾客需求更新最及时，能做到持续更新的企业占比达到58.9%。其次是服务改进，符合第一档的企业占比达到55.1%。然后是产品改进，符合第一档的企业占比达到45.1%。最后是营销策略，符合第一档的企业占比达到38.2%。具体统计情况如图16所示。

产品研发工作中采用的需求分析方法最多，能用到5种以上方法的企业占比达到35.7%。其次是服务改进，符合第一档的企业占比达到33.3%。然后是营销策略，符合第一档的企业占比达到20.6%。最后是产品改进，符合第一档的企业占比仅有19.7%。具体统计情况如图17所示。

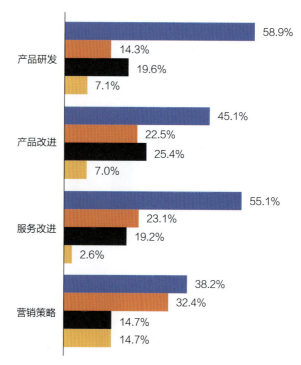

图 16 顾客需求更新机制

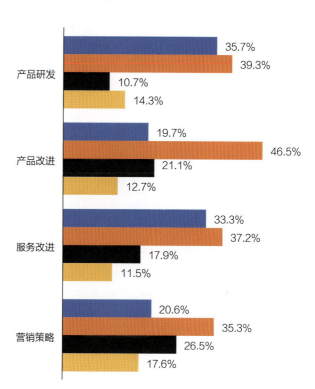

图 17 顾客需求分析方法

产品研发工作中顾客需求分析效果最好，能通过定量和定性的分析，找到对需求最敏感、频繁使用产品并成为忠实顾客的关键顾客的企业占比达到64.3%。其次是服务改进，符合第一档的企业占比达到60.3%。然后是产品改进，符合第一档的企业占比达到45.1%。最后是营销策略，符合第一档的企业占比达到41.2%。具体统计情况如图18所示。

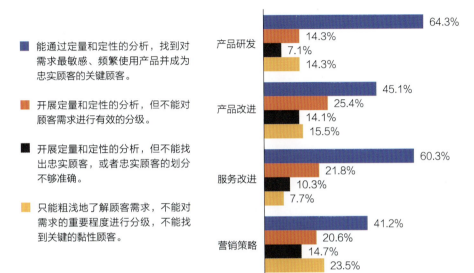

图 18　顾客需求分析效果

通过文献研究，课题组对不同工作中采用的主要顾客需求分析工具、方法进行了统计。在产品研发中使用最多的是卡诺模型，占比达到44.6%。在产品改进和服务改进中使用最多的均为满意度分析，占比分别为95.8%和89.7%。在营销策略中使用最多的是Censydiam顾客动机分析模型，占比达到50.0%。具体统计情况如图19所示。

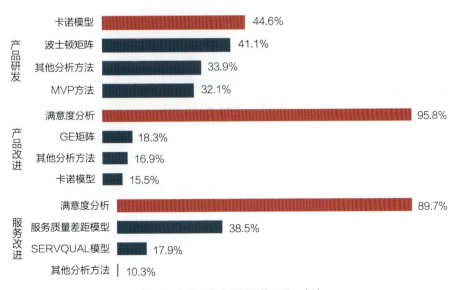

图 19　各项工作主要采用的工具、方法

图 19　各项工作主要采用的工具、方法（续）

服务改进中的需求识别做得最好，为各类顾客制作顾客画像，涵盖关键顾客特征，清晰地陈述主要的顾客需求的企业占比达到48.7%。其次是产品研发，符合第一档的企业占比达到44.6%。然后是产品改进，符合第一档的企业占比达到31.0%。最后是营销策略，符合第一档的企业占比达到23.5%。具体统计情况如图20所示。

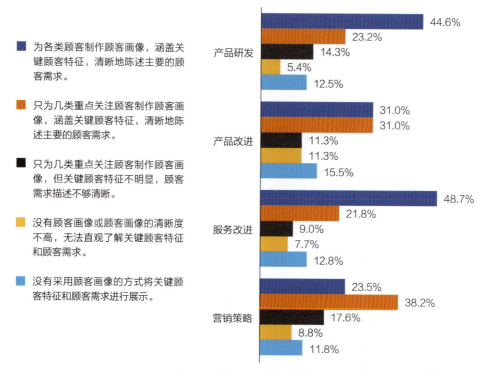

图 20　顾客需求识别的有效性

服务改进中的需求转化效果最好，能将故事情景再现，给出落地性方案的企业占比达到59.0%。其次是产品研发，符合第一档的企业占比达到53.6%。然后是产品改进，符合第一档的企业占比达到46.5%。最后是营销策略，符合第一档的企业占比达到32.4%。具体统计情况如图21所示。

服务改进工作中的需求验证开展效果最好，在60.3%的企业会根据应用场景，找到关键顾客，开展产品有效性测试，验证通过顾客需求分析得出的落地方案是否能赢得顾

导　论　企业顾客需求管理现状研究

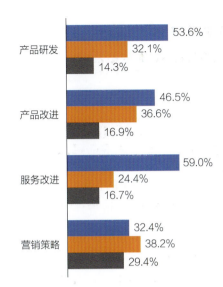

图21　需求转化

客满意。其次是产品研发，符合第一档的企业占比达到57.1%。然后是产品改进，符合第一档的企业占比达到49.3%。最后是营销策略，符合第一档的企业占比达到41.2%。具体统计情况如图22所示。

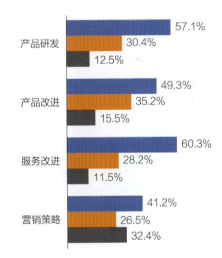

图22　顾客需求验证情况

（三）重点行业企业顾客需求管理现状调研结果

　　服务业企业将顾客分类与公司战略联系得最紧密，符合第一档的企业占比达到80.0%。其次是建筑工程业，符合第一档的企业占比达到73.0%。然后是制造业，符合第一档的企业占比达到66.3%。具体统计情况如图23所示。

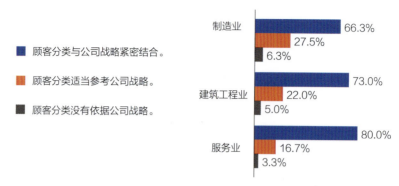

图23 顾客分类与公司战略的结合程度

服务业中采用顾客分类方法达到10种以上，且能清晰识别顾客特征的企业占比达到40.0%。其次是建筑工程业，符合第一档的企业占比为39.0%，与服务业的很接近。最后是制造业，符合第一档的企业占比为23.8%，这一结果远落后于建筑工程业和服务业。具体统计情况如图24所示。

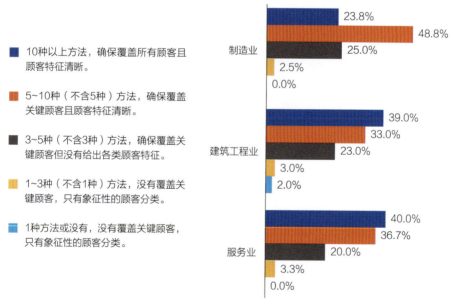

图24 顾客分类方法

建筑工程业中可以做到搭建数据平台，持续更新顾客标签，进行需求分析工作的企业占比达到61.0%。其次是服务业，符合第一档的企业占比达到60.0%。最后是制造业，与其他两个行业相比差距较大，符合第一档的企业占比仅为42.5%。具体统计情况如图25所示。

服务业中可以做到为不同重要性的顾客分别制定合适的需求收集渠道，建立5种以上的需求收集机制的企业最多，占比达到50.0%。其次是建筑工程业，符合第一档的企

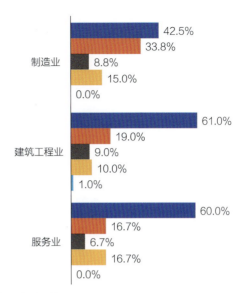

图 25　数据平台建设情况

业占比达到43.0%。然后是制造业，符合第一档的企业占比达到35.0%。具体统计情况如图26所示。

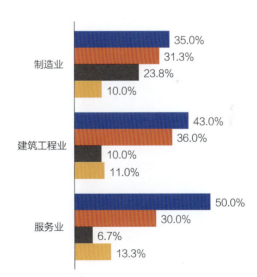

图 26　顾客需求收集方式

服务业中能做到对顾客需求信息持续更新的企业占比达到63.3%。建筑工程业和制造业中能达到第一档的企业占比分别达到50.0%和48.8%。具体统计情况如图27所示。

建筑工程业企业使用的顾客需求分析方法较多，有38.0%的企业可以采用5种以上的顾客需求分析方法对顾客需求进行分析。其次是服务业，符合第一档的企业占比达到30.0%。最后是制造业，符合第一档的企业占比远远落后于建筑工程业和服务业，仅为16.3%。具体统计情况如图28所示。

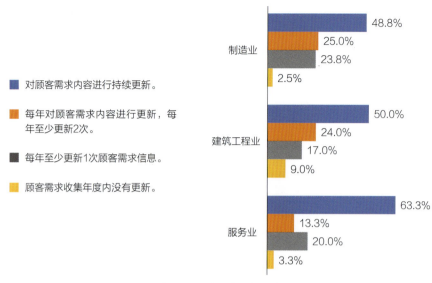

图 27　顾客需求更新机制

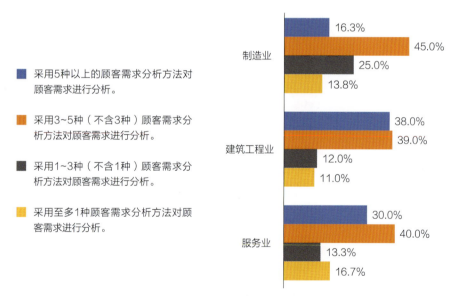

图 28　顾客需求分析方法

服务业中能通过定量和定性的分析，找到对需求最敏感、频繁使用产品并成为忠实顾客的关键顾客的企业占比最高，为60.0%。其次是建筑工程业，符合第一档的企业占比达到58.0%。最后是制造业，符合第一档的企业占比达到50.0%。具体统计情况如图29所示。

建筑工程业中能为各类顾客制作顾客画像，涵盖关键顾客特征，清晰地陈述主要的顾客需求的企业占比最高，达到44.0%。其次是服务业，符合第一档的企业占比达到43.3%，与建筑工程业的情况差距不大。最后是制造业，符合第一档的企业占比远落后于上述两个行业，仅为31.3%。具体统计情况如图30所示。

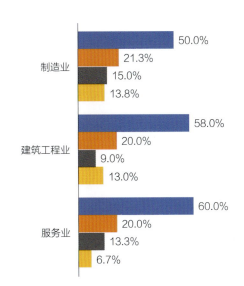

图 29　顾客需求分析效果

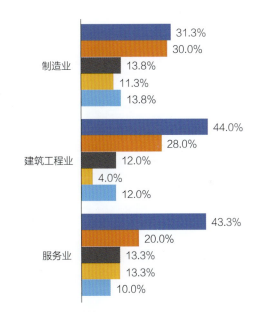

图 30　顾客需求识别的有效性

建筑工程业中做到将故事情景再现，将典型顾客的需求和应用场景进行描述，给出具有落地性的方案的企业占比最高，达到60.0%。其次是服务业，达到第一档的企业占比达到50.0%。最后是制造业，达到第一档的企业仅为38.8%。具体统计情况如图31所示。

建筑工程业中能做到根据应用场景，找到关键顾客，并且开展产品有效性测试，验证通过顾客需求分析得出的落地方案是否能赢得顾客满意的企业最多，占比达到61.0%。服务业企业中达到第一档的比达到60.0%。制造业企业中达到第一档的占比最低，为47.5%。具体统计情况如图32所示。

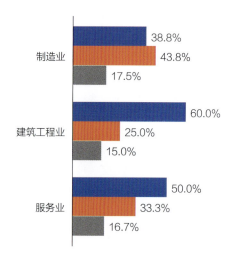

图31 需求转化

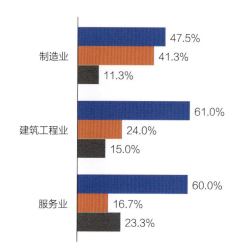

图32 顾客需求验证情况

四、研究结论和启示

（一）企业顾客需求管理现状总结

总的来看，约70.0%的企业能做到顾客需求管理各项工作的第一档和第二档的水平，这表明这些企业的顾客需求管理已经达到一个较好的水平。约30%的企业在顾客需求管理4个环节中能达到最优状态，这些企业在每个环节的具体工作中均做到第一档所描述的程度，可以成为其他公司学习的标杆。

在顾客分类方面，约70.0%的企业在对顾客分类时做到了与公司战略紧密结合。在对顾客进行分类时，70.7%的企业会采用5种以上方法对顾客进行细分。在顾客需求管理的信息化水平方面，75.3%的企业做到了建立数据平台且信息更新频率保持至少每年1次。在顾客需求收集方面，71.5%的企业会根据顾客分类制定合适的需求收集渠道，并对重点关注顾客采用3种及以上的方式进行需求收集；72.8%的企业能够做到对顾客需求内容进行每年至少2次的更新。在顾客需求分析方面，68.2%的企业在分析顾客需求时会采用3种以上的需求分析方法进行分析；74.9%的企业能够通过定量分析结合定性分析的混合分析方法开展顾客需求分析，找到敏感需求。在应用环节，超过70.0%的企业都会生成顾客需求分析报告，且71.1%的企业会对顾客需求分析报告进行讨论。在顾客需求转化方面，在对需求识别有效性的确认工作中，66.1%的企业能够做到需求识别涵盖关键顾客特征且清晰地陈述主要的顾客需求。在需求分析转化和验证过程中，超过70.0%的企业至少能够做到场景模拟以及进行有效性测试。

对企业顾客需求管理的各环节的最优做法情况进行汇总分析发现：各环节工作中做到最优做法的企业占比在30.0%左右，不同环节中做到最优做法的企业占比情况略有不同。在顾客需求收集环节做到最优做法的企业占比相对较高，达到33.1%。其次是顾客需求转化，做到最优做法的企业占比达到30.1%。然后是顾客需求分析，做到最优做法的企业达到26.4%。顾客分类环节中做到最优做法的企业占比相对较低，为25.5%。总体来看，顾客需求管理所有环节均处于最优状态的企业占比仅为12.6%。未来，企业在顾客需求管理方面还存在提升空间，需不断加强对顾客需求的分类、收集、分析、转化能力。

综上所述，企业在顾客需求收集环节表现最好，其中又以需求更新机制表现更加优异。这说明企业在做好顾客需求信息的获取工作后，还会花一定时间处理得到的原始数据并加以利用，如顾客标签的更新。因为企业顾客的状态是不断变化的，业务合作年限、合同签订金额、企业的重要性都需要及时更新，如此才能帮助企业研发出最符合顾客需求的产品和服务。而企业表现较差的环节是顾客分类，其中顾客分类方法做法最佳的占比最低。对于企业顾客需求管理，顾客分类是第一个环节，也就是最基础的工作。企业对顾客分类运用的方法较少，不利于顾客需求的分解。如果能将顾客按照内在属性（性别、年龄、信仰、爱好、收入、家庭成员数、信用度、性格等）和外在属性（地域、产品类型、组织形式、企业类型、消费行为等）分别进行分类，可以充分理解顾客需求，有助于后续进行顾客需求分析和转化。

（二）企业生产经营环节的顾客需求管理总结

在产品研发中，企业在顾客需求转化环节表现最好，在顾客分类环节表现最差。顾客分类三个方面均达到第一档的企业占比达到28.6%。顾客需求收集两个方面均达到第一档的企业占比达到37.5%。顾客需求分析两个方面均达到第一档的企业占比达到32.1%。顾客需求转化三个方面均达到第一档的企业占比达到39.3%。其中顾客分类三个方面均达到第一档的企业占比最低，但仍高于整体平均水平（25.5%）。可以看出企业对于产品研发工作中的成果转化最为重视，但是还需要做好顾客分类。顾客分类是后续收集、分析、形成方案的基础，找到符合公司产品定位的关键顾客是企业获得成功的关键。另外，对于产品研发来说，顾客分类中的顾客外在属性更为重要，如果判断出重要顾客的外在属性，可以借此了解顾客的最迫切需求，帮助企业在产品研发和市场竞争中获得优势。

在产品改进中，企业在顾客需求收集环节表现最好，在顾客需求分析环节表现最差。顾客分类三个方面均达到第一档的企业占比达到19.7%。顾客需求收集两个方面均达到第一档的企业占比达到31.0%。顾客需求分析两个方面均达到第一档的企业占比达到16.9%。顾客需求转化三个方面均达到第一档的企业占比达到22.5%。其中顾客需求分析两个方面均达到第一档的企业占比最低，远低于整体平均水平（26.4%）。可以看出企业对于产品改进工作中的顾客需求收集最为重视，但是还需要做好顾客需求分析。调研结果显示企业在产品改进方面的应用手段较为单一，95.8%的企业使用满意度调查的方法，如果用GE矩阵、卡诺模型等工具和方法从多方面分析顾客需求，将更有利于企业明确产品改进方向。

在服务改进中，企业在顾客需求转化环节表现最好，在顾客分类环节表现最差。顾客分类三个方面均达到第一档的企业占比达到32.1%。顾客需求收集两个问题均达到第一档的企业占比达到35.9%。顾客需求分析两个方面均达到第一档的企业占比达到33.3%。顾客需求转化三个方面均达到第一档的企业占比达到37.2%。其中顾客分类三个方面均达到第一档的企业占比最低，但仍高于整体平均水平（25.5%）。可以看出企业对于服务改进工作中的顾客需求转化最为重视，但是还需要做好顾客分类工作。顾客的内在属性和外在属性均对服务效果有较大影响，在顾客特征分析中对年龄、地区、城市等级等深入了解可以帮助企业制定更好的服务方案。

在制定营销策略时，企业在顾客需求收集环节表现最好，在顾客需求转化环节表现最差。顾客分类三个方面均达到第一档的企业占比达到17.6%。顾客需求收集两个方面均达到第一档的企业占比达到23.5%。顾客需求分析两个方面均达到第一档的企业占比达到20.6%。顾客需求转化三个方面均达到第一档的企业占比达到14.7%。其中顾客需求转化三个方面均达到第一档的企业占比最低，远低于整体平均水平（30.1%）。可以看出企业对于营销策略工作中的顾客需求收集最为重视，但是还需要做好顾客需求转化工作。盲目营销会浪费企业资源，并且不能通过企业生产的产品有效地获得利润。如果企业能做好故事情景再现，将服务情景和与顾客的触点模拟出来，将有利于方案落地。在实现了解方案的可行性的基础上进行营销，可以更好地让顾客接收到企业想要传递的信息。

（三）重点行业的顾客需求管理总结

在制造业中，企业在顾客需求收集环节表现最好，在顾客需求分析环节表现最差。顾客分类三个方面均达到第一档的企业占比达到16.3%。顾客需求收集两个方面均达到第一档的企业占比达到26.3%。顾客需求分析两个方面均达到第一档的企业占比达到13.8%。顾客需求转化三个方面均达到第一档的企业占比达到20.0%。其中顾客需求分析两个方面均达到第一档的企业占比最低，且远低于整体平均水平（26.4%）。可以看出制造业企业对于需求收集最为重视，但是还需要做好顾客需求分析。顾客需求被收集回来后，企业不仅要建立完善的数据平台将其储存，还要有效利用数据。对于文本信息，可以使用语义分析和情感标签去找到顾客的痛点；对于数字信息，可以用满意度测评、卡诺模型等工具和方法将顾客需求分类、分级，这有利于企业将顾客需求转化为新的产品或服务，从而赢得顾客满意。

在服务业中，企业在顾客需求收集环节表现最好，在其他几个环节表现较为均衡。顾客分类三个方面均达到第一档的企业占比达到26.7%。顾客需求收集两个方面均达到第一档的企业占比达到46.7%。顾客需求分析两个方面均达到第一档的企业占比达到26.7%。顾客需求转化三个方面均达到第一档的企业占比达到26.7%。其中除顾客需求收集外，其他环节各方面均达到第一档的企业占比均为26.7%，但顾客需求转化低于整体平均水平（30.1%）。可以看出服务业企业对于需求收集最为重视，但是还需要做好顾客需求转化。在顾客需求转化工作中需要做到顾客画像、故事情景再现、可行性分析等。服务业企业与顾客接触的触点较多，较容易获得他们的需求信息，因此利用这个优势，做好沟通，并邀请相关人员测试服务改进方案，可以有效帮助企业做好需求转化。

在建筑工程业中，企业在四个环节均表现较为优异且较为均衡。顾客分类三个方面均达到第一档的企业占比达到37.0%。顾客需求收集两个方面均达到第一档的企业占比达到37.0%。顾客需求分析两个方面均达到第一档的企业占比达到37.0%。顾客需求转化三个方面均达到第一档的企业占比达到38.0%。

本次调研结果显示，建筑工程业企业顾客需求管理工作的开展情况优于制造业和服务业企业，除在顾客需求收集环节稍微落后于服务业企业外，在其他三个顾客需求管理环节达到第一档的企业占比均为最高的。制造业企业亟待改善的环节是顾客需求分析，目前这一环节的工作方法较为单一，主要依赖于满意度调查。如果将顾客满意度调查作为基础，搭配卡诺模型、GE矩阵等工具和方法，从多个维度划分顾客需求，可以帮助企业更好地了解顾客需求，从而创造出顾客想要的产品。服务业企业亟待改进的环节是顾客需求转化，主要工作在于增强方案的落地性。通过故事情景再现、触点分析和邀请顾客进行试调研，可以有效提高方案的执行力，让企业的顾客拥有良好的体验，最终达到顾客满意的状态。

案例1　打造全新满足用户舒适性需求的创新体验
——5G+创造美好生活

珠海格力电器股份有限公司

>> **亮点**

随着生活水平的不断提高，用户对中央空调产品的需求不再是简单的制冷或制热，而是更加注重舒适性体验。格力电器以"用户满意"为服务宗旨，为满足不同用户对空调个性化舒适性体验的需求，自主开发行业独有的中央空调云控系统，根据不同用户使用环境、操作习惯等不断优化用户端产品逻辑功能，并远程诊断空调运行状况，为用户提供个性化的舒适体验。同时格力电器建立5G+智能控制系统，实现大数据高速度、低延时共享，实现用户需求实时快速处理，不断实现舒适性体验的迭代升级，连续十年位居顾客满意度调查榜榜首，为实现用户美好生活不懈努力。

>> **前言**

珠海格力电器股份有限公司（以下简称格力电器）成立于1991年，是目前全球较大的集研发、生产、销售、服务于一体的专业化空调企业，在竞争激烈的家电行业内一枝独秀。格力电器旗下的"格力"品牌空调，是中国空调业的"世界名牌"产品。格力电器的业务遍及160多个国家和地区。格力电器坚持以"用户的每一件小事，都是格力的大事"作为服务理念，以"弘扬工业精神，追求完美质量，提供专业服务，创造舒适环境"作为企业使命，朝着"缔造世界一流的工业集团，成就格力百年的世界品牌"的愿景奋进。

格力电器坚持创新驱动，经过长期沉淀积累，目前累计申请国内专利9万余项，获评30余项"国际领先"技术，自主研发的GMV数码多联一拖多机组、超低温数码多联中央空调、新型高效离心式大型中央空调等一系列国际领先的产品更是填补了中央空调行业的空白，成为从"中国制造"走向"中国创造"的典范。

格力电器坚持质量为先，以"用户满意"为服务宗旨，把国家标准、国际标准作为门槛，以用户的需求为最高标准，严抓质量源头控制和体系建设，于2018年荣获第三届"中国质量奖"。

一、用户舒适性提升背景

随着人民生活水平的提升以及家居行业和家电行业的不断发展,高品质产品已成为人们对美好生活的追求。因格力电器坚持质量为先,其产品中央空调越来越受用户青睐。格力电器的中央空调涵盖离心机、多联机、螺杆机、模块机、风管机、特种机及冷冻冷藏等13大系列,应用于数据通讯、交通运输、工业制造、商业金融、医用冷库等多个领域,满足不同行业、不同场景的需要,如图1所示。

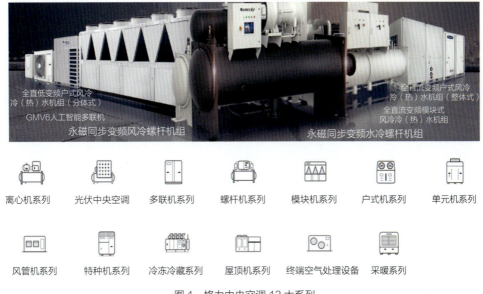

图 1 格力中央空调 13 大系列

格力电器通过对国内各品牌中央空调用户使用情况进行大数据调研,发现约68%的用户希望进一步提升中央空调的使用舒适性(包括制冷制热效果、温控稳定性、运行静音效果等)。为给用户提供卓越的舒适性体验,格力电器用刀刃向内的精神挑战自己,不断进行技术创新,改变传统中央空调行业使用固定逻辑控制产品的方式,建立一套完整的产品自适应控制逻辑,用5G+智能控制技术打通用户端和产品制造端的信息壁垒,运用大数据智能控制技术,使空调运行能根据不同人群、不同环境进行量身定制,满足用户个性化舒适性体验需求。

二、用户舒适性创新策划

为满足用户的个性化舒适性需求,开发中央空调云控系统:随着社会的发展,用户对中央空调的舒适性提出更高要求。传统的中央空调系统为开环控制系统,不具备自动修正的能力,因此当室内环境长期处于过冷或过热状态而无法及时自动调节时,就会严重影响产品舒适性和用户的体验感。

格力电器自主开发了中央空调云控系统。一方面，该系统能够远程监控并采集每台中央空调的运行参数、环境参数以及地理参数等信息，综合各参数优化机组控制逻辑，实时调节中央空调输出参数。例如，当云控系统监测到外部环境温度升高或降低时，能够远程调节空调的温度、风量、扫风模式等参数，提高用户舒适性体验。详细过程请见图2。

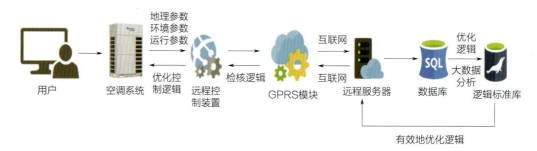

图2 中央空调云控系统

另一方面，云控系统能实时采集用户操作信息，具备智能、控制灵活的特点。例如，当用户频繁对空调温度、空调状态等参数进行调节时，中央空调就会采集用户的操作信息并上传至远程服务器，云控系统根据大数据诊断、分析结果，确定需要优化的控制逻辑，然后远程更新中央空调的控制逻辑，从而使空调能够根据用户的个性化需求实现自适应调节功能，为用户提供一个舒适、便捷和安全的环境。

为满足用户的快速精准处理需求，建立5G+智能控制系统： 虽然中央空调云控系统实现了用户端数据的全面实时采集，但是由于采集的数据量极大，保障数据处理的及时性和有效性就至关重要了。基于此，格力电器研发并测试成功了国内首个智能制造领域5G端到端硬切片专网，为数据传输和处理提供了更高速率、更大带宽、更低时延、更安全可靠的专属网络。格力电器深度融合5G技术与智能控制技术，实现远程用户端数据、过程制造测试数据、实验测试数据等快速共享、分析，通过更全面、更迅速的大数据智能分析，确定中央空调的最佳控制逻辑并将之及时远程传输至用户端，实现智能精准控制，满足用户快速响应的需求。控制过程见图3。

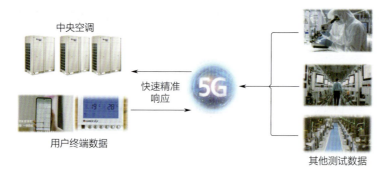

图3 5G+智能控制系统

三、用户全新体验与实践

远程诊断，提前为用户提供产品可靠性服务：格力中央空调通过云控系统获取机组运行参数、位置参数及环境参数后，对所采集参数进行诊断，实现机组健康运行管理，并远程对机组故障、亚健康等异常情况进行控制逻辑更新、升级，解决现有空调故障难捕捉、现场问题难解决、修改逻辑难验证等问题，实现用户数据返回的闭环响应。格力中央空调云控系统对所采集的空调机组参数及运行情况进行诊断，以便对空调机组的健康状态进行自动评级，通过提前维护保养确保产品可靠运行，提升用户满意度。该系统诊断界面见图4。

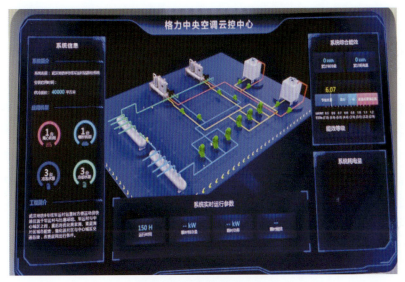

图4 格力中央空调云控中心

实时控制，为用户提供更加舒适的体验：格力电器通过应用5G+智能控制技术，根据环境变化、用户操作习惯等实时感知用户的需求，实现机组自动学习，自动调节产品运行逻辑，满足不同用户的个性化体验需求。例如：已售的空调机组在区域A和B以设定的控制算法c运行，云控系统对A和B两区域数据分析后发现，区域A长期处于高湿度环境，区域B长期处于高温低湿度环境。远程服务器根据不同的环境数据优化区域A和B机组的控制算法，并将优化后的控制算法a、b分别发送到对应机组。机组收到指令后更新本地的控制逻辑，最后在区域A的机组以控制算法a运行，在区域B的机组以控制算法b运行，因地制宜，满足区域环境差异化需求。另外，该智能控制系统还能实时监控用户室外天气温差变化情况，远程自动改变机组内部运行逻辑以确保室内温度舒适、稳定，通过自调节方式满足用户舒适性的需求。该系统控制界面见图5。

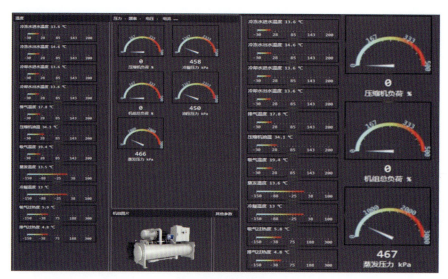

图5 实时控制界面

迭代升级,不断满足用户个性化舒适性需求:格力电器研发并使用5G+智能控制技术,中央空调可实现全面采集用户实际使用条件下的空调参数,通过建立一套自感知、自适应的产品控制逻辑体系,对数据进行归类、降维等预处理,消除冗杂数据,有效获取用户实际使用的参数模型,形成用户实际使用逻辑标准库。格力电器通过5G专网实现用户端和厂内智能控制大数据共享,不断优化产品设计功能与过程制造水平,实现产品的迭代升级,不断满足用户舒适性需求。

四、成效与总结

格力电器在中央空调领域不断进行技术革新,将5G+智能控制技术应用到中央空调中,通过系统远程优化逻辑500多项,完成提前健康维护保养1000多单,为用户提供定制化的舒适体验。权威专业媒体《暖通空调资讯》发布的《2021上半年中国中央空调行业草根调研报告》,系统地展示了2021年上半年国内中央空调市场的发展状况。其中,2021年上半年中国中央空调市场国产阵营品牌占有率达51.8%。格力电器在国产阵营品牌占有率为31.2%,排名第一,继续实现行业领跑。

"没有买错的,只有卖错的。企业应该学会换位思考,从消费者的角度去做研发和提供服务。"正如董明珠所说,格力电器在空调领域的突出表现和良好口碑,离不开其三十余年如一日对于完美质量和品质体验的极致追求。三十余年初心未改,在中国制造迈向高质量发展的进程中,乘风破浪的格力电器初心如磐,始终以用户需求为研发导向,不断以创新技术打造高品质产品,让千家万户爱上格力电器,爱上中国造。

(供稿人:谢义东、施清清、李东涛)

案例2　守护"看不见"的安全
——打造健康车内环境，提升用户满意实践

一汽–大众汽车有限公司

>> **亮点**

随着汽车实物质量的不断提升，消费者对体验质量的关注不断加深，尤其对健康车内环境的需求尤为迫切。一汽–大众高度重视用户心声，坚持以用户为中心，着力打造让用户满意的产品，率先在行业内创立了相对更严格的车内空气质量管理体系，打造了行业领先的整车气味散发质量标杆，不断满足用户需求，于2021年获得中国汽车用户满意度测评（CACSI）十项冠军。

>> **前言**

一汽–大众汽车有限公司（以下简称一汽–大众）于1991年2月6日成立，是由中国第一汽车集团公司、德国大众汽车股份公司、奥迪汽车股份公司和大众汽车（中国）投资有限公司合资经营的大型乘用车生产企业，是我国第一个按经济规模起步建设的现代化乘用车工业基地。经过30余年的发展，一汽–大众已经从建厂当初的一个品牌一款产品，发展到现在的奥迪、大众、捷达三大品牌，成为国内成熟的A、B、C全系列乘用车生产制造基地，生产的每款产品无论是性能还是销量都是其细分市场里的主导产品。

一汽–大众以"造价值经典汽车，促人、车、社会和谐"为使命，在实践中追求卓越品质，真诚面向用户，致力为用户提供一流的产品，打造中国最优秀的汽车合资企业。2021年，一汽–大众获得中国汽车用户满意度测评（CACSI）十项冠军，这是一汽–大众在质量工作各方面不断探索和完善的结果，也充分体现了广大消费者对一汽–大众产品质量的认可。一汽–大众始终坚持以用户为中心，实施全生命周期、用户导向的质量管理，不遗漏用户需求，强化用户质量需求调研并将调研结果转化为开发质量要求；不产生质量问题，确保质量要求和特征要求并实施多阶段验证；不制造质量问题，对主

机厂和供应商的生产质量开展系统性优化；不流出质量问题，解读用户画像、分析用车场景，形成数十类、数百种的高标准动静态检验方法，为用户严守质量关口。

一、车内空气质量提升背景

随着市场经济及汽车行业的迅猛发展，进入家庭的民用轿车急剧增多，截至2021年9月，全国汽车保有量已突破2.97亿辆，民用汽车驾驶员已突破4.31亿人。随着消费者数量的快速增长以及人们近年来健康意识的不断提高，汽车质量除了需要满足以往的驾驶安全、经久耐用等基本要求，舒适、健康的感官质量也成为广大消费者越来越关注的焦点。

近年的CACSI汽车行业满意度测评结果显示，在国内整个汽车行业中，"内饰异味重"已连续多年被中国消费者评为最受关注的质量问题。随着车辆创新性、轻质性设计方面日新月异的发展，汽车内饰选材的复杂性和零件、材料气味质量控制技术的发展滞后性共同加速了该问题的暴露。一汽-大众高度重视用户心声，以用户为中心，着力打造让用户满意的产品，率先在行业内创立了相对更严格的车内空气质量管理体系，3年内突破了原材料气味、零件生产工艺气味、批量气味稳定性、主动净化功能等方面多项技术壁垒，打造了行业领先的整车气味散发质量标杆，在"用户满意度"表现上取得了显著提升成果。

二、车内空气质量问题分析

根据2015—2018年CACSI数据显示，在易发故障中，"内饰异味重"是连续多年发生率第一的问题（见图1），百辆新车抱怨率远高于其他方面。

图 1　2015—2018 年 CACSI 行业调研易发故障统计

为促进我国汽车工业绿色环保发展，汽标委、工信部、CQC、CATARC、CNAS跟进发布了多项车内空气质量检测标准及管控政策。2011年，国家环保部和国家质量监督检验检疫局联合发布了《乘用车内空气质量评价指南》（GB/T 27630—2011），明确了车内可挥发性有机化合物（以下简称VOC）的测试方法及限值，相比广泛认可的国际标准以及大部分其他国家标准，此指南更为严格（见表1）。

表 1 各标准 VOC 限值比较

限制物质	韩国KOR国家标准（mg/m³）	WHO国际卫生组织（mg/m³）	其他参考标准（mg/m³） 国际癌症研究中心 《工作场所有害因素职业接触限值化学有害因素》 德国联邦环保局 《室内乙醛接触参考限值》 《加拿大环境保护计划》	中国《乘用车内空气质量评价指南》（GB/T 27630—2011）（mg/m³）
苯	0.030	越低越好	8小时暴露10.00	0.050
甲苯	1.000	—	8小时暴露1.092	1.000
二甲苯	0.870	日连续暴露4.800	8小时暴露1.447	1.000
乙苯	1.600	年连续暴露22.000	8小时暴露1.447	1.000
苯乙烯	0.300	周连续暴露0.260	8小时暴露1.100	0.260
甲醛	0.250	0.100	8小时暴露0.100	0.100
乙醛	—	—	0.390	0.200（人体不适阈值0.470）
丙烯醛	—	0.050	0.300	0.050

为了解行业车内空气质量水平及用户需求，一汽-大众每年与第三方公司合作调研，对数万例不同品牌车的车主进行产品满意度调研及回访。调研结果与CACSI调研结论基本一致，"车内异味大"不仅是用户抱怨最多的共性问题，同样也长期困扰一汽-大众。为此，公司对当前内部问题进行了识别与梳理。

问题1：标准方面，用户对气味主观感知差异性大，驾驶及抱怨环境繁多复杂，随机性高。现有实验标准、方法无法全面模拟用户抱怨的种种环境；另外，用户回访结果表明，气味的内控要求还不能满足部分气味敏感人群的感知需求。

问题2：分析方面，整车的气味来源于车内零件、过程材料的散发物，每个车型均涉及300多项总成、散件、材料，影响因素覆盖原料配方、模具结构、零件生产过程工艺、物流包装、产品存储、车身结构等诸多方面，溯源识别极为困难，改进分析缺乏针对性。

问题3：改进方面，限于行业技术瓶颈，为了满足德国严格的材料性能要求，某些产品无法根本祛除来自材料本身的固有气味，且改进方面缺乏系统的技术管理方案。

问题4：固化管理方面，同一时间能影响整车空气质量的零件、材料、工艺参数繁多，面对大批量的生产以及复杂的过程工艺，在稳定性上缺乏系统、高效、严格的控制，导致产品气味散发一致性不足。

三、车内空气质量提升实施路径

结合用户需求，一汽-大众对标最优竞品开展气味散发质量攻关工作。针对上述四点问题，从建立标准、分析问题、改进措施及固化管理方面逐步攻克相应困难，系统地完成质量提升。

路径1：研发新标准。公司通过对调研大数据的分析以及现场的用户回访对标，梳理了用户主要的抱怨场景，基于最苛刻的用户用车环境定义了包括16小时常温密闭环境、65℃高温暴晒环境（见图2）、开启空调、下雨天、长期行驶后五大环境，设计了相应环境下整车、零件、材料的标准模拟实验。同时，公司确认了被绝大部分用户接受的气味强度、气味方向，根据用户描述及康采恩气味评价标准提出了气味3.5（有轻微气味，但不扰人）的工作目标，以及整车达标条件下各零件、材料的限值目标。并基于整套方法及限值标准，开展了21款车型，一万余项零件、散件、材料、过程工艺、包装运输等方面的系统排查，全面识别气味散发贡献来源。

路径2：分析能力体系建设。公司在分析方面，从人员、设备、方法三个层面完善了分析体系的建设。公司组建了154人的气味工作专家团队，培养了33位"金鼻子"以对气味进行标准化打分及分析识别；投资7300万元专用于气味、散发检测分析，购置了8台CNAS认证的整车气味舱，以及行业领先的色谱质谱分析设备，具备了三相物质气味散发分子级溯源的能力，结合主观及客观评价，实现了异味散发来源的精准识别。在溯源方法上，公司采用"剥洋葱"的形式梳理了整车生产实物流的全过程——从"最外层"的整车、总成，"中层"的散件、半成品，到"内层"的材料

图2　65℃密闭4小时高温暴晒模拟整车气味实验舱

配方，逐层进行气味评价及问题排查，识别所有影响气味散发的贡献点，最终形成21款车型，300份重点零件的气味路径地图（如图3所示）。

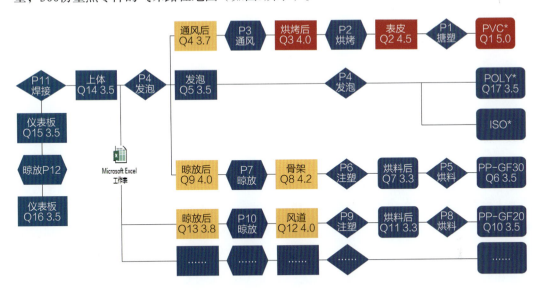

图3　通过"剥洋葱"法形成某总成零件的气味路径地图

路径3：在新技术开发层面，公司从低气味低散发原材料角度进行了深度的技术开发工作。在整车生产过程中，为了保证功能、性能、舒适度、轻量化等质量要求，主机厂会采用大量的非金属材料，如聚丙烯、聚氨酯、PVC、真皮、橡胶、ABS、织物等，这些材料由于本身特性，会持续释放一些小分子的挥发性物质，且可能会产生气味。原材料对零件、整车的气味贡献占比很大，所以依照材料组别进行统一优化来根本解决气味散发问题最为高效。公司从内饰零件涉及的真皮、塑料、PVC等10类共性原材料着手，分别从配方、造粒过程、后处理过程开展了系统的优化工作。在配方方面，替换使用了纯净度更高、气味杂质更少的进口基料及辅料；在造粒过程方面，通过降低注塑温度、螺杆速率方式减少成型过程中的气味副产物；在后处理过程方面，通过萃取、脱灰、真空及烘料的形式完善后处理工艺，提前去除小分子的气味物质。同时，为了解决一些天然材料本体无法去除气味的问题，公司从用户角度出发，开发了超纤、SDM等多款低气味低散发的环保材料进行替代。

路径4：在稳定性管控方面，一汽-大众每年产销超过220万辆车，为了保证每一辆车的气味散发质量都能达到用户满意的标准，批量车辆的气味散发一致性尤为重要。为此公司对气味散发质量进行全过程监控，由质量保证部门及生产部门逐一对每辆新车进行气味检查工作，并实时监控供应商的关键工艺。为了保证监控的高效性，及时发现并避免异常气味产品流出，质量保证部门开发了数字化监控系统，通过参数的在线监控、审批，对人员、来料、设备、标准化方法、生产环境等进行了综合管理。

为了夯实当前的气味散发质量成果，公司在新车型的开发、认可过程中，将多年的气味散发管理方面的经验教训积累并输入到项目阶段的质量策划中，规范了内饰材料种类的选择、工艺模具的设计要求、车身结构的设计要求。在项目中期零件发包阶段，通过技术会谈细化供应商采用的具体材料牌号、工艺参数设定、设备需求以及批量生产后的管理要求。在认可阶段，对即将批量采用的原材料、首批零件、项目车都会进行全面的气味散发监控，并对合格的产品进行生产全过程的固化工作。

四、成效

围绕用户满意度，一汽-大众在车内空气质量管控工作中取得了超出预期的结果，得到了售后及市场监管部门的高度认可。在2019—2021年一汽-大众行业满意度调研中，奥迪、大众两大品牌"车内异味"用户抱怨占比分别降低了35.3%，33.8%，高温场景下的抱怨占比在两年中下降了55.6%。公司在行业评级及国家检测部门的整车气味散发抽验中均取得了行业最优成果：Audi Q5L在C-AHI（中国汽车健康指数）评价中获得了五星认证（见图4），空气质量同期抽检行业最优；Audi A4L在C-ECAP（中国生态汽车评价）中获得了豪华品牌唯一白金认证（见图5）；在CCRT（中国汽车消费者研究及测试中心）第三、四期的评测中，Sargitar、Magotan、Jetta、Audi Q3等多个车型，分别获得了相应细分市场气味最优的认证。

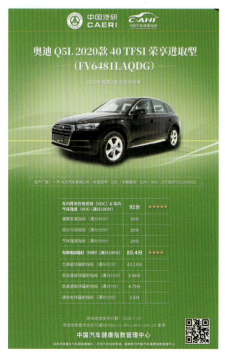

图4　C-AHI 五星认证

图5　C-ECAP 唯一白金认证

五、小结

一汽-大众将始终坚持用户第一，品质至上，将"用户的满意和期望"作为始终不渝的追求，全面倾听用户之声，为用户提供更优质的产品。在提高车内空气质量方面，一汽-大众将持续挖潜，不断创新前行，让每一位使用一汽-大众产品的用户都能感到放心、健康。

（供稿人：张博、王鑫、余本雄）

案例3　打造"三专"服务品牌　　　　　　　践行"5+2"服务模式

徐工集团工程机械股份有限公司建设机械分公司

>> **亮点**

公司牢固树立"依质量寻求市场，靠质量赢得尊严"的质量理念，以顾客满意为中心，以持续改进为根本，打造以顾客为中心的企业文化。公司以"专业、协同、共享、高效"为指导思想，以建成市场需求识别精准、业务流程高效、服务快速响应、问题解决及时的企业运行体系为目标，着力打造"专业、专属、专享"服务品牌，构建以"技术·营销、技术·服务、技术·质量、营销·服务、生产·服务"为主体的快速联动的业务整合管理模式，持续满足并超越客户需求。

>> **前言**

徐工集团工程机械股份有限公司建设机械分公司（简称徐工建机）是徐工集团核心分公司之一，是国内最大的研发、生产、销售履带起重机的专业化公司，成立于2009年。多年来徐工建机持续为市场提供安全、可靠、环保、先进的产品，并已形成桁架臂式履带起重机、伸缩臂式履带起重机以及履带式多功能产品产业群。公司多个产品通过欧盟CE认证、俄罗斯GOST认证和北美认证，产品远销新加坡、加拿大、俄罗斯等70多个国家和地区，展现了中国装备制造业走向世界的高端制造水平。公司先后获得国家科技进步奖二等奖、中国机械工业科学技术奖等荣誉，为城建、核电、石化、风电、海洋工程等方面提供解决方案，其大吨位履带式起重机已成为客户首选。

公司形成了"让追求卓越成为我们的习惯"的质量文化，充分应用徐工"'技术领先、用不毁'助您成功"质量管理模式，以"技术领先、用不毁"为导向，以产品生命周期质量环和经营战略绩效价值链为抓手，以XPS改进创新循环为动力，持续运转，最终实现相关方命运共同体的共同成功。

一、背景——行业竞争加剧，变革管理保持领先

近年来，随着国家高质量发展理念的确定，工程机械行业实现稳定的发展，优胜劣

汰效应显现，市场份额集中度呈不断提高的趋势。履带式起重机行业长期处于买方市场状态，客户议价能力强，行业竞争激烈。虽然行业进入壁垒较高，潜在进入者少，但国内主要竞争者集中度高，市场争异常激烈。为持续巩固徐工建机国内行业排头兵地位，对标赶超国际龙头企业，需变革管理机制，提高企业运行效率，加强人才培养，满足市场多样化需求，实施差异化竞争策略，提升品牌溢价能力。

二、策划——抓好质量文化，强化服务能力

1. 建立以顾客满意为中心的企业文化，不断提升品牌价值

公司坚持以顾客满意为中心，以持续改进为根本，形成了"依质量寻求市场，靠质量赢得尊严"的质量理念和"让追求卓越成为我们的习惯"的质量文化。高层领导以"诚信正直、客户导向、追求卓越、团队协作"为行动信条，带领全员践行徐工"'技术领先、用不毁'助您成功"质量管理模式（见图1），以"技术领先、用不毁"为导向，贯彻落实高质量、高效率、高效益、可持续的"三高一可"高质量发展理念和被提炼为"六性四用"的产品设计原则。

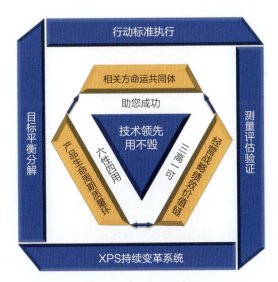

图1 徐工质量管理模式

2. 不断提高服务能力和水平，持续满足并超越顾客需求

公司以建成市场需求识别精准、业务流程高效、服务快速响应、问题解决及时的企业运行体系为目标，大力建设顾客满意管理模式，即以专业、专享、专属的"三专"服务为抓手，各个部、室联动合作，形成全价值链共同体，为顾客提供"5+2"的服务和关怀机

制，努力实现顾客满意，同时大力培养复合人才，为顾客关系管理持续赋能。徐工建机顾客满意管理模式见图2。

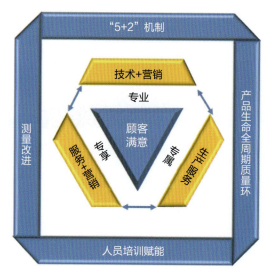

图 2　顾客满意管理模式

三、实施——构建价值链共同体 深化"5+2"服务机制

1. 开展形式多样的质量活动，不断深化质量文化

公司长期坚持积极组织开展"质量·生命"主题活动，通过立体式宣传、素质拓展、全员宣誓、合理化建议、案例故事征集、技能竞赛、"服务万里行"活动等多种形式，强化全员质量意识，营造视质量如生命的质量文化。公司注重不断将质量文化渗透到客户群体，持续开展"领跑,'履'途有你"品牌活动，通过品牌服务培训和服务万里行走访，收集客户意见和建议，改进产品与服务质量，同时积极联合供方开展质量答辩、质量竞赛、现场质量帮扶等专题活动，努力打造优质供应链体系，以满足客户现实和超值需求，不断提升品牌价值。

2. 打造"三专"服务品牌，实施差异化服务竞争策略

图3所示为"三专"特色服务品牌架构。

专业：公司建设成了一支维修技能专业、服务态度专业、服务装备专业、服务管理体系专业的服务团队，提供全年无休、全天24小时的保姆式服务，始终坚持10分钟响应、4小时到位、一般故障24小时解决的承诺。

专属：根据设备特殊的使用环境、工作强度和使用情况，制定专属的保养和培训计划，保证设备高效、可靠地投入使用；根据产品故障和整车状态，制定更合适和更经济的维修方案。

专享：为核心客户提供全生命周期的服务资源保障和专享的服务、备件渠道，包括新车首装、操作司机培训、走访检查和服务跟踪。为客户提供全方面的服务体验。

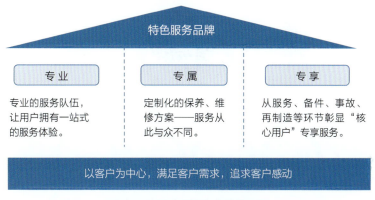

图 3 "三专"特色服务品牌架构

3. 打造价值链共同体，持续满足并超越客户需求

（1）"技术·营销"共同体

为了更好、更快地实现从制造型企业向制造服务型企业的转变，公司不仅要能提供单一的吊装产品，更要能够立足客户施工需求，提供适宜的产品和有效的吊装工法，为吊装工程提供优质的解决方案，超越客户预期。而单纯地依赖营销人员对市场的识别，已然不能满足市场竞争和客户的施工需求。公司需要一批拥有专业技术水平和市场分析能力的人员深入吊装市场，精细调研吊装领域的施工工法和施工环境，有效结合自身研发能力，开发出满足客户经济、快捷、高效、可靠吊装需求的产品。基于此，公司在产品技术研究所组建了产品经理室，实施产品经理负责制，由产品经理深入营销一线，直接对接客户，深挖客户需求，做好客户需求特性与技术特性转化的纽带，从产品需求调研、产品立项、产品验证、产品试制到产品服务，围绕"产品生命全周期质量环"开展产品全生命周期管理。

产品生命全周期质量环以QFD理论为核心，在设计产品之前充分收集与分析顾客需求，并从"四用"的角度对需求进行结构化展开，结合KANO模型（基本型质量、期望型质量、兴奋型质量、无差异型质量、反向型质量）对需求进行价值评估，形成面向顾客的需求画像。

在产品设计阶段，聚焦"六性"展开质量特性，形成产品级、系统级、零部件级指标体系，创新地构建了产品的"技术领先、用不毁"成熟度评价模型，通过"六性""四用"间的影响关系确定各级质量特性的重要度及要求，并传递到产品实现全过程。产品生命全周期质量环见图4。

图4 产品生命全周期质量环

（2）"生产·服务"共同体

由于履带式起重机需要拆卸运输、现场组装施工，对客户施工人员提出较高的安装、操作要求。在将产品首次提供给客户使用时，较高的一次组装/吊装成功率对赢得客户认可尤为重要。基于此，公司组建由生产、服务人员构成的首装队伍，为客户实施车辆的首次组装和首次吊装提供保障。公司建立首装服务管理机制，推进生产人员参与产品首装服务，由生产产品的调试人员前往用户施工现场进行安装，培训、指导客户操机手；为新品、重大工程提供产品专业技术团队随行保障，保障用户工程首装顺利进行。这样，一方面生产调试人员能够识别市场早期问题，从机制上保证调试过程的自主强化控制；另一方面，服务人员能够在参与首装过程中，及时识别到产品改型点，间接达成培训目的，有效地提升服务技能。有效避免因用户购车后首次进入工地安装、操作不熟练，造成设备无法快速投入使用以及为客户项目带来运营风险。

由于施工旺季会出现地域服务资源不平衡的情况，为保证客户服务的及时性，公司灵活调配具备"装、调、服"技能的复合型人员进行市场服务支持，同时针对市场服务过程急需的备件资源，优先调配资源以保证客户需求，保证服务及时。

（3）"服务·营销"共同体

由于履带式起重机行业客户相对集中，每次销售、售后服务都是一次客户接触，每次接触就是把握吊装市场动向、客户核心需求和推介产品的机会。基于此，徐工建机在全国建立5个销售中心、17个代表处，每个代表处由多名营销人员和服务人员共同组成，打造了销售服务专业化队伍，满足市场竞争需求。

服务人员作为与客户之间最主要的沟通桥梁，对客户关系的维护和销售的促进起着至关重要的作用。公司从销售信息获取、客户关系维护、赢单过程参与度、销售产品价值等方面考量，制定《服务人员参与销售工作的实施细则》，充分发挥服务人员的销售参与积极性，培养服务人员"人人都是营销者"的思想意识，拓宽和强化销售渠道，促进销售增量提升。

每月各代表处营销人员、服务人员会汇总市场需求和服务信息，对市场做出服务需求预测。一方面，将信息和预判传递至总部，可以为产销平衡会议评审提供参考资料，帮助公司对生产计划做出适应性调整，合理配置内部生产结构。另一方面，也可用"顾问式销售和服务"模式为客户提供最为专业的售前咨询和售后服务，快速满足市场吊装需求，紧跟市场动态。

4. 打造产品全生命周期"5+2"服务和关怀机制

"5"之"1"：价值营销（见图5）。实现从"以产品为中心"的4P（Product、Price、Place、Promotion）理念向"以客户需求为中心"的4C理念（Consumer、Cost、Convenience、Communication）的转变，以客户需求为出发点，实现客户价值，提升客户满意度。

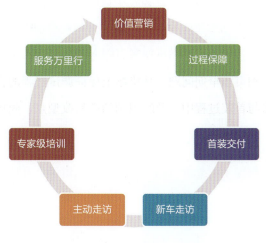

图5 "5+2"服务和关怀机制

"5"之"2"：过程保障。形成订单后，公司内部进行充分沟通做好产销平衡，保障客户需求快速落地；公司外部做好客户沟通与对接，及时传递产品生产进度情况，必要时为客户来现场监造创造最佳条件。

"5"之"3"：首装交付。产品发车后，公司安排产品调试或服务工程师为客户实施车辆的首次组装和首次吊装保障。为客户提供现场的正确安装、安全操作和相关注意事项的培训，保证产品的顺利交付。

"5"之"4"：新车走访。新车首装半个月后，实施走访，检查客户使用情况，检查设备运行情况，提早发现新车问题，规范客户使用，避免设备故障。

"5"之"5"：主动走访。在车辆出厂后的第3、6、9、11和12个月开展针对新车的主动走访服务，检查设备维护保养状态，切实提高维护保养程度，培养客户形成良好的使用习惯，提高产品可靠性，同时保证车辆顺利出保。

"2"：每年组织2次全国范围内的专家级培训和"诚信之履·共赢之路"品牌服务万里行活动，为客户提供系统的安全操作和维护保养培训，给客户提供夏季清凉用品。自2014年始开展"诚信之履·共赢之路"专项服务活动，每年春季开工前精准开展重点客户走访培训，夏季组织"专家级服务团队"开展大规模、全国性服务万里行走访活动，至2021年已涉足21个省、54个城市，走访涉及产品2540余台次，收集建议、意见1200余条。

5. 大力培养复合型服务人才，为顾客服务管理持续赋能

公司按照"聚焦战略、融入业务、精准高效、分级实施和项目制管理"原则，充分发挥内部培训资源和公司、部门、员工三级培训体系作用，强化公司培训资源体系建设与共享，精准定位人才需求和培养目标，以技能、技术、管理、营销、海外5类人才的融通培养为抓手，实施"复合型人才素质能力提升工程"，积极推进员工职业发展通道建设和一体化人才培养机制落地，为企业发展提供强有力的人才支撑。

以产教融合、校企合作的现代学徒制建设项目为纽带，与高校合作开展服务工程师校企联合培养项目，逐步建立"招生招工基本同步，校企双方主体联动"的教培养模式，加速建设"装、调、服"复合型服务人才队伍，持续为市场服务输送高质量人才。

开展"会销售的技术产品经理"专项业务能力提升计划，通过技术产品经理和销售人员结对走市场，邀请销售能手、外部营销专家进行专题讲课，开展"争做营销专家"读书漂流活动等方式，打造精技术、会营销的复合型优秀产品经理，为市场培养出更多为顾客分忧解困的高技术人才。

启动"价值营销"专项提升计划，打通营销、服务岗位职业发展一体化通道，完善晋升激励机制，邀请外部优秀讲师，针对各区域薄弱点分批次开展专项培训和实战演练，培

养驻外营销和服务人员提高营销服务意识、方法与技巧，打造"营销、服务"一体的复合型人才队伍。

开展"深蓝计划"海外服务工程师培养项目，迭代升级"融通一体化"计划，培养掌握集团多门类核心出口产品维修服务技能的"一专多能"型人才，以满足国际化战略和海外客户多样化服务需求。至2021年的3年里，公司通过内部选拔、校企联合培养、定向招聘等途径选拔、培养海外服务工程师62名。2019年，公司的"深蓝计划"海外服务工程师培养项目于第四届CSTD全国学习设计大赛中获得了银奖。

四、成效——实现双赢 扬帆海外

秉承"贴身、贴心、全生命周期、全价值链"超值服务理念，至2021年的3年来公司售后服务网点从28个增加到53个，服务备件网络布局已实现区域全覆盖。由"生产+服务"人员组成的首装队伍可为客户提供保姆式首装增值服务，并持续跟踪、快速响应顾客的后续服务需求。训练有素的服务工程师逐渐走出国门，服务于世界各地的客户。公司顾客满意度指数逐年提高，市场销售额实现跨越式增长，实现了公司与客户双赢。

（供稿人：熊国华、代振华、邹珊）

案例4 "顾"全大局

——以顾客为关注焦点的服务项目管理

甘肃第七建设集团股份有限公司

>> **亮点**

长期以来，国内建筑业生产组织方式普遍是以传统的施工承包为主体形态的模式。面对新时代企业困境和新的战略定位及发展目标，企业商业模式创新也成为企业内部变革的重要课题。甘肃第七建设集团股份有限公司（简称甘肃七建）为达到顾客目标及期望，从低附加值区域不断向高利润区域转移，根据项目工期短、体量大、自然气候条件恶劣等特点，借助于推广EPC模式，突破单一的工程承包经营形态，采用工程项目的设计、采购、施工、安装全过程总承包的模式。并且采用卓越绩效模式，运用饼图及直方图的统计方法进行顾客满意度调查，从解决问题的维度来获取信息、调查内部顾客及相关方的目标需求及服务质量，有效利用反馈信息，在实施的过程中及时解决存在的制约和问题，确保设计、采购、施工无缝衔接，从而提高生产效率、达到顾客的预期感知效果。

一、背景——顾客焦点、技术响应

甘南文旅会展中心项目是保障"一会一节"即第四届丝绸之路（敦煌）国际文化博览会与第九届敦煌行·丝绸之路国际旅游节的重点场馆项目。

为满足项目需求，响应建筑业可持续发展理念，甘肃七建采用了政府积极倡导、推广的EPC模式。它是"工程、采购、施工"的三个英文单词第一个英文字母的缩写，指由总承包单位承揽整个建设工程的设计、采购、施工、试运行等，并对所承包的建设工程的质量、安全、工期、造价等全面负责，最终向建设单位提交一个符合合同约定、满足使用功能、具备使用条件并经竣工验收合格的建设工程。

为确保项目实施效果满足顾客的要求（顾客满意），甘肃七建以装配式建筑、绿色建造等支撑施工效率，并采用三级管理模式，以"顾客至上，竭诚服务；精品意识，争创优质"的管理方针，秉承以顾客为关注焦点的理念来推动施工生产，经过百日艰苦奋战，如期完工，使"一会一节"开幕式在甘南文旅会展中心成功举办。

二、策划——洞察分析、竭诚服务

为使"设计、采购、施工等"能达到顾客的需求,甘肃七建对顾客需求进行洞察、识别、分析、实施工作,以满足顾客期望。

1. 前置"双优化"设计——洞察顾客需求

该项目位于海拔约3000米的甘南藏族自治州合作市。由于白色是藏族同胞们心目中最神圣的颜色,象征着内心的纯洁与善良,所以将会展中心项目的主体颜色确定为白色,如图1所示。

图1 "甘南文旅会展中心"项目鸟瞰图

项目结构设计方案一般采用常规的砼结构。而该项目的最大难点在于项目同时具有会展、会见、宴会、安保等功能,但工期短。于是,设计人员依据钢结构建筑具有抗震性能好、工业化生产程度高、施工周期短、节约工程成本、绿色环保等优点,经过BIM验算深化设计,紧紧围绕方案和工程施工进度两个核心,确定采用最适合建造的装配式钢结构方案,并以此来响应国家推动建筑业转型升级和实现"双碳"目标的重要举措。

2. 均衡性采购管理

由于项目采购涉及机电安装、智能设备器材37类162个子项,装饰装修材料10类37个子项,会议、宴会、办公家具设施和低值易耗品6大类,该工作具有采购工作量大,采购地域广,资金成本高等特点。

项目部以市场为导向,紧紧围绕顾客需求和期望,积极开展市场拓展和调研。根据设备生产制造周期，对不同物资采取分批分阶段采购，在保障材料、设备等各项物资正常使用的情况下，避免资金提前支付，提高资金周转使用率。

3. 综合性施工管理——满足顾客期望

项目最大的难点是工期短、体量大，以及单体工程分散、结构错层布局复杂、专业平行交叉作业多，同时存在人、材、机投入大，高原雨雪气候影响和作业人员因高原反应致工效低等问题。

在充分考虑影响目标实现的内部因素和外部因素的基础上，公司实施"综合性三级施工监管管理模式"，主要强调各单位严格服从安排，编制操作性强的施工组织设计，细化各道施工工序，严格控制工序时间，确保完成每日工程量。该模式最大限度地优化三级组织的责、权、利分配，提高项目管理效率，确保计划和组织协调。

由于在项目施工高峰期有多达13个工种平行施工，为控制质量缺陷，公司采用质量问题"双归零"管理方法指导施工。在施工过程中，项目部跟班作业，发现问题时及时解决。主要从技术、管理上分析产生的原因、机理，并采取防控措施：采取从技术归零到管理归零，从出现的质量问题入手，通过技术上的分析、管理上的改进，达到系统预防的目的。

公司坚持"先样板，后施工"的原则，"没有样板，不得施工"成为一条"铁律"，不容违犯。通知项目部对施工进行分部分项技术交底，其内容必须与施工方案内容相符。公司严格执行质量"三检制"制度，层层检查，层层把关，从而提高质量水平，真正打造出顾客高度认可的建筑工程。

三、实施——精细管理、满意测量

（一）设计服务施工，施工引领设计

公司对该项目按设计、采购、施工等整体分为120个计划控制节点，对设计文件进行优化补充，并依据设计文件同步建立BIM模型。公司打破先设计后深化、先出图后采购的传统工作流程，将深化设计、采购计划、施工策划等内容前置到设计策划阶段。

从设计策划阶段开始，各专业施工技术人员就介入实施"双优化"过程。公司根据工程的特点采用不同的方法，尽可能减少规格种类和加工难度，做到规格统一化、设计标准化、质量精细化、美观实用化、安全耐久化。

公司主要做到将施工难点转化为工程亮点，将简易转化为精致，将随意、平淡转化为协调、有序，将单调、呆板转化为丰富、艺术，将简单的功能转化成人性化功能，将满足顾客的明示要求转化为实现顾客潜在期望。

为给材料采购、车间加工、现场安装提供时间保障，真正做到设计图纸与深化图纸同

步,公司成立了深化实施小组。公司按照"同步设计、同步深化、同步生产"原则,合理配置人员资源,明确任务,做好深化"零距离"沟通,及时收集精确信息,为加工提供准确图纸。

(二)规范采购方式,提高采购效率

项目将材料采购规范化、制度化作为工作重点,成立联合领导小组和工作小组,对采购计划、采购实施进行规范管理和控制。对于大宗材料设备通过招标方式考察选取最优供应商,同时对于零星设备和标准产品在采购实施过程中及时认价。

一方面将项目物资采购分为常规材料和特殊物资两个小组,对少数特殊物资派人驻厂跟踪生产、发货、进场,并在采购完成后进行验收审核,并制定了详细的钢结构、网架材料采购、加工、竖向钢柱安装、层面维护结构安装工期时间表,及时控制进场使用时间。

另一方面,通过对大宗材料及设备生产制造周期的详细研究分析,确保材料设备可以正常交付使用。同时协调设计部门选用易购材料,确保设计提出的材料、设备及其相关部件符合施工要求,提高采购效率,加快施工整体进度。

(三)建立满意机制、提升服务品牌

在项目建设过程中紧紧围绕质量、安全、进度、效益、信誉之间逻辑关系,充分考虑影响目标实现的市场、竞争、组织等内部因素和外部因素。通过全员、全过程顾客满意管理,结合PDCA循环,进行主动的、迅速的、常态的持续纠偏,把项目管理及顾客满意服务作为一种必需。通过满意度的测评进行品牌建设管理,实现顾客满意进而追求顾客忠诚的目标,见表1。

表1 顾客满意度"三级"指标表

一级指标	二级指标	三级指标
顾客满意指标	工作达标	质量、安全、进度、合同、其他
	材料管控	材料进场及时、合格
	验收可靠	验收及时性、可靠性
	服务满意	管理人员、操作人员责任心到位
	结算准确	结算准确性、及时性

依据工程特点、项目设立六个工作小组。分别为合同管理组、物资采购组、技术保障组、项目实施组、资金保障组、成本结算组,参建单位包括土建、安装、装饰、市政、租

赁、劳务、试验、商砼等公司。

为确保计划控制节点的完成，建立各岗位标准化服务满意责任制度，将工程任务目标详细分解，落实到每一个管理、操作岗位。为明确岗位职责，建立简洁、通俗易懂的交接项目及时性和满意度信息运行表。通过连续性的定量研究，获得客户及相关方服务的不满意情况、工程质量缺陷等指标的评价，找出内、外部客户的核心问题，并运用纠偏流程进行最快捷、有效的整改、处理途径，提高相关方用户满意度，确保工程顺利实施，如图2、图3所示。

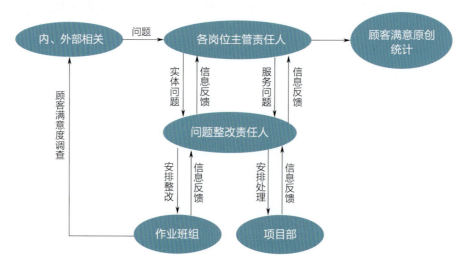

图2 "PDCA循环"满意纠偏流程

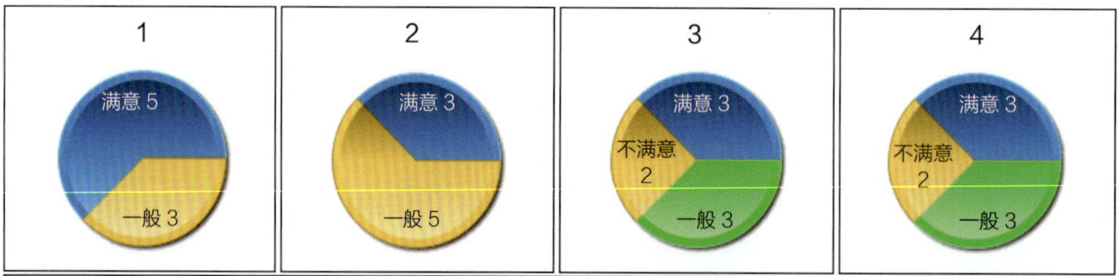

1. 搅拌站管理人员处理问题及时性		2. 砼运输车司机		3. 技术资料准确性、及时性		4. 现场值班人员	
评价	个数	评价	个数	评价	个数	评价	个数
满意	5	满意	3	满意	3	满意	3
一般	3	一般	5	不满意	2	不满意	2
—	—	—	—	一般	3	一般	3

图3 "交接作业"满意度测评表

主要表现为每日组织碰头会、每周推进会等方式解决计划节点、现场协调调度等问题，使各相关方存在的衔接问题及不满意内容能及时整改处理，将隐患消除在萌芽状态；指导工程管理和实施操作，提高工作效率，确保项目实现最优化的组织建造。

通过满意度测量结果，改进产品、服务、质量等环节，指导项目43天完成主体钢结构的生产和吊装7900吨工作，施工高峰期现场共使用25~260吨汽车吊32台，有220名管理人员和2400名操作工人，保障施工有效有序地顺利进行。

四、成效——提速增效、用户满意

项目工程量大、工期紧，常规的施工总承包模式很难克服本项目的难点。为加强风险防范，引入"设计服务施工，施工引领设计"的EPC总承包模式，以此来提升盈利能力及服务满意度。

一方面，EPC模式下，总承包商对项目的进度，质量、安全、成本等方面负有全面责任。可以切实加强项目内部风险防范和控制体系的修订和完善，做到工程设计、采购、施工深度交叉；可以健全企业内部定额成本数据库，强化费用支出，用最小的投入取得最大的效益，最大限度地降低EPC工程总承包项目的建造成本；可以通过先进技术和满意度管理手段的运用，使设计、采购、施工深度融合，有效地缩短建设工期，提高项目整体效益。

另一方面，项目部以满足顾客目标为焦点，在前期的策划组织工作上来下大量的功夫，及时协调组织。主抓计划管理和协调调度工作的同时以进度管理为主线，使施工质量管理、安全管理、成本管理、文明施工管理、内业管理、财务管理等齐头推进、整体协调。为了保证现场施工有序进行，推动管理评价由原来的追求"合格率"转向追求"满意度"。

（供稿人：辛钰林、刘昊东、张志钦）

案例5 "创新驱动双链"的客户关系管理模式

湘潭市恒欣实业有限公司

>> 亮点

湘潭市恒欣实业有限公司（以下简称恒欣实业）从矿山运输装备的产品全生命周期管理角度着手，应用5W1H分析法和矩阵数据分析法等管理工具，深度挖掘客户在每个阶段的潜在需求，掌握客户特性，精准分类客户，剖析不同类型客户间的需求差异。恒欣实业以PDCA理论为基础，以产品结构为雏形，紧密结合行业特性和企业自身特点，围绕产品质量和服务质量提升，以科技创新和管理创新为抓手，构建"双链"——产品供应链和服务支持链，为客户提供精心化、个性化和定制化的增值服务，创新驱动产品供应链和服务支持链在企业与客户之间形成循环，实现企业与客户的互利共赢及协同发展。恒欣实业作为中小企业，依托客户关系管理创新，促成其在"煤矿架空乘人装置"产品细分行业的领军企业地位，市场占有率在国内行业排名第一，在中小企业中树立了标杆，2020年被认定为全国专精特新"小巨人"企业。

一、背景——依据行业特性，挖掘客户需求

矿山运输装备属于大型工业产品，主要客户对象为煤矿和非煤矿山企业。因每个矿山的工矿环境不同，客户性质差异较大，客户对装备的需求各有不同，所以矿山运输装备是以适应工况环境而独立设计的。相对生活用品，矿山运输装备所面对的客户群体小，在客户需求有限而产品供给力充足的激烈竞争市场环境下，低价不能成为企业长久发展的核心竞争力。矿山运输装备产品需要具备两个重要竞争力，即产品质量和服务质量。恒欣实业通过深度挖掘客户需求，构建"双链"——产品供应链和服务支持链，并以科技创新和管理创新为抓手，驱动"双链"在企业与客户之间形成循环，在打造质量过硬产品的同时，不断探索如何为客户输出精心化、个性化和定制化的增值服务。"双链"的客户关系管理模式见图1。

案例5 "创新驱动双链"的客户关系管理模式

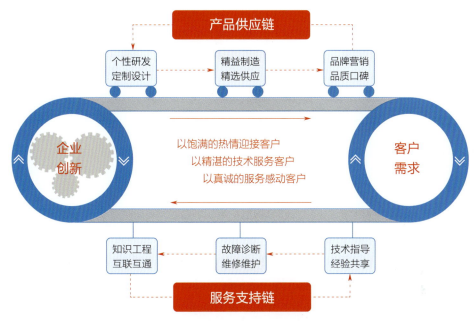

图1 "双链"的客户关系管理模式

同时，恒欣实业始终坚持"以饱满的热情迎接客户，以精湛的技术服务客户，以真诚的服务感动客户"的市场理念，每日为百万名矿工朋友提供上下矿井的交通运输和安全保障，赢得了客户信任，与客户建立了良好的合作关系。

二、策划——掌握客户特性，精准分类客户

满足客户明确的产品需求是维护客户关系的基础方式，而满足客户未知的潜在需求是巩固客户关系的高级方式。因此，恒欣实业从产品的全生命周期管理角度着手，应用5W1H分析法和矩阵数据分析法等管理工具，深度挖掘客户在每个阶段的潜在需求，掌握客户特性，精准分类客户，为不同类型客户分别提供个性产品，满足客户差异需求，创造惊喜服务，从而提高客户满意度、忠诚度和依存度。

（一）分析产品全生命周期过程，挖掘客户潜在需求

矿山运输装备产品犹如地面交通运输产品，有完整的生命周期管控需求，其产品全生命周期过程包含产品订单、产品方案、产品样机、产品定型、产品运行、产品消亡和产品升级等7个阶段。因客户在每个产品不同的生命管控周期阶段有不同的需求，恒欣实业对每个阶段的客户需求进行梳理和分析，挖掘出14项不同潜在需求（见图2）。

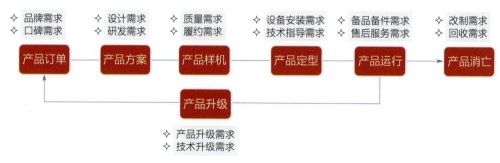

图2 产品全生命周期过程的客户需求分解图

（二）洞察客户需求，细抓关注要点

经对客户每项需求的深度洞察发现，客户聚焦于产品质量、方案定制设计和指导安装服务等，恒欣实业将其归集为共同关注要点；客户在企业品牌度和美誉度、产品延展性和升级性、产品个性研发、产品功能、质保后的服务以及技术综合指导等方面的关注度存在明显差异，恒欣实业将其归为差异关注要点。客户需求关注点详情见表1。

表1 客户需求关注要点示例表

关注类型	关注要点
共同关注要点	产品质量 （包括产品的安全性、可靠性、可用性和可维修性）
	方案定制设计
	交付周期
	符合标准基础要求
	指导安装服务
差异关注要点	企业品牌度和美誉度
	产品延展性和升级性
	产品个性研发
	产品功能
	高标准需求
	质保后的服务
	技术综合指导

（三）精准分类客户，差异输出产品和服务

恒欣实业针对差异关注要点和客户性质，将客户进行了精准分类——主要为LT客

户、CL客户、SL客户、JT客户和MD客户等五个大类，针对不同类型客户有偏向性的输出"双链"，以达到满足客户潜在需求和期望，给客户创造惊喜的目的，详见表2。

表2 五类客户"双链"输出偏向表

客户类型	客户性质	差异关注要点	"双链"输出偏向
LT客户	业务往来频繁，忠诚度高	产品延展性和升级性、高标准需求、质保后的服务	个性研发、精选供应、故障诊断、维修维护、知识工程、互联互通
CL客户	有业务往来，诚信度高	产品个性研发、技术综合指导	知识工程、个性研发、技术指导、经验分享
SL客户	曾经有业务往来，但失去业务关系超过一年	质保后的服务、技术综合指导	知识工程、故障诊断、技术指导、经验分享
JT客户	曾经有业务往来，业务未结清，但超过一年无往来	质保后的服务、技术综合指导	知识工程、故障诊断、维修维护
MD客户	没有业务往来，具有潜在需求的客户	品牌知名度和美誉度、产品功能	品牌营销、品质口碑、技术指导、经验分享

三、实施——创新驱动"双链"，构建互赢模式

集合客户潜在需求分析和精准的客户分类，恒欣实业采用科技创新和管理创新相结合的方式，构建以个性研发与定制设计、精益制造与精选供应、品牌营销与品质口碑为要素的"产品供应链"和以技术指导与经验分享、故障诊断与维修维护、知识工程与互联互通为核心要素的"服务支持链"，以"双链"循环输出运行的方式，为客户创造惊喜，与客户建立互利共赢的良好关系。

（一）个性研发与定制设计，达成合作共识

针对客户复杂的工况环境，进行定制化的方案设计和个性化的技术研发，在安全性、可用性、可靠性和可维修性等方面为客户设计最优的产品方案，是达成合作的基础。为此，恒欣实业基于PDCA理论，采用5W1H分析法、RAMS和FMEA等管理工具，进行研发与设计的循环创新，并与中国平煤神马集团、淮南矿业集团等客户开展联合研发、共同创新。详见图3。

（二）精益制造与精选供应，赢得客户信任

恒欣实业以消除浪费、合理库存、高效生产、准时履约为目的，以7S管理、TPM管理、OA协同、ERP管控等为基础，通过全面质量管理、生产维护、节点链控等方法，构

图3 个性研发与定制设计过程管控图

建"精益屋"（见图4），实现精益制造，提升产品质量。同时，恒欣实业还从供应商的质量体系认证、信用评级、科研能力、生产能力、产品检验能力、服务能力、知识产权、质量保障等多方面进行考核和评价，为每种配套件选定两家以上的优秀供应商，便于根据客户需求的差异关注要点，实现最佳配置，赢得客户对产品质量和价值的信任。

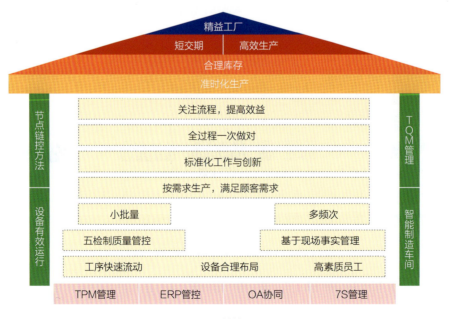

图4 精益屋

定制产品的交货周期是客户首要的共同关注点,为提升效率,恒欣实业创立了"一纲四点"工法,以三级计划大纲、生产过程四点、半成品检验入库和产品组装验收为主线,开展以客户、公司和供应商等三级的计划大纲编排,在计划大纲的指导下将生产过程分解为"四点"——当前点、衔接点、排查点和调控点,采用PDCA、QC等工具方法系统和ERP、CAX等信息化系统,以及工序五检等验证系统作为基础支撑。恒欣实业会提前做好生产规划,及时发现问题,便于进行计划大纲的调整,推进各职能部门进行"四点"科学自运行,从而节约资源、提高质量和提升效率,缩短交货周期。

"四点"关注内容和关注方法:在当前点关注眼下第一个小周期的生产内容是否正常进行,采用及时报检的方式汇报当前生产完成情况(即及时收点)。在衔接点关注第二个小周期的生产内容所关联的上一道工序是否进行了"收点",采取全面公示的方法,暴露生产漏洞和问题(即全面示点)。在排查点关注第三个小周期生产所需的基础条件是否齐全,如原辅料是否有库存、生产图纸是否到位。当出现问题时,采取资源调整,攻克困难、抢时间解决问题的方式确保后续生产计划的有序进行(即攻坚抢点)。在调控点关注第四个小周期的生产内容是否有可变因素,可能造成不能如期生产的问题,是否有新订单插入,是否进行纲和点的调整。当出现问题时,采取穿插生产计划空白点、重新排列和跨越多个时间点等进行生产计划大纲调整(即排列跨点)。"一纲四点"质量管理方法见图5。

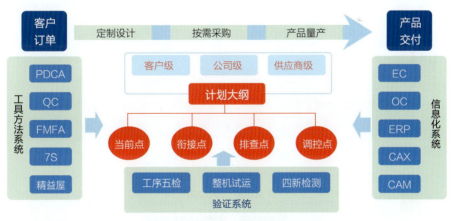

图5 "一纲四点"质量管理方法

(三)品牌营销与品质口碑,获得客户认可

恒欣实业创新建立了"三管五访"管理方法,由客服管理层、市场管理层和公司领导层等三层级对客户进行电话回访、视讯回访、现场回访、信函回访和监督回访。第一层级回访为客服管理层的电话回访、视讯回访和售后现场回访,以回访CL客户为主;第二层

级回访为市场管理层的信函回访,以回访JT客户和MD客户为主;第三层级回访为公司领导层的现场监督回访,以回访LT客户和SL客户为主。通过三层级的五方面访问,可在客户群体宣传企业形象,加深品牌认可,提升品牌知名度。

(四)技术指导与经验分享,提升客户满意度

恒欣实业将产品送达客户处,在完成"产品供应链"输出的同时启动"服务支持链"。

技术指导:在设备安装过程中,恒欣实业全程为客户无偿提供安装指导服务;在设备运行过程中,恒欣实业为客户提供24小时技术咨询服务通道。服务无对错,当存在贸易结算等问题的非友好客户提出服务需求时,恒欣实业仍会第一时间满足客户需求、解决客户问题。

服务经验共享:恒欣实业出版了《煤矿井下架空乘人装置》专业书籍,编写了《配件手册》《故障诊断手册》《安装指导手册》等文件,设立了4个专用设备微信论坛,每年全自费组织全国性客户技术交流活动,针对LT客户和CL客户组织专场技术交流会(见图6、图7),通过多渠道将技术知识和研究经验免费分享给客户,以提升客户的满意度。

图6 全国性技术交流活动

图7 客户专场技术交流会

（五）故障诊断与维修维护，赢得客户信赖

恒欣实业采用签订书面合同的方式作为采购交易的基础保障，明确约定质量责任、质量保障金及售后服务等质量保障条款，并附签技术协议，承诺留取产品货款的10%作为一年期的质量保障金，以用于后期产品维修维护。同时，恒欣实业要求配套件供应商也应为客户提供技术指导服务和售后服务，保障配套件与产品配套使用的质量。对在运行的出厂设备，即使超过质保期，恒欣实业每年也会组织一次全面诊断，免费为客户提供维修维护服务（犹如汽车的定期保养）可提升设备运行寿命和保障设备运行安全。恒欣实业专业的保姆式售后服务，让其客户无后顾之忧，从而赢得了客户信赖。

（六）知识工程与互联互通，形成长期合作

恒欣实业为客户购买的每套产品建立独立档案，对订单洽谈、合同签订、技术协议、技术方案、产品出厂、安装验收、维修维护、配件采购等全生命过程进行档案永久管理，形成了庞大的知识工程库，保证营销全过程可追溯性，形成1小时响应客户、2小时线上处理和8小时现场处理的限时响应机制，快速响应客户需求、解决客户问题。

除采取传统的线下互通渠道外，恒欣实业领先研发了智能型工业互联网远程监控系统，实现数据和信息的线上互联互通。企业与用户可随时随地自主查询设备运行参数情况。另外，企业也可通过知识库的大数据分析客户不同阶段和不同时期的需求，以便采取精准营销策略，与客户形成互利共赢的长期合作关系。

四、成效——推动模式运行，助力企业高质量发展

在创新驱动"双链"的客户关系管理模式的运行下，恒欣实业在以下几个方面取得了显著成效。

（一）客户满意方面

客户满意度指数由2018年的85.3提升至2020年的91.37，提升了7.12%；用户忠诚度指数由2018年的84.28提升至2020年的94.66，提升了12.32%；相比2018年，2020年客户需求响应及时率提升了13.5%。这些皆表明恒欣实业在处理客户关系上不断提升，客户关系管理效果显著。

（二）行业地位方面

恒欣实业在运行的出厂设备最长使用寿命为15年，平均使用寿命为10年。高质量赢得客户高度认可，是促成恒欣实业获得行业领军地位的基石。据中国煤炭机械工业协会数据

分析，在煤矿架空乘人装置产品的细分领域，恒欣实业的市场占有率国内排名第一，已成为行业领军企业。同时恒欣实业在2020年被评为全国专精特新"小巨人"企业，在中小企业中也树立了标杆。

（三）企业成长方面

截至2020年，恒欣实业各项经济指标连续8年保持平稳增长，2019年营业收入增长7.7%，促成这种增长态势的动力源于客户忠诚度的提升。即使在疫情影响经济发展的2020年，恒欣实业的营业收入仍保持0.40%的增长率，且总资产增长率达0.17%，净资产增长率达21.44%，资产负债率下降16.00%。

（四）质量提升与品牌方面

恒欣实业荣获第六届湖南省省长质量奖、绿色矿山突出贡献奖，被评选为"湖南省工业质量标杆"企业、湖南省市场质量信用等级AAA级企业、中国煤炭机械工业企业信用等级AAA级企业。恒欣实业"煤矿架空乘人装置"和"无极绳连续牵引车"产品被评选为中国煤炭机械工业优质品牌产品。恒欣品牌得到了行业认可，"恒欣"商标被认定为中国驰名商标。

（供稿人：段杰圆、肖薇、肖龙武）

案例 6 基于顾客需求运用 QFD 方法打造爆款手表

珠海罗西尼表业有限公司

>> **亮点**

珠海罗西尼表业有限公司（以下简称罗西尼）采用国际通行的质量功能展开（QFD）集成产品研发流程，结合公司的实际情况，汇聚创新资源，创立基于全球市场需要的技术和产品研发流程实现产品研发过程标准化。罗西尼以顾客为关注焦点，注重前期调研和策划，花费大量时间决定要做什么样的产品，将顾客需求融入产品定义。同时，罗西尼协调好市场、财务、生产制造、产品推广、售前服务等环节在产品研发过程中的作用，大大提高了产品研发质量和效率。

一、背景——以顾客为中心出发

今天，传统的手表产品除了具备基础的计时功能，更多地被赋予了时间文化传递以及时尚装饰属性。罗西尼基于现有消费升级及国货自信背景，以顾客需求为导向，从公司愿景、使命、价值观出发，建立科学的产品研发体系，形成独有的差异化产品策略，打造国潮精品，使罗西尼品牌成为中国钟表行业的国货之光。

二、策划——基于 QFD 方法的爆款打造"方法论"

随着市场环境变化，电商、直播等各种新兴营销渠道兴起，传统的线下产品设计研发经验固化，越来越脱离消费者的多样化实际需求。罗西尼设计研发团队秉承以顾客为中心，从顾客需求出发，健全基于QFD方法的产品研发系统，通过多渠道、多形式、多批次，识别不同营销渠道的顾客需求，将主力产品划分为商务、时尚、运动三大产品体系。罗西尼精准聚焦不同的客户需求，科学地进行产品策划、定位、设计输出等。将三大产品体系分层，形成有效的产品组合策略，结合品牌策略和产品生命周期管理，形成独具一格的爆款打造"方法论"，详见图1。

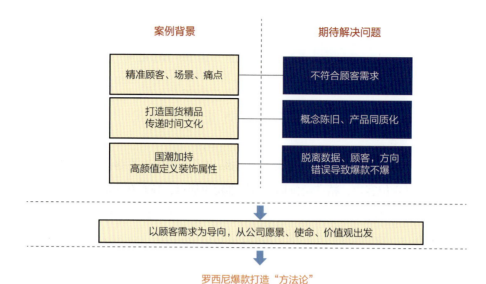

图 1　罗西尼爆款打造"方法论"

（一）罗西尼基于 QFD 方法的产品研发系统（见图 2）

需求识别：通过市场调研、竞争对手和标杆信息收集、顾客意见反馈等方式，收集公司内部和外部信息，识别顾客需求，达到精准识别顾客需求的目的。

图 2　罗西尼基于 QFD 方法的产品研发系统

产品设计：综合运用QFD等系统方法，分析与梳理顾客、市场需求信息，并将之转化为产品设计要求，以支撑罗西尼三大产品体系。

产品实施：通过研发信息收集与需求识别，制订新产品年度上市计划，开展基于QFD方法的产品策划与产品设计。进行产品策划、产品体系分层、产品组合策略的实施。

改进：对产品研发过程进行评价，收集顾客反馈信息并进行意见分析总结，改进产品研发过程，进行产品全周期管理。

（二）罗西尼爆款研发流程

罗西尼凭借"罗西尼爆款研发流程"（见图3），在产品的开发过程中进行用户、行业、竞争领域等研究。罗西尼通过创意来源等四大过程和行业研究等九条路径，实现战略产品规划及技术先导、产品成功落地、生态闭环，并总结出了三个爆款关键词——精准、高效、独到。精准在于精准定位客户、精准定位场景、精准定位痛点；高效在于高效的数据驱动、高效的顾客参与、高效的营销策略；独到在于方法独到、决策独到、逻辑独到。

图3　罗西尼爆款研发流程

三、实施——精准、高效、独到

罗西尼高度重视构建顾客为中心的企业文化体系，公司在愿景、使命和核心价值观中直接纳入顾客驱动因素，确定并勇于践行"让生活的每一刻拥有价值"的使命，"开百年老店，创世界名牌"的愿景及"顾客至上，科学管理，持续改进，和谐发展"的核心价值观，充分展示了以顾客为中心的追求和实践决心，铸就顾客导向的内在动力，营造组织上下一致、内外协同的"关注顾客"氛围。

（一）精准

罗西尼深入挖掘关键客户的需求和期望，不断推出适销对路的产品，赢得顾客和市场信赖。罗西尼是国家高新技术企业，拥有国家认定企业技术中心、国家级工业设计中心、博士后科研工作站、广东省工程技术研究中心、中国轻工业手表外观件精密加工及表面处理重点实验室等，公司引进国际领先水准的钟表设计制造系统，是中国钟表罗西尼、天王、飞亚达、依波四大品牌中唯一拥有自产表壳生产线的企业。

（二）高效

罗西尼以富有凝聚力的企业文化为动力，以产品为载体，聚集顾客对产品质量的需求，采用以精细化管理为核心的"四精一促"质量管理模式，"二全二加强"的质量管理机制，实施精心研发、精密制造、精细管理和精准营销等产品的价值创造全过程的"分秒精准"质量文化。

（三）独到

罗西尼重视产学研合作，长年与上海交通大学、中科院金属研究所、广东钟表行业协会等开展多学科、跨行业合作。公司每年研发投入占销售总额的5%左右，拥有有效专利267项，其中发明专利22项、实用新型专利49项、外观设计专利196项，另有著作权16项，专利数量居行业领先地位。罗西尼参与制修订的国家及行业标准60项，国际标准5项。公司实施严谨高效的信息收集与顾客需求识别工作，在产品上市计划制定以及产品策划过程运用QFD方法进行项目质量展开和项目质量策划，确定年度爆款目标及测评指标。公司基于新产品可穿戴样板完成情况，充分考虑产品卖点、成本、定价等因素，进行产品上市决策评审。当顾客需求和市场形势发生变化时，公司会及时调整开发计划和产品要求。

（四）方法运用

QFD方法是非常复杂的系统方法，罗西尼设计团队在自身产品研发流程中很好地结合运用了此方法。公司利用QFD方法进行产品开发和设计，通过质量策划、外观设计、结构设计、上市决策、小批量试制、上市准备、跟踪、收集产品上市反馈信息等实现新产品上市。公司在产品实现过程中运用多种途径和方式，如顾客需求调查、行业调查、线上线下商铺调查、用户体验调查等，深度挖掘关键顾客需求和期望，结合竞争对手信息、新技术，将顾客需求转换为关键质量特性。罗西尼运用QFD方法的实例见表1。

罗西尼通过质量展开项目分层级质量策划比较，展开多维度多方面的产品关键词，进行数据量化分析比对，形成绝对重要度及要求质量重要度的权重系数，实例详见表2。

通过质量要素进行多层级关键词提炼，总结出质量性能、质量策划等关键要素，形成绝对重要度及要求质量重要度的权重系数。将收集的一系列大量的信息和分析数据，通过表格、图文的形式，批量进行数据归档归类，整合出对于产品研发最有价值的维度信息，精准、高效、持续改进产品质量。

表 1　罗西尼运用 QFD 方法的质量展开及质量策划分析

项目			竞品比较分析		质量策划			权重	
质量展开		重要度	罗西尼	天王 51157	策划质量	水平提高率	卖点	绝对重要度	要求质量重要度
一层	二层								
款式好	外观好看，吸引人	4.39	4.14	3.00	4.50	1.09	1.50	7.15	10.93
	款式多	4.26	4.02	3.20	4.50	1.12	1.20	5.72	8.75
	适合多种场合佩戴	4.05	3.84	3.10	4.00	1.04	1.00	4.21	6.44
使用安全	能安心地使用	4.41	4.22	4.20	4.50	1.07	1.00	4.70	7.18
价格实惠	价格实惠	4.31	4.12	2.70	4.50	1.09	1.00	4.72	7.21
附加价值高	彰显身份	3.79	3.57	2.80	4.00	1.12	1.00	4.24	6.49
	有美好的寓意	3.73	3.62	2.80	3.80	1.05	1.00	3.91	5.98
	具有收藏价值	3.49	3.18	1.80	3.50	1.10	1.00	3.84	5.87
使用方便	能方便地知道时间	4.17	4.31	4.30	4.50	1.04	1.00	4.35	6.64
	操作简便	4.20	4.25	4.20	4.00	0.94	1.00	3.95	6.04
质量好	手表走时准确	4.58	4.21	4.10	4.50	1.07	1.00	4.89	7.47
	防水效果好	4.47	3.93	4.10	4.00	1.02	1.00	4.55	6.96
	手表寿命长	4.56	4.00	3.70	4.00	1.00	1.00	4.57	6.98
	能放心佩戴	4.43	4.33	4.50	4.50	1.04	1.00	4.61	7.05

表2 质量性能、质量策划关键要素表

质量要素			质量性能											重要度	竞品比较分析		质量策划				权重
一层	二层	三层	防水性能	防振性能	防磁性能	连接牢靠度	走时误差	防腐性能	拆卸性能	抗拉性能	抗折弯性能	抗跌落性能	耐磨性能		罗西尼	天王51157	策划质量	水平提高率	卖点	绝对重要度	要求质量重要度
款式好		外观好看，吸引人	△			△		○				△		4.39	4.14	3.00	4.50	1.09	1.50	7.15	10.93
		款式多	△	△	△	△							△	4.26	4.02	3.20	4.50	1.12	1.20	5.72	8.75
		适合多种场合佩戴	△	△				△						4.05	3.84	3.10	4.00	1.04	1.00	4.21	6.44
使用安全		能安心地使用	●	○	○	○	●	○	△	●	○			4.41	4.22	4.20	4.50	1.07	1.00	4.70	7.18
价格实惠		价格实惠	△				●							4.31	4.12	2.70	4.50	1.09	1.00	4.72	7.21
		彰显身份	○	△	○					○			○	3.79	3.57	2.80	4.00	1.12	1.00	4.24	6.49
附加价值高		有美好的寓意	△			△								3.73	3.62	2.80	3.80	1.05	1.00	3.91	5.98
		具有收藏价值	○			○	○					○		3.49	3.18	1.80	3.50	1.10	1.00	3.84	5.87
使用方便		能方便地知道时间								△				4.17	4.31	4.30	4.50	1.04	1.00	4.35	6.64
		操作简便				●					△			4.20	4.25	4.20	4.00	0.94	1.00	3.95	6.04
质量好		手表走时准确	△	△	△	○	●	△		△				4.58	4.21	4.10	4.50	1.07	1.00	4.89	7.47
		防水效果好	●	○		○	○	○					○	4.47	3.93	4.10	4.00	1.02	1.00	4.55	6.96
		手表寿命长	○			○	●							4.56	4.00	3.70	4.00	1.00	1.00	4.57	6.98
		能放心佩戴	●	○		○	○	○	△	●	△		○	4.43	4.33	4.50	4.50	1.04	1.00	4.61	7.05
重要度			93.02	39.36	6.99	75.18	65.90	52.48	22.61	56.38	24.04	41.99	52.80			563.12				合计	
相对重要度			16.51	6.99	1.20	13.35	11.70	9.32	4.02	10.01	4.27	7.46	9.38								

备注：●：很相关　　　　○：相关　　　　△：可能相关　　　　空白：无关　　　　1.50　　　　1.20　　　　1.00　　　　0

四、成效——爆款案例具有行业引领示范作用

以融入品牌元素的勋章系列产品为例,该系列产品由罗西尼于2015年开发,至2021年7月累计销售40余万只,销售额近10亿元,创造了行业单品销售记录,并获得了第十九届中国专利奖(外观设计)优秀奖、第二十二届中国专利奖(外观设计)银奖、第四届中国钟表设计大赛金奖及最受消费者欢迎奖、中国轻工业优秀设计奖金奖等。至2021年的3年里公司利用QFD方法研发的6款产品,销售2~3个月即进入公司表款销量前50位,赢得了消费者的认同和信赖。这归功于公司运用基于QFD方法的爆款打造"方法论",确保了科学、可行、有效的产品策略,实现了使重点表款成为销售爆款的目标。

(一)爆款打造案例:罗西尼勋章系列腕表(见图4)

2015年开始设计研发的具有罗西尼原创性产品DNA的勋章系列腕表,经过几年持续的改进和完善,二代的勋章II系列已经演变出多款畅销系列。

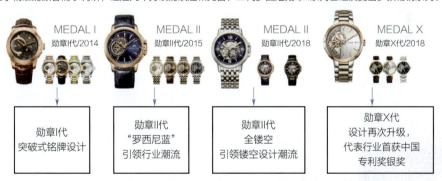

图4 罗西尼勋章系列腕表

目标客户:20~49岁的男性,有稳定收入的工薪阶层,期望获得认同感。

产品卖点:勋章精神、身份象征、简洁设计中的细节设计。

设计特点:3点位把的保护设计、罗西尼铭牌元素、半镂空表盘设计、罗西尼"皇室蓝"应用。

上市表现:截至2021年7月,累计销售40余万只,销售额近10亿元。

获得荣誉：第十九届中国专利奖（外观设计）优秀奖、第二十二届中国专利奖（外观设计）银奖、第四届中国钟表设计大赛金奖及最受消费者欢迎奖、中国轻工业优秀设计奖金奖等。

（二）爆款打造案例：罗西尼环球系列腕表（见图5）

罗西尼凭借QFD爆款打造"方法论"，采用观察、询问、倾听、分析等方式，通过行业调研、走访，深入挖掘顾客的真正需求后定义了此创新项目，并于2021年研发出罗西尼年度重磅新品50027/50028环球系列腕表。

近三年爆款打造案例——50027/50028环球系列

图5　罗西尼环球系列腕表

目标客户：30～49岁左右的男性及女性，有稳定收入的工薪阶层，期望焕新职场装备，助力事业增长。

产品卖点：环球视界概念、情侣对表。

设计特点：创意经纬式表盘、条形切割面字钉、侧面镂空式表耳。

上市表现：2021年打造的商务爆款对表50027、50028系列表款上市后，6个月就取得优异的销售成绩。

（三）爆款打造案例：罗西尼时尚系列腕表

为迅速打开年轻女性群体市场，深入挖掘、精准识别该群体对异形腕表、国潮元素的真实需求，有针对性地研发出时尚爆款1446腕表。

目标客户：20~35岁的年轻女性，时尚新潮、钟情东方韵味、期望展现自我个性的群体。

产品卖点：国潮元素、复古绿、赠品小包。

设计特点：轻薄小巧方形表壳、镶嵌锆钻、孔雀石绿表盘设计、赠多功能迷你小包。

上市表现：2021年打造的时尚爆款1446腕表上市后，凭借其独到而精准的前瞻性，为市场所需，短短3个月就成为年度销量前50位的爆款产品，引领行业国潮崛起。

（供稿人：马野皓、郭劼、郭新刚）

案例7　基于"三个先于"的投诉预防管控

中国移动通信集团广东有限公司汕头分公司

>> **亮点**

通过冰山模型（见图1）和TRIZ理论的启示，聚焦资费套餐、家宽上网和5G客户感知等核心短板，遵循三个先于原则，搭建顾客投诉预防管控体系，在"客户不满""客户贬损"及"客户投诉"三个关键节点前，开展服务补救措施，实现投诉有效压降、满意度显著提升的成果。

5%不满顾客：正式投诉

35%不满顾客：到处发泄不满

60%不满顾客：不表达但放在心上

图1　冰山模型

一、背景——聚焦关键短板，引入"冰山模型"

随着市场经济转型发展，依靠增值服务、价格优惠等过去有效的做法已不适用于当前市场，通信行业2G、3G、4G时代的人口红利、流量红利也已逐渐见顶，唯有狠抓客户关注的焦点问题改善，持续提升客户响应能力、产品质量，才能真正获得"人心红利"。在抢占5G新时代通信行业制高点的竞争中，服务差距已成为存量保有和新增争夺的核心要素之一，实实在在地服务好客户、提供真正满足客户需求的产品，才能获得持续的发展。

在中国移动客户满意度考核体系中，资费套餐、家宽上网质量和5G客户满意度，是权重较高的三项指标（共占60%权重），而在客户不满因素调研和投诉热点分析中，与这三项满意度相关的问题占据主导。聚焦家宽上网质量、资费套餐、5G客户等短板中的核心问题，必须坚定不移补齐关键服务短板，加快改进影响服务感知的薄弱环节，如图2所示。

指标类型	考核指标	权重
综合满意度	手机客户满意度	5%
	5G客户满意度	10%
	家宽客户满意度	5%
短板满意度	资费套餐满意度	25%
	语音通话质量满意度	5%
	手机上网质量满意度	5%
	家宽上网质量满意度	25%
专项满意度	政企客户满意度	15%
	投诉处理满意度	5%

不满主因
- 套餐资费（27.4%）
- 5G网络信号（13.3%）
- 宽带问题（12.2%）

以上三点是对客户进行满意度调研后，总结得出的三大不满主因，是服务运营中最明显的关键质量"洼地"。

投诉热点
- 语音、流量业务（26.7%）
- 宽带故障、质量问题（10.1%）
- 5G网络问题（8.3%）

以上三点是按照原始投诉工单数据统计，总结得出的汕头申诉业务热点问题。

图2 关键服务短板

二、策划实施——基于"三个先于"原则，完善顾客投诉防控体系

基于"三个先于"原则，汕头移动搭建了完善的顾客投诉预防管控体系，主要针对家宽上网、5G网络和资费套餐等关键服务短板，抓住核心问题点，通过不同维度对潜在不满顾客开展服务补救措施，如图3所示。

（一）先于客户不满提升短板

1. 家宽末端上网质量提升

（1）末端设备的性能是影响宽带上网质量的主要原因

在"宽带中国"战略下，家庭宽带的上网质量是顾客满意度的关键因素（考核权重最大），但其表现长期

图3 "三个先于"原则

不佳，极大影响家宽业务口碑。综合投诉数据分析得出，末端设备的性能是影响宽带上网质量的主要原因，如图4所示。

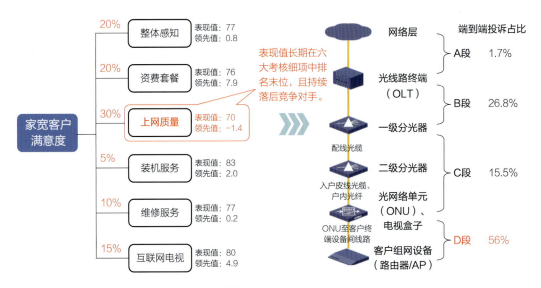

图4　末端设备性能影响宽带上网质量

（2）运用三种工具方法寻求解决方案

因果链分析：由于家庭宽带业务链条长，任一环节对上网质量均有影响，通过因果链分析，确定制约家宽上网稳定性的根本原因为家庭WiFi干扰、光猫或路由器设备无法适配高带宽，如图5所示。

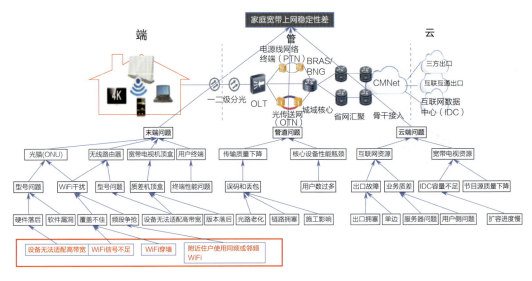

图5　因果链分析确定制约家宽上网稳定性的根本原因

"系统完备性"启示：汕头公司开展多域数据融合，建立端到端体系，实现"建模优化评估"一体化、全周期闭环管理。结合移动多租户平台四大域数据，融合家宽全量用户大数据；在设备完备性环节，包含家宽端到端全程，问题关键的末端部分涵盖家庭网络三大关键环节（智能网关、IPTV机顶盒、无线路由器）；从功能分析出发，建立涵盖数据建模、质量优化、效果评估三大功能的完备系统，如图6所示。

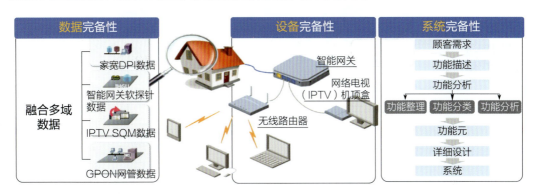

图6　"系统完备性"引导开展一体化、全周期闭环管理

"动态性进化法"启示：增强子系统的自主控制和管理能力，使得系统向更加灵活方便的方向进化，实现系统三大自动化：自动数据建模、自动质量优化、自动效果评估，如图7所示。

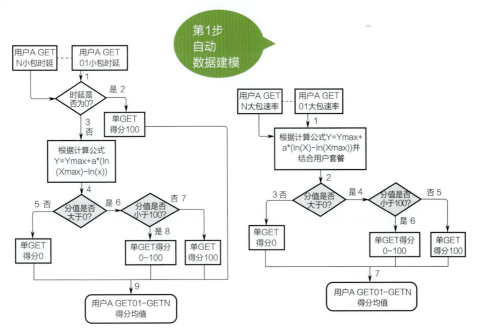

图7　"动态性进化法"引导实现系统三大自动化

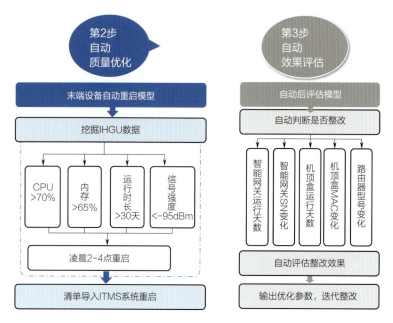

图7 "动态性进化法"引导实现系统三大自动化（续）

（3）通过三个组件形成综合应用方案

数据建模组件：多域数据融合，通过数据挖掘与分析，梳理影响力指标模型，详见设备参数层。通过大数据挖掘代替实测，降低测量复杂性，详见业务质量层。通过机器学习建模，实现模型系数和权重自适应调整，减少人为设定，降低控制复杂性，如图8所示。

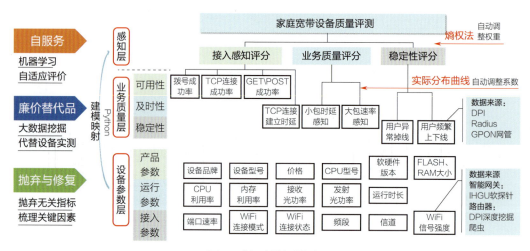

图8 数据建模组件框架

质量优化组件：从用户感知评分模型出发，溯流而上找出影响感知的关键因素。通过分批次后台重启末端设备、后台关闭光猫WiFi、引入全屋WiFi设计，加强覆盖，降低干扰，增加可靠性，如图9所示。

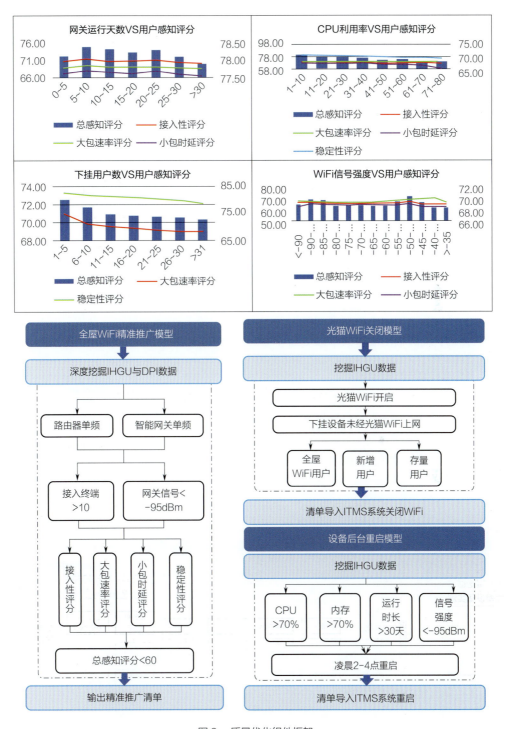

图9 质量优化组件框架

效果评估组件：通过Python进行自动效果评估，定时自动评估末端整改效果和整改进度，完善末端整改的闭环管理，如图10所示。

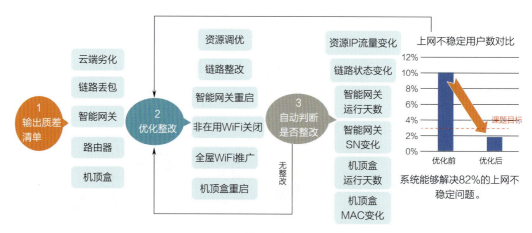

图 10 效果评估组件框架

通过以上三个组件，形成综合应用方案：基于多租户平台的IHGU（智能网关软探针）数据、家宽DPI（深度包检测）数据、IPTV SQM数据和吉比特无源光网络（GPON）网管数据等，自主搭建末端设备质量监测三大模型，实现末端质量自动建模、自动优化、自动后评估；同时输出质差清单以支撑业务营销推广，如图11所示。

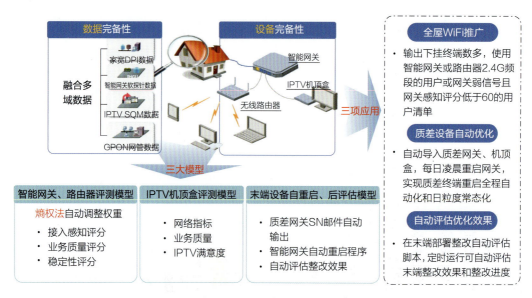

图 11 家宽末端上网质量提升综合应用方案

（4）全面提升家庭宽带用户感知

该成果实施后，家庭宽带用户感知全面提升，全屋WiFi更换后超文本传输协议（HTTP）大包速率提升245.39%，HTTP小包时延优化16.98%；质差用户整治后回访满意度提升13.15；非在用WiFi批量关闭后，TCP时延优化28.21%，HTTP小包时延优化38.67%；智能网关及机顶盒重启后各项指标均明显优化。

2. 5G 客户网络感知提升

（1）5G 客户网络满意度表现不佳

近年来，随着网络满意度重要性的凸显，汕头分公司越来越重视满意度提升工作。但5G客户网络满意度持续下跌，主观感知与客观指标关联性不足，提升工作无法直接在满意度得分上得到反馈，如何在资源有限的形势下精准提升5G网络感知是需要直面的问题。

（2）建立基于数据库的三重指标体系

汕头移动建立5G客户数据库，将5G端到端网络分成“用户、终端、网络”三个部分。采纳B域（业务域）、M域（管理域）、O域（运营域）等多重数据源，提取本地31782户5G用户、全量5G终端和全量5G小区，通过问卷调研+话单+信令采集指标+无线网管统计+路测感知共计61项指标建立源数据库，如图12所示。

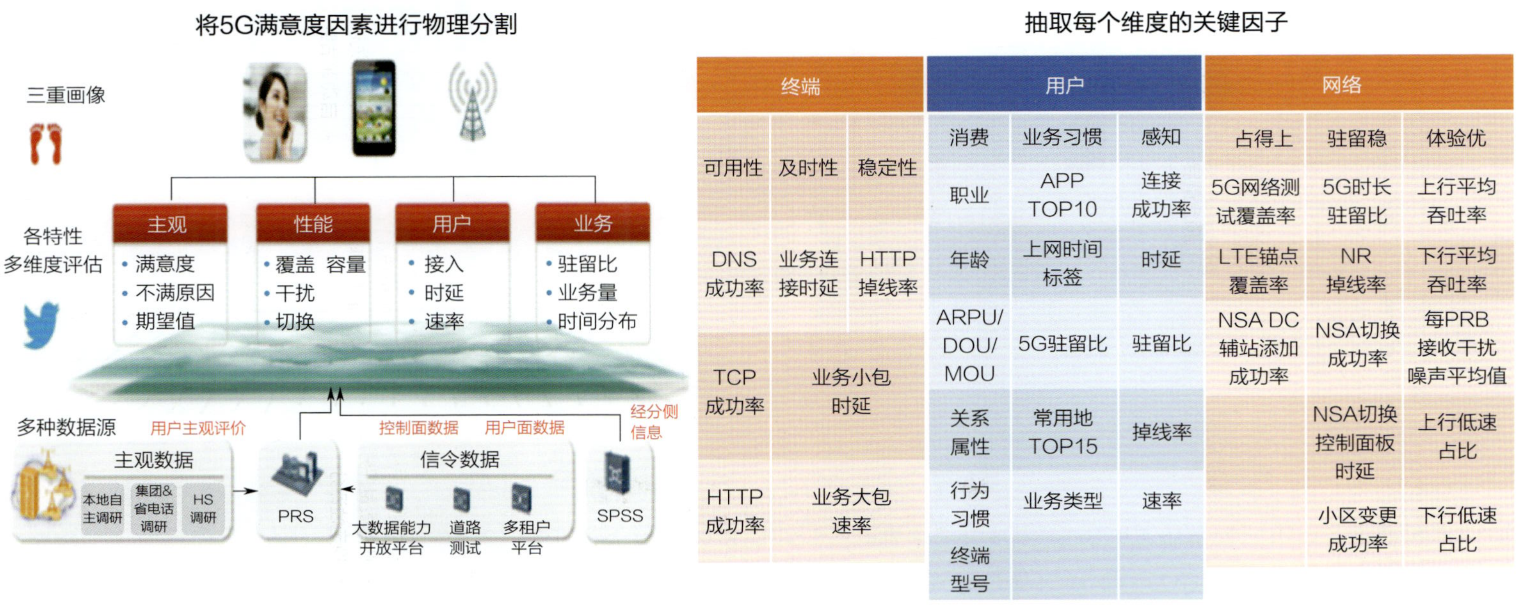
将5G满意度因素进行物理分割
三重画像
各特性
多维度评估
主观
• 满意度
• 不满原因
• 期望值
性能
• 覆盖 容量
• 干扰
• 切换
用户
• 接入
• 时延
• 速率
业务
• 驻留比
• 业务量
• 时间分布
多种数据源
用户主观评价
控制面数据
用户面数据
经分侧信息
主观数据
本地自主调研
集团&省电话调研
HS调研
PRS
信令数据
大数据能力开放平台
道路测试
多租户平台
SPSS
抽取每个维度的关键因子
终端
可用性
及时性
稳定性
DNS成功率
业务连接时延
HTTP掉线率
TCP成功率
业务小包时延
HTTP成功率
业务大包速率
用户
消费
业务习惯
感知
职业
APP TOP10
连接成功率
年龄
上网时间标签
时延
ARPU/DOU/MOU
5G驻留比
驻留比
关系属性
常用地TOP15
掉线率
行为习惯
业务类型
速率
终端型号
网络
占得上
驻留稳
体验优
5G网络测试覆盖率
5G时长驻留比
上行平均吞吐率
LTE锚点覆盖率
NR掉线率
下行平均吞吐率
NSA DC辅站添加成功率
NSA切换成功率
每PRB接收干扰噪声平均值
NSA切换控制面板时延
上行低速占比
小区变更成功率
下行低速占比

图 12　5G 客户网络感知源数据库

通过分析5G手机用户网络体验的各个环节,拉通有线、无线,以"占得上、驻留稳、体验优"为衡量标准,结合接入指标、覆盖指标、干扰、移动性、业务驻留等多个维度,充分利用熵权法,通过Python建模,5G终端、5G用户、5G网络画像,建立感知评估模型,实现网络级、用户级、小区级等不同维度5G感知的多维度打分。精准定位5G网络感知劣终端、用户、聚焦网络短板,先于客户不满做好客户服务,解决客户网络问题,如图13所示。

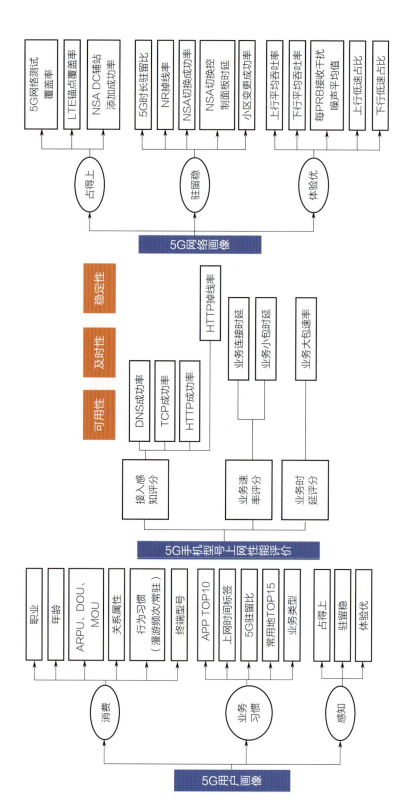

图13 5G客户网络感知三重指标体系

案例7 基于"三个先于"的投诉预防管控

(3) 形成三重指标画像

5G网络画像：基于小区级4/5G协同指标和相关测试，PRS统计指标，将指标集进行一类、二类分解，然后基于全网24小时级数据进行评估建模，如图14所示。

小区名	整体评分	接入性评分	覆盖性评分	干扰评分	移动性评分	业务评分
濠江新兴园D-HRH-3	97.25	98.72	98.11	98.68	93.95	95.44
南澳南澳D-HRH-3	96.90	98.94	99.19	98.76	88.22	99.56
潮南沟头D-HRH-3	92.86	99.42	86.47	97.19	90.25	95.45
潮阳城南一路D-HRH-2	95.08	99.40	91.52	98.97	91.93	95.66
潮阳丰盛发酒店D-HRH-2	96.52	99.81	99.48	98.76	88.23	93.19
潮阳谷饶谷贵路D-HRH-3	72.22	4.70	89.64	91.32	82.92	95.40
潮阳谷饶官后路D-HRH-3	94.58	99.59	99.14	92.28	89.64	85.32
潮南美庭公寓D-HRH-2	86.94	51.18	99.85	98.88	91.36	87.04
潮南喜来登D-HRH-3	89.97	98.47	88.74	82.47	85.94	99.69
潮南美庭公寓D-HRH-3	73.18	25.16	75.21	98.81	84.42	89.40
潮江尾村D-HRH-1	92.88	99.72	99.87	86.47	79.21	98.38
濠江仙石村D-HRH-3	91.44	99.75	82.47	99.08	91.28	86.78
濠江河浦卫校D-HRH-1	96.74	99.84	98.61	98.72	97.61	99.17
濠江珠玑区创业中心D-HRH-3	94.80	99.62	93.07	98.95	89.06	93.49
潮阳上乡D-HRH-3	95.46	99.49	99.46	92.28	87.01	98.70
潮阳华光东一D-HRH-3	91.67	84.91	93.24	98.59	85.38	99.20

图14 5G网络画像

- 5G小区网络感知评分：

$$L_x = \sum_{i=1}^{N} W_i \times L_i = \sum_{i=1}^{N}\sum_{j=1}^{N} W_i \times W_{ij} \times L_{ij}$$

其中，L 表示5G网络评估分值，代表网络评估质量越好，分值越低，代表网络评估质量越差；W 代表指标权重。

5G终端画像：基于44个终端级指标数据，分别计算不同型号终端的接入评分、速率评分、时延评分，再采用熵权法确定各项评分的权重，汇聚到5G手机型号的感知综合评分为各项分类评分的加权求和，总分在0～100之间，并通过Python建模实现权重的动态自适应调整，如图15所示。

- 接入评分：5G用户接入感知中DNS解析成功率、TCP连接成功率、业务建立成功率可近似认为是3个独立发生的流程。接入评分公式为：

$$Y_{ASSR} = R_{DNS} \times R_{TCP} \times R_{http} \times (1 - R_{httpdis}) \times 100$$

- 时延评分：记录各单条时延、用户数分布峰值时延，计算用户数分布峰值，运用熵权法计算权重系数，预测目标时延评分的标准差，最终得出时延评分公式：

$$Y_{delay} = Y_{max} + a \times (\ln(x_{max}) - \ln(x))$$

- 速率评分：综合考虑用户数分布峰值，单条速率记录，用户数分布峰值速度再叠加权重系数，得出速率评分公式：

$$Y_{speed} = Y_{max} + b \times (\ln(x) - \ln(x_{max}))$$

- 综合评分：分别将接入评分、速率评分、时延评分加权相加，得出该类终端的综合评分公式：

$$Y_{total} = W_1Y_1 + W_2Y_2 + W_3Y_3$$

终端型号	接入评分	速率评分	时延评分	总评分	价格
华为_MATE30 RS 5G	88.21	77.08	70.73	75.97	12999
华为_MATE X 6G	84.93	78.06	65.44	73.58	16999
华为_MATE30 PRO 5G	87.51	72.87	64.88	71.57	6899
华为_MATE20 X 5G	87.44	72.23	61.67	69.89	6199
三星_GALAXY NOTE10+ 5G	86.10	71.25	62.84	69.80	7999
华为_MATE30 5G	87.59	71.27	61.85	69.60	4999
华为_NOVA 6 5G	87.46	71.98	56.57	67.57	3799
荣耀_V30 PRO 5G	86.90	69.70	58.03	67.18	3899
中兴_天机AXON 10 PRO 5G	85.35	64.02	61.26	66.00	4999
小米 9 PRO	84.56	98.45	56.63	65.70	3799
荣耀_V30 5G	84.33	98.65	52.14	63.79	3299
三星_GALAXY A90 5G	84.63	66.72	52.23	63.07	3899
VIVO_NEX3 5G	86.11	67.66	47.69	61.70	4998
VIVO_IQOO PRO 5G	84.20	66.13	46.29	60.17	3798

图15　5G终端画像

5G用户画像：关注5G客户业务行为要素，从时间、地点、人物、终端、行为、感知出发，建立6类共计116个5G客户标签，建立5G用户级画像。

（4）5G 客户网络满意度显著提升

通过网络画像，对输出性能评分低的小区进行例行监控，并通过参数核查调整、故障排查等方式做针对性优化；通过终端画像，输出5G开关打开终端用户的常驻地5G覆盖情况、频繁开闭5G开关的终端用户覆盖情况、5G覆盖好区域的4G终端情况、5G高倒流终端覆盖情况等，分析存在的问题，通过规划、优化，提升5G用户的网络体验；通过用户画像，评估用户网络感知，并通过用户特征定位5G感知问题原因，引导客户通过打开5G开关/SA开关、网络权益查询提档等方式，正确使用5G网络，提高5G网络驻留比，进一步提升客户5G上网体验，如图16所示。

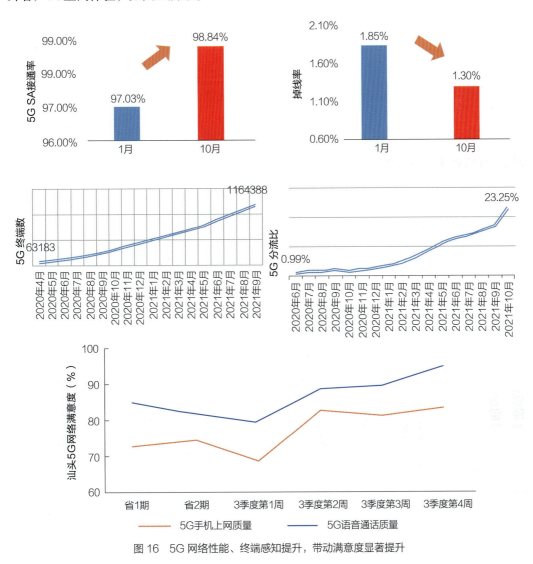

图 16　5G 网络性能、终端感知提升，带动满意度显著提升

（二）先于客户贬损补偿价值

1. 感知管理模式需优化升级

在集团、省公司各级领导对加快服务"数智化"转型、打造新的服务提升手段提出明确要求下，汕头移动通过系统化、创新化的手段，对客户感知提升管理模式进行再升级。通过大数据和人工智能技术，分析日常积累的海量客户服务运营数据，为服务提升提供强大支持，如图17所示。

市场界面

- **经营分析数据**
  BI系统、大数据PaaS平台、自动分析平台、数据集市……
- **业务办理数据**
  BOSS系统、ESOP系统、和商汇、网格通、智慧生活APP、IOP系统……
- **后台流程数据**
  精益营销管理平台、IT工单系统、渠道管理系统……

常用系统超30个，涉及工号约7000个，涵盖客户超500万户

网络界面

- **一线运维支撑**
  投拆预处理系统、服开工单系统等11个常用系统
- **网络性能监测**
  互联网Radius数据、管线资源数据、互联感知系统等8个常用系统，不同网络厂家各自1~2套系统
- **网络共享平台**
  日拉入数据峰值高达1200TB，涵盖232类XCR模型、75张基础宽表、230个维表模型、1456个应用模型

服务界面

- **日常服务**
  - 10086：月均话务70万人次
  - 服务大厅：月均查询122万人次
  - 营业厅：月均客流16万人次
- **投拆处理**
  - NGCS投诉工单：月均约5万张
- **满意度调研**
  - 电话外呼：1万人次/季度
  - 短信监测：5.5万人次/季度

图 17　海量客户服务运营数据

2. 研究提炼"微笑曲线"模型

汕头移动创新发现客户感知修复与服务补救时间的关系，提炼出"微笑曲线"模型，并总结出服务补救应遵循的"适度原则"：服务补救的资源可集中用于短期突发的服务失误，对于长周期的服务失误只需"适度"开展服务补救即可，从而有效降低企业的服务成本，如图18所示。

3. 构建客户服务生态柔性管理系统

汕头移动通过大数据分析和人工智能技术，构建一套客户服务生态柔性管理系统，通过"查—筛—发—验"的固定打法，全程管理客户感知变化轨迹，先于客户贬损开展价值补偿，如图19所示。

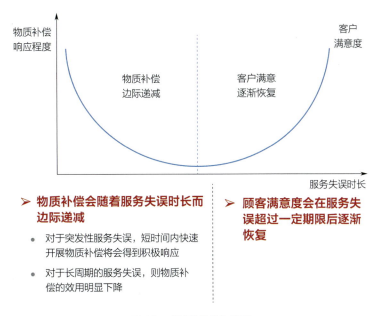

图 18 "微笑曲线"模型

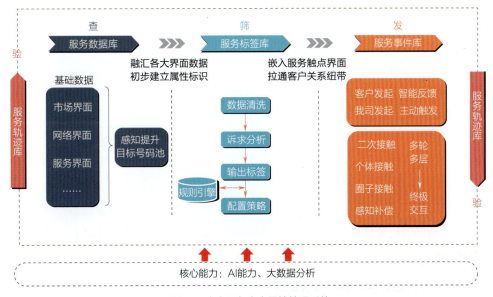

图 19 客户服务生态柔性管理系统

（1）个人市场感知贬损价值补偿

回归营销事件本源，动态调优服务策略，生成画像输出到网格通、和商汇等平台，为一线提供营销动作推荐，提升营销效能，为后续方案设计和客群定位提供参考，如图20所示。

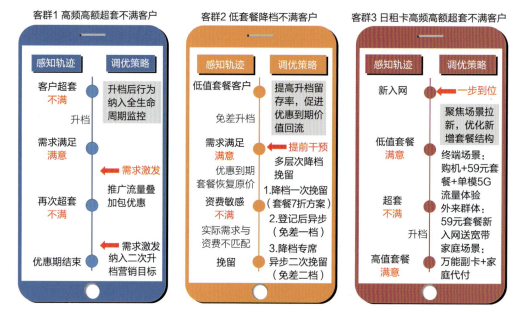

图20 三个短板客群营销价值补偿范例

（2）家庭市场感知贬损价值补偿

家庭宽带是智慧家庭综合入口，也是家庭群组情感维系关键点。汕头公司以宽带账号为切入点，挖掘家庭圈子成员，实现家庭群组修复，如图21所示。

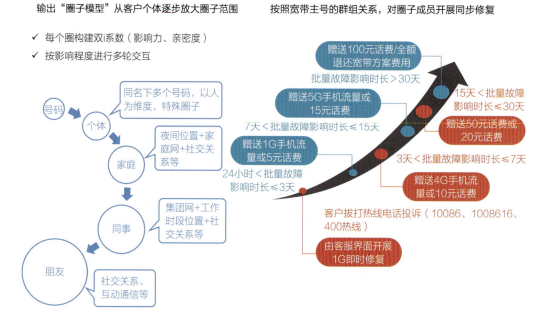

图21 家宽用户圈子成员价值补偿范例

（三）先于客户投诉解决问题

构建"事前管控–事中联动–事后溯源"预防型投诉管控体系，筑牢投诉管控防线，实现投诉提前预判和快速疏导，有力推动问题整改。

1. 事前管控预防

建立营销会审流程，全量方案上架或调整落实"三必须"，如图22所示。

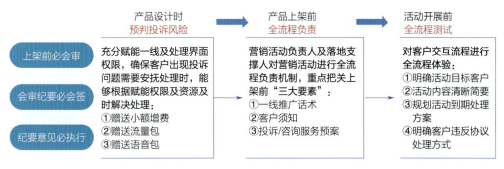

图22　营销会审流程

2. 事中联动提效

针对重大服务事件，建立"黄金6小时"快速联动机制，高效开展投诉异动即时预警机制，如图23所示。

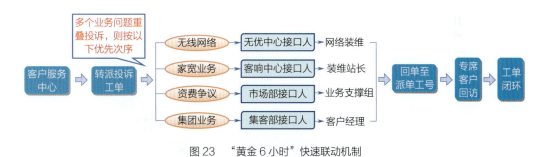

图23　"黄金6小时"快速联动机制

3. 事后溯源整改

聚焦服务短板、投诉焦点，实行服务难题上升机制，确保问题整改举措实际落地，达到"攻坚一个，解决一片"的效果，如图24所示。

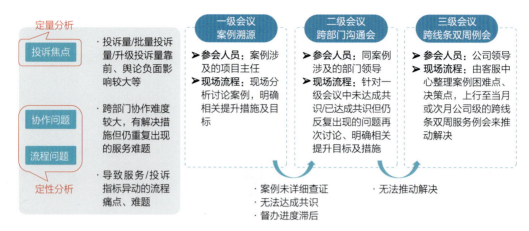

图24 服务难题上升机制

三、成效——投诉显著下降，满意度业内领先

汕头移动坚持以《顾客关系管理评价准则》为组织发展准则，建立"3K3时"服务运营管理体系，实现客户满意度趋势向好，领先行业标杆及本地友商，如图25、图26所示。

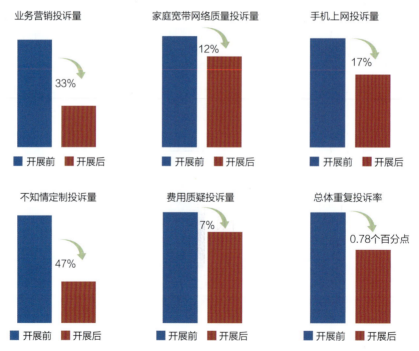

图25 客户投诉量减少、重复投诉率下降

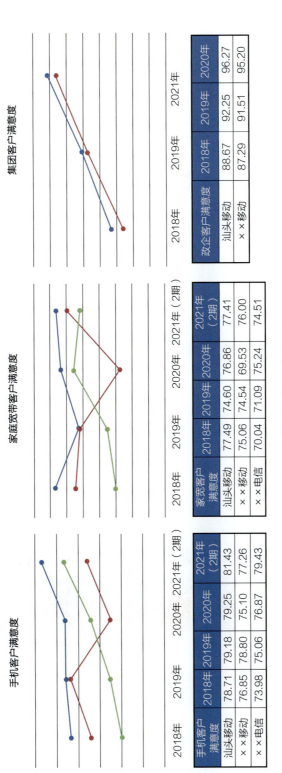

图 26 满意度均实现行业内领先

（供稿人：黄丽冰、杨叶青、陈妍含）

案例8　基于CLV存量客户价值运营体系

中国移动通信集团江苏有限公司苏州分公司

>> **亮点**

根据用户通信行为、消费能力、渠道偏好、风险等级、产品吸引力、业务重要性等，利用大数据分析挖掘用户真实诉求及终身价值，实现全业务视角融合策略的分场景输出，依托全渠道执行、全流程管控，建立智慧中台调度机制，便于各渠道触点高效营销、及时监控复盘效能。同时，通过自适应迭代优化不断完善模型精度与准确度，有效助力存量客户价值运营，提升客户满意度与公司业绩。

一、背景——坚持深化"以客户为中心"发展思路

苏州移动以习近平新时代中国特色社会主义思想为指引，坚持和加强党的全面领导，认真落实网络强国战略，致力于做网络强国、数字中国、智慧社会主力军，始终坚持"以客户为中心"的发展思路，以"追求客户最大满意"作为管理之本，不断开拓创新，全面提升服务水平与客户感知。

但在移动互联时代多变的市场和客户需求下，在各类平台、渠道的全面营销环境下，客户的决策链路不断加长、碎片化，想要深度理解客户尤为复杂，对客户满意度的提升、公司业绩的增长都带来挑战。因此，原有"大投入、长周期、大产出"的发展模式急需向"基于大数据技术、超细分客户群运营"的高质量发展模式转变。

通过客户行为洞察，了解客户的真实诉求，通过和客户全方位的互动和服务，培养客户信任度与忠诚度，深度挖掘客户终身价值（Customer Lifetime Value，CLV）。

根据客户诉求，精准提供产品与服务，深化"5G+流量+内容+家庭"多业务融合运营，提升客户满意度。

提升营销渠道运营能力，精细化全流程管理，保证适配产品与服务精准触达各类客户，使客户诉求满足更快速、更便捷，提升客户体验感知。

据此打造"基于CLV存量客户价值运营体系",大力促进公司降本增效,稳固本地主导运营商优势。苏州移动积极创新探索,推进"数智化"转型,保持了良好的发展态势,提升5G核心竞争力,助力苏州数字经济和数字化转型发展。

二、策划——打造基于 CLV 存量客户价值运营体系

围绕"以客户为中心"的发展思路,把握客户思维与运营思维并重,从"全用户画像、全业务融合、全渠道执行、全流程管控"四方面打造精准化、高质量的基于CLV存量客户价值运营体系,促进客户满意度提升和公司业绩增长,如图1所示。

图 1 存量客户价值运营体系模块

1. 全用户画像

围绕客户全生命周期中"导入期、成长期、成熟期、衰退期"4个阶段的通信行为、渠道偏好等进行大数据分析,构建客户生命周期价值风险模型,以便有效挖掘客户诉求与价值,帮助精准解决客户的难题。

2. 全业务融合

根据客户生命周期价值风险模型细分客户群,按照细分客户群的特点与诉求进行产品及渠道偏好适配,制定"增黏性、提价值、防脱轨"的全业务融合策略。导入期阶段通过家庭组建、长合约服务等增加客户黏性;成长、成熟期阶段通过"5G+流量+内容+家庭"等产品与服务差异化组合,提升客户价值;衰退期通过风险预警及融合维系,降低客户流失。通过全业务融合策略,有效适配融合公司业务优势,更好地满足客户多样化、差异化诉求。

3. 全渠道执行

信息时代,客户接触渠道蓬勃发展,到厅客流量在快速下降,更多地向互联网线上渠道迁移,全渠道建设与能力需要不断强化、深化,从而更全面、有效地触客、获客,降低重复、无效营销,帮助提升客户体验感知与接受度。

4. 全流程管控

根据全用户画像与全业务融合策略,构建"集中协同网格,大众协同政企"的执行体

系，由大数据分析下派任务包，通过各触点运营能力提升与全流程管控执行，一方面以客户为导向，找准客户痛点、理顺服务流程、改善客户体验，加大客户的资费理财和即刻服务水准；另一方面以全球通品牌高端形象，通过差异化服务加强客户精细化营销，促进客户满意度提升。全流程管控实现闭环迭代升级，提升存量客户价值运营体系实操效能，如图2所示。

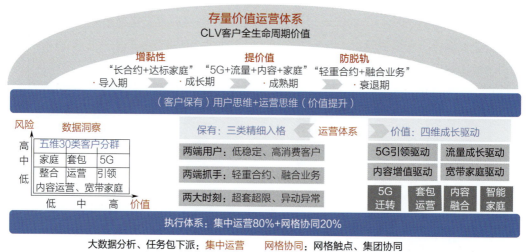

图2 基于CLV存量客户价值运营体系

三、实施——建立存量客户价值运营的智慧中台调度机制

以基于大数据分析的全用户画像为核心，进行产品、渠道触点适配的全业务融合策略制定，进行分群、分场景的融合任务包派发，全渠道闭环执行与效能监控，实现基于"全用户画像、全业务融合、全渠道执行、全流程管控"的存量客户价值运营的智慧中台调度机制，持续运作并且不断迭代优化升级，以便更好地促进客户满意度提升。

1. 全用户画像

（1）搭建客户生命周期价值风险模型

从客户全生命周期出发，按照客户属性、业务成长、支付能力、黏性感知、异动异常5个维度，年龄、地域、网龄、流量成长等30个小类因子，采取SPSS工具，使用聚类等数据挖掘算法，构建客户生命周期价值风险模型，输出不同行为特征的细分客户群，如图3所示。

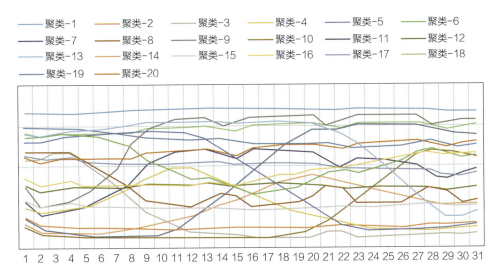

图3 流量行为聚类客户分群

（2）制定红黄蓝绿维系分级

基于客户生命周期价值风险模型，根据业务融合情况，将客户群按照价值、风险划分红黄蓝绿四类维系优先级，将"解决客户痛点"的风险客户维系放在首要位置，同步服务于"满足客户差异化生活娱乐需求"的价值客户培育，如图4所示。

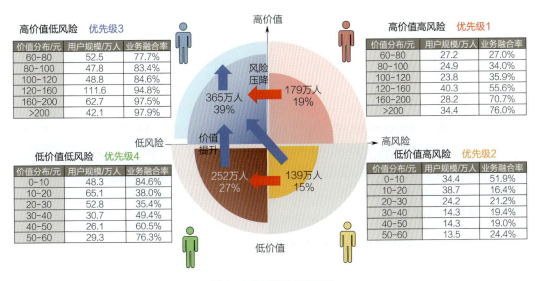

图4 红黄蓝绿分级客户群

2. 全业务融合

（1）制定产品适配策略

根据全生命周期客户群细分，分层考虑规模和收入，根据使用行为偏好、价位偏好、消费水平等形成不同的客户标签，针对客户需求进行一群一策制定，全业务融合精准投放，以便生成各类精细化适配产品的融合任务包，如图5所示。

图5 基于客户行为偏好分析的应用型产品适配

依据维护分级细化策略，针对高风险客户优先维护，使用"家庭融合+需求满足+合约"组合策略维系，通过家庭成员套餐共享、代付、家庭网内免费通话等业务满足客户基础家庭需求，提升客户黏性，根据客户超量使用、低话费余额等异动行为，从解决客户痛点出发进行套餐优化、适配业务推荐，提升客户满意度。针对低风险的价值培育客户，围绕"5G流量+家庭关系+智能硬件+应用权益"多产品、多维度组合满足客户多样化需求，细分产品项目包括：

1）5G流量：套餐升档、流量包、语音合约、提速包等。
2）家庭关系：语音流量共享、家庭通话、代付、短号互拨等。
3）智能硬件：宽带、电视、组网、安防、智能音箱等。
4）内容融合：视频会员、车友服务、和彩云、VR硬件等。

（2）制定渠道触点适配策略

营销前提在于触客获客，因此基于细分客户群的行为特征、接触渠道偏好等，进行渠道触点适配，有助于全面、高效触达客户，更好地提升客户体验感知与接受度。除了原有营业厅、10086的传统渠道，当前互联网时代各类新型渠道的适配需重点强化，纳入模型迭代，从而提升渠道触点适配策略的精准度。新型渠道包括但不限于：微信、APP、智能应答、视频直播等。图6所示为智慧数据中台架构。

（3）制定全业务融合策略

综合适配产品、渠道触点，形成全业务融合策略，通过大数据智慧中台进行可视化分派任务包至各渠道触点，实现了全业务视角的高效能融合任务包模型，开展融合营销提升效能，一方面避免单一渠道重复打扰客户，例如所有客户都是用电话营销，一个客户被营销多次；另一方面解决不同场景触客时不知道优先重点推荐什么业务、无法有效满足客户真实诉求的问题，如图7所示。

图 6　智慧数据中台架构

图 7　分场景、多产品的全业务融合策略

此外,全业务融合策略不仅是多业务的融合,更是服务融合,融合形成完善的业务服务体系,一方面打造主动维系服务,实现首次告知、权益通知、生日关怀、节日关怀、欠费停机关怀等;另一方面,提升服务响应,针对客户咨询、业务办理快速响应。

3. 全渠道执行

（1）渠道要素补齐

当前商业正逐步从传统步行街往购物中心（Shopping Mall）迁移,社区底商经济也正兴旺发展。依据贴近客流思路进行渠道要素补齐，通过积极布局购物中心、补盲社区网络、推进泛渠道覆盖、完善自营厅建设等措施，最终扩大渠道触点客户接触面。具体包括：一是聚焦商圈型热点，布局购物中心门店，针对低份额、高客流综合体加大资源倾斜布局进驻；二是聚焦薄弱小区热点场景进行社区门店补覆盖，尤其针对弱势网格加大资源倾斜与支撑帮扶；三是针对小区周边商铺、通信配件、超市连锁等通过代理引入和连锁行业一点接入模式进行融合；四是针对所有网格完善自营厅建设。

（2）渠道能力提升

在要素补齐情况下，重点提升渠道业务能力，同步促进客户服务能力提升。

第一，进行业务人员量质提升。一是保障装维、行商人员、卖场督导、商客经理等各类人员配置到位，并加强人员上岗认证培训，以人均产能为核心进行评估实现优胜劣汰；二是通过大操练、大训战迅速提升渠道人员推荐能力，尤其是存量价值业务推荐能力。宣讲训战执行体系如图8所示。

图8 宣讲训战执行体系

第二，通过系统平台化支撑营销全过程。以网格为单位，围绕家庭、集团、聚类等场景超级细分，精准匹配场景用户，贯穿外场营销流程，通过智慧营销平台、精确营销系统实现售前数据甄选、前置预热，通过CRM（客户关系管理）前台提醒系统提升售中营销执行效能，通过账务支撑中心系统售后营销复盘、即时激励，构建最快日级别的效能闭环复盘机制。

第三，使用可视化营销工具实现客户精准定位、前置有效预热、营销智能推送、异动自动预警、营销战果呈现等（见图9）。包括：基于细分场景通过宣传差异化、推荐个性化、业务定制化实现变现,同时将场次、覆盖、效果、宣传等是否达标作为重点评估维度并可视化;针对高客流场景、高价值集团通过高强度、高水平实战,提炼营销经验、树立营销标杆,并全面复制推广。同时重点加大系统可视化支撑能力提升:按照数据仓库架构实现高度配置化,丰富分析指标库,灵活适应客户需求;通过手机图文版、大中小屏日常调度实现有效管理支撑;通过自助敏捷分析(联动、钻取、过滤、预警等)加强一线实战支撑。

图9 智慧营销平台可视化营销工具

4. 全流程管控

(1)建立智慧中台调度机制

坚持以客户诉求与偏好为导向,以场景为核心的"集中运营+区县运营"二层管理模式(见图10),优化由个人视角向家庭视角运营模式的切换,任务包均以家庭视角的全业务融合策略任务包进行输出。

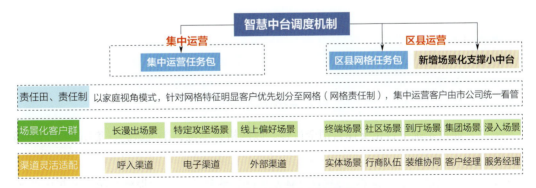

图10 分层分级的智慧中台调度机制

集中运营主要负责达成重点的、特定需求的群体任务包的维护服务目标,提升综合效能,同时也负责对普通客户群、线上触点偏好客户群的统一运营管理。

区县运营主要负责达成具有网格属性、实体门店偏好的客户群的维系服务目标,同时也负责对具有明显网格属性的商场、社区、到厅、集团等场景客户群的运营管理。

场景化支撑小中台基于场景、产品适配策略进行输出，指导各渠道触点营销人员开展产品推荐与客户服务。重点把握场景化客户群与渠道触点的灵活适配，针对客户到厅、访问网厅、拨叫10086、关注官方微信公众号、社区营销、集团办公室营销接触等环节，一线营销人员通过CRM系统或手机APP应用程序均可有效获取推荐策略方案，从而快速完成客户推荐与服务，为客户解决问题。

（2）建立执行考核机制及闭环监控体系

采取专班和立体化渠道执行，网格守土有责，优化考核责任机制。通过实现全业务分渠道融合运营，提升综合效能；维护服务任务包分发分场景、分渠道，并与任务目标同步下发，强化目标导向，构建按日闭环复盘机制，实现运营效果日、跟踪日、复盘日优化；严格规范营销、规避重复打扰，提升客户满意度。

同时构建执行监控体系，通过日常评估、弱项研讨、弱项帮扶研讨，加强事前、事中、事后执行体系优化。事前主要进行目标细分、资源调度、宣贯到位、考核明确；事中通过培训考试、网格宣贯、厅店训战、口径提炼、标杆复制加强能力提升；事后主要通过渠道、厅店、人员评估体系迭代优化产能提升。

（3）搭建智慧中台调度机制迭代优化模型

为了使智慧中台调度机制效能不断提升，专门搭建两个迭代优化模型用于执行效能的跟踪复盘评估，并据此优化调整策略与执行要求。

1）融合业务优化模型：根据各类维护服务任务包推荐执行效能评估，形成模型输入项，迭代优化融合任务包的业务组成。

2）执行效能优化模型：分团队、分场景，按日复盘执行效果，迭代优化任务包输出、调度资源。一方面集中运营任务包分团队分发，任务包与任务目标打包下发，并每日实时复盘各队伍的任务包执行效能，实现集中运营队伍及其人员的优胜劣汰，并通过任务包资源的合理调配，实现集中运营的效能最大化。另一方面中台监控网格场景任务包执行结果，每日输出，对网格进行产能日复盘及日调度，通过标杆复制和落后帮扶，提升属地化场景维护效果。

四、成效——经济效益与服务质量双提升

"基于CLV存量客户价值运营体系"采取全用户画像、全业务融合、全渠道执行、全流程管制的策略，有效提升客户满意度，促进公司效益增长。

经济效益方面：拍照客户保有率提升7个百分点，收入保有率提升5个百分点。同时，

基于智慧中台不断迭代优化模型，营销产能增幅22.1%、融合业务搭载率增幅10.3%。

服务质量方面：近三年公司重点业务的客户感知均得到明显提升，苏州移动的各项客户满意度不断提高，手机客户满意度领先值提升2.48个百分点，宽带客户满意度领先值提升5.54个百分点，集团客户满意度提升5.25个百分点，营业厅客户满意度提升0.28个百分点，如图11所示。

图 11　近三年用户满意度趋势

（供稿人：裴俊、王奕、全佳妮）

附　录　总体调查执行情况

一、受访者省区市分布情况

本次调研共计39666个有效样本，覆盖31个省（自治区、直辖市），每个地区的样本量与其平均消费水平成正比，受访者的分布情况有其正确性、精确性和代表性，见附表1。

附表 1　区域样本分布

区域	省（自治区、直辖市）	实际执行样本量	比例
华北	北京市	2169	5.5%
	天津市	1549	3.9%
	河北省	1044	2.6%
	内蒙古自治区	1122	2.8%
	山西省	1014	2.6%
东北	黑龙江省	1441	3.6%
	吉林省	1519	3.8%
	辽宁省	1794	4.5%
华东	上海市	2325	5.9%
	安徽省	1226	3.1%
	福建省	1356	3.4%
	江苏省	1430	3.6%
	江西省	1185	3.0%
	山东省	1103	2.8%
	浙江省	1787	4.5%
华南	广东省	2166	5.5%
	广西壮族自治区	932	2.4%
	海南省	995	2.5%
华中	河南省	1066	2.7%
	湖北省	1278	3.2%
	湖南省	1359	3.4%

（续）

区域	省（自治区、直辖市）	实际执行样本量	比例
西北	甘肃省	925	2.3%
	宁夏回族自治区	1007	2.5%
	青海省	1036	2.6%
	陕西省	1014	2.6%
	新疆维吾尔自治区	914	2.3%
西南	重庆市	1229	3.1%
	贵州省	862	2.2%
	四川省	1118	2.8%
	西藏自治区	743	1.9%
	云南省	958	2.4%
总计	—	39666	100.0%

二、受访者各领域分布情况

从各行业大类受访者分布来看，生活用品及服务行业回答的受访者数量最多，占到总数的23.6%；其次是食品烟酒行业，为20.6%，见附表2。

附表2　行业样本分布

行业大类	实际执行样本量	比例
食品烟酒	8178	20.6%
衣着	3403	8.6%
生活用品及服务	9354	23.6%
交通和通信	3240	8.2%
教育文化和娱乐	5605	14.1%
医疗保健	3936	9.9%
其他用品及服务	5950	15.0%
总计	39666	100.0%

三、受访者社会属性分布情况

（一）性别分布

从性别分布来看，参与本次调研的女性受访者较多，占比高于男性受访者15.4%，见附表3。

附表 3　性别样本分布

性别	实际执行样本量	比例
男	16778	42.3%
女	22888	57.7%
合计	39666	100.0%

（二）年龄分布

从年龄段来看，90后受访者最多，占比为44.7%；其次为80后，占比为35.7%；60后及以上受访者最少，比例为2.9%，见附表4。

附表 4　年龄样本分布

年龄	实际执行样本量	比例
60后及以上	1155	2.9%
70后	3061	7.7%
80后	14159	35.7%
90后	17744	44.7%
00后	3547	8.9%
合计	39666	100.0%

（三）婚恋状况分布

总体上看，受访者中超五成为已婚有子女；其次为未婚单身人群，占比为23.0%，见附表5。

附表 5　婚恋状况样本分布

婚恋状况	实际执行样本量	比例
未婚单身	9111	23.0%
未婚非单身	3499	8.8%
已婚，尚无子女	2946	7.4%
已婚，最小子女已上学	17855	45.0%
已婚，最小子女未上学	6255	15.8%
合计	39666	100.0%

（四）居住状态分布

从居住状态来看，受访者中与子女同住的比例最高，为52.0%；其次为与父母同住的人群，占比为29.4%，见附表6。

附表6　居住状态样本分布

居住状态	实际执行样本量	比例
与父母同住	13071	29.4%
与子女同住	23133	52.0%
自己独立居住（包括夫妻二人独立居住）	7934	17.8%
其他	353	0.8%
合计	44491	100.0%

（五）家庭月收入分布

从家庭月收入来看，受访者主要集中在10001~150000元段，占比为26.7%；30001元以上的高收入群体数量最少，占比为6.4%，见附表7。

附表7　家庭月收入样本分布

家庭月收入	实际执行样本量	比例
5000元及以下	5245	13.2%
5001~10000元	6905	17.4%
10001~15000元	10605	26.7%
15001~20000元	6184	15.6%
20001~25000元	5000	12.6%
25001~30000元	3209	8.1%
30001~50000元	1939	4.9%
50001元及以上	579	1.5%
合计	39666	100.0%

参考文献

[1] 周忠坤.全业务运营下的客户需求管理体系研究［J］.商业时代，2010（6）：87-88.

[2] 林闯，胡杰，孔祥震.用户体验质量（QoE）的模型与评价方法综述［J］.计算机学报，2012，35（1）：1-15.

[3] 王米成.智能家居：重新定义生活［M］.上海：上海交通大学出版社，2017.

[4] 熊国琴.顾客需求研究体系的构建与应用［J］.现代经济信息，2013（10）：58-62.

[5] 郝志中.用户力：需求驱动的产品、运营与商业模式［M］.北京：机械工业出版社.2015.

[6] 陈峻锐.匹配度：打通产品与用户需求［M］.北京：中国友谊出版社.2016.

[7] 程虹.建立以信用为核心的质量安全监管体系——问题、理论与政策［J］.中国市场监管研究，2018（8）：2，6-11.

[8] 张文亮，张桐，赵东霞.国内老年人口分布与养老资源配置研究综述［J］.老龄科学研究，2019，7（1）：47-58.

[9] 施豪.近十年国内外社区养老文献综述［J］.城市建筑，2020，17（31）：50-54.

[10] 江小涓.江小涓：数字经济提高了服务业效率［J］.山东经济战略研究，2020（11）：56-57.

[11] 苏伯文，胡其亮.新零售背景下顾客体验感测评体系构建研究——基于层次—主成分分析法［J］.河南工程学院学报（社会科学版），2020，35（2）：26-30，36.

[12] 金文恺."国潮"视域下主流话语传播语态的变革［J］.传媒观察，2020（04）：56-62.

[13] 许衍凤，杜恒波."国潮"背景下老字号品牌复兴研究［J］.广告大观（理论版），2020（06）：39-45.

[14] 成栋，王振山，孙莹璐.移动互联时代线下零售客户体验影响因素实证研究——移动社交支付的调节作用［J］.东岳论丛，2020，41（11）：16-29.

[15] 代先华，黎红，张子航.银行发展智能化老龄金融产业的动力、障碍与路径［J］.老龄科学研究，2021，9（2）：37-50.

[16] 侯隽."国潮"澎湃：中国制造高端与质量的新标签［J］.中国经济周刊，2021（24）：36-38.

[17] 王晓川，罗露平."国潮"消费者购买意愿影响机制研究［J］.中国经贸导刊（中），2021（01）：165-168.

[18] 王战，靳盼.消费文化视域下"国潮"品牌的文本呈现和文化认同策略［J］.传媒观察，2021（12）：54-61.

[19] 郑红娥.中国制造·中国品味 民族认同下的国潮消费解析［J］.人民论坛，2021（26）：19-23.

[20] MCMAHON-BEATTIE U，PALMER A. Price Discrimination，Rule Familiarity and Consumer Trust［J］. Henley Business School，2010.

[21] MACREADY A L，HIEKE S，KLIMCZUK-KOCHANSKA M，et al. Consumer trust in the food value chain and its impact on consumer confidence: a model for assessing consumer trust and evidence from a 5-country study in Europe［J］. Food Policy，2020（92）.